Reinhold Messner auf dem Gipfel.
Alleingang Nanga Parbat 1978

Als Wagnis auf Leben und Tod, als Willensanstrengung und Energieleistung erreicht dieser Alleingang ein Maß, für das nirgendwo leicht ein Vergleich zu finden ist.

Wilhelm Bittorf

Reinhold Messner

DIE WEISSE EINSAMKEIT

Mein langer Weg zum Nanga Parbat

MALIK

Vorsatz: Nanga Parbat im Sturm, von Norden her gesehen

Nachsatz: Die Diamirflanke mit Schlechtwetterwolken

Seite 2/3: Der Nanga Parbat vom Nordwesten her gesehen. Diamirflanke

Autor und Verlag danken für die Zurverfügungstellung der Bilder:
Perves A. Khan, S. 15, 283, 293
Sergio Martini, S. 276, 277
Christian Kuntner, S. 256, 275, 281, 301
Fritz Bechtold, S. 240, 243
Vitterio Vasale, S. 252

Alle übrigen Aufnahmen sind dem Archiv von Reinhold Messner entnommen

ISBN 3-89029-252-6

Gesamtherstellung: Kösel, Kempten
Printed in Germany

www. malik.de

Für die Teilnehmer der Sigi-Löw-Gedächtnis-Expedition, die meinen Aufstieg zum Gipfel unterstützt haben: mit Einsatzfreude, ohne Ambitionen oder Eigennutz und ohne dafür je Aufmerksamkeit in der Öffentlichkeit zu fordern.

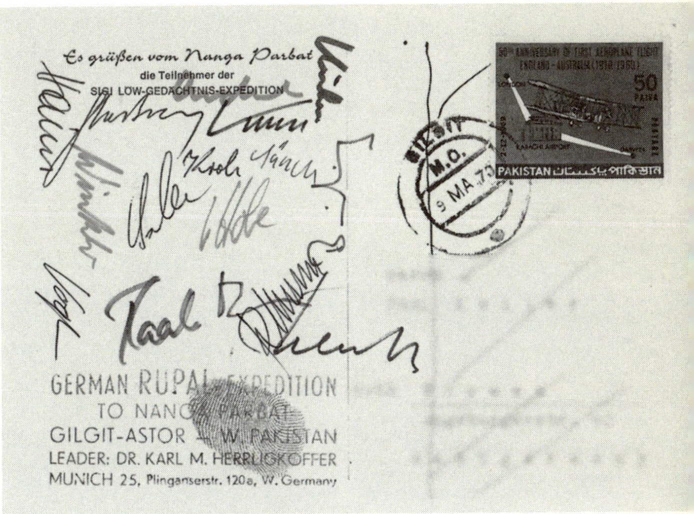

Abdruck der Grußkarte vom Nanga Parbat mit den Unterschriften der Teilnehmer: W. Haim, P. Vogler, E. Raab, G. Baur, K. M. Herrligkoffer, F. Kuen, H. Kühn, M. Anderl, G. Messner, R. Messner, G. Kroh, G. Mandl, W. Bitterling, J. Winkler, P. Vogler, H. Saler, A. von Hobe.

Blick vom Gipfel des Nanga Parbat ins Diamirtal

Inhalt

Teleaufnahme: Reinhold Messner allein in der Diamirwand

Einleitung

Schicksalsberg

An der Diamirflanke des Nanga Parbat gelingen Reinhold Messner drei Erstbegehungen. 1970 steigt er mit seinem Bruder Günther über die Mummery-Rippe ab (zwei Biwaks). Beim Alleingang 1978 klettert er rechts des großen Séracs hinauf und links davon ab.

Ich habe mir geschworen, es nie wieder zu versuchen.
Reinhold Messner

Die Brüder Reinhold und Günther Messner am Nanga Parbat

Zwischen den Brüdern war Reinhold stets die führende Figur und traf auch im Zweifel alle Entscheidungen. Er war etwa zwei Jahre älter, größer und kräftiger. Außerdem war er bedeutend ehrgeiziger und zeigte stets eine seltsame Mischung aus Waghalsigkeit und Überlebenswillen. *Max von Kienlin*

Ich glaube, daß niemand erwarten konnte, daß die Messners in der Lage sind, lebend das Tal zu erreichen.
Hanns Schell

Im Lager war man überzeugt, daß beide tot sein mußten. Ja, das war das Naheliegendste.
Max von Kienlin

In meiner Besessenheit für die Berge habe ich am Nanga Parbat meinen Bruder und meine Frau verloren.
Reinhold Messner

Der lange Schatten des Nanga Parbat

Der Nanga Parbat ist ein besonderer Berg. Wenigstens für mich. Von Anfang an. Auch weil ich mehr über ihn als über andere Berge gelesen habe! Über seine Rakhiotseite, die Diamirflanke, die Rupalwand. Über die vielen Versuche, die Erstbesteigung 1953, die tragische Diamir-Expedition 1962. Immer wieder Tragödien: 1895, 1934, 1937, 1962. 1970 dann unser erster Berg im Himalaja – der Nanga Parbat.

Mein Bruder Günther und ich erreichen den Gipfel, manövrieren uns in eine Notlage, steigen in unbekanntes Gelände ab, verlieren uns aus den Augen, Günther bleibt verschollen. 1000 und mehr Bergtouren sind uns zusammen gelungen: gefährliche Wände, Erstbegehungen, Rückzüge. Günther ist mein Seilpartner, mein Vertrauter, mein Lieblings-Bruder gewesen.

1971 kehre ich an den Ort der Tragödie zurück. Mit der Frau, die ich liebe. Mit ihr besuche ich meine Retter und steige, von Alpträumen geplagt, zum Gletscher der Verzweiflung auf. Ich hoffe auf ein Wunder! Aber ich finde meinen Bruder nicht.

Uschi hilft mir, die Schuld zu tragen, überlebt zu haben. Sie gibt mir Lebenslust, Sicherheit, bestärkt mich in meiner Leidenschaft fürs Bergsteigen. Wir reisen gemeinsam, richten uns in Südtirol ein, sind ein nomadisierendes Liebespaar. Auch neue Herausforderungen locken. Wieder und wieder gehe ich fort, auf Expedition, in die Todeszone. Die Sehnsucht ist groß, die Trennungen schmerzen. Es ist die Alternative »Die Berge oder ich«, die uns 1977 auseinanderreißt, es ist meine Besessenheit.

Mit der Ahnung, in meinem Wahn zwischen Selbstverschwendung und Selbstvernichtung unsere Liebe zerstört zu haben, gehe ich 1978 wieder zum Nanga Parbat. Um den Achttausender allein zu besteigen.
Im Biwak in der Wandmitte erschüttert ein Erdbeben die Steilwand. Millionen Tonnen Eis brechen von den Hängen, der Rückweg ist abgeschnitten. Entgegen jeder Vernunft steige ich weiter, erreiche den Gipfel, bin im Schneetreiben gezwungen, einen Schlechtwettereinbruch auszusitzen und erreiche zuletzt über eine riskante Abstiegsroute den Wandfuß. Das Leben ist gerettet, meine Autonomie hergestellt, die schwarze hat sich in eine weiße Einsamkeit verwandelt. Wie viel aber mußte ich dafür aufgeben! Die Liebe für den Alleingang, meinen Bruder für die höchste Steilwand der Erde. Das Schuldgefühl, alleingeblieben zu sein, hält an. 30 Jahre später treibt es mich noch einmal zum Nanga Parbat. Zu meinem Schicksalsberg. Immer noch suche ich meinen Bruder. Wenn meist auch nur im Traum. Ein paar meiner früheren Kameraden aber kommen mit meinem Noch-Dasein nicht zurecht! Daß ich im Gegensatz zu meinem Bruder am Leben geblieben bin, erscheint ihnen trotz meiner Schuldgefühle als unverdientes Glück. Ein Glück, für das ich mich immerzu entschuldigen soll.

Kapitel I

Tragödie

Der obere Teil der Diamirflanke

Gerd Baur erinnert sich noch sehr gut an die Worte Reinhold Messners vor seinem Aufbruch. Reinhold bat eindringlich, daß sie – sein Bruder Günther und Gerd – unbedingt warten sollten, bis er wieder zurückkäme.

Horst Höfler

Da sah Reinhold Messner zu seiner Überraschung Günther, getrieben von Sorge um den Bruder, allein nachkommen. Das war nicht vorgesehen und löste in der Folge die Kettenreaktion aus.

Hias Rebitsch

Gerhard Baur, der die Merkl-Rinne ja nicht alleine versichern konnte, stieg zurück zum Lager IV.

Hans Saler

Dr. Herrligkoffer bringt Reinhold Messner wie einen verlorenen Sohn wieder. Nun wird unsere Vermutung zur traurigen Gewißheit: Sein Bruder Günther hat am Nanga Parbat den Tod gefunden. Reinhold selbst ist ebenfalls am Ende seiner Kräfte, er kann kaum sprechen und gehen und hat an Händen und Füßen starke Erfrierungen erlitten. Er ist über den Mummery-Sporn auf der Diamirseite abgestiegen, wo vermutlich eine Eislawine Günther erschlagen hat. Als es passierte, war Reinhold ein gutes Stück voraus.

Felix Kuen

Der Schrecken des Todes

Die Deutschen und ihr Schicksalsberg! Kein Ende der Toten und Gedächtnis-Expeditionen? 1962 stirbt Sigi Löw in der Bhazinmulde am Nanga Parbat – das 33. Opfer am Nackten Berg. Zwischen 1963 und 1970 erkundet Herrligkoffer die steilste Seite des Nanga Parbat, auch die allerschwierigste, die Rupalwand. Sie verkörpert den gewaltigsten Höhenunterschied des gesamten Himalaja.

Das Basislager steht auf 3600 Meter Höhe. Bis zum Gipfel sind es etwa zehn Kilometer Kletterstrecke – Lawinenhänge, Eisabbrüche, Felsrinnen – 4500 Meter Höhenunterschied. Der Neigungswinkel nimmt nach oben hin zu. Niemand kann sich vorstellen, daß eine derartige Problemstellung lösbar ist. Wir – zur Mannschaft gehören auch mein Bruder Günther und ich – wollen das Wagnis eingehen.

Nach der Rupal-Erkundungsexpedition 1963, einer Winter-Expedition 1964 und der Toni-Kinshofer-Gedächtnis-Expedition 1968 gelingt es Karl M. Herrligkoffer, für seine Sigi-Löw-Gedächtnis-Expedition eine starke Mannschaft zu verpflichten. Erfahrene deutsche und österreichische Bergsteiger gehören zum Team. Dazu ein paar Helfer und Gäste.

Aus der 1968er Mannschaft ist Peter Scholz dabei, ein ruhiger, sympathischer Spitzenbergsteiger. Felix Kuen und Werner Haim, die bekannten Tiroler Heeresbergführer, sind eine starke Seilschaft. Gerd Baur, Kletterer und Bergfilmer aus Friedrichshafen, gilt als verwegener Alpinist. Die Münchner Hans Saler und Gerd Mändl, der Ulmer Günter Kroh sowie der Allgäuer Peter Vogler gehören zum kleinen Kreis der Extrembergsteiger. Auch Hermann Kühn aus Heidelberg ist dabei, der »Lehrmeister« von Reinhard Karl, der seinerseits auf die Expedition nur verzichtet, weil ihm das Abitur wichtiger ist. Ursprünglich bin ich als einziger Südtiroler im Team. Weil aber der Zillertaler Peter Habeler und der Osttiroler Sepp Mayerl ihre Teilnahme absagen, kommt auch mein Bruder Günther dazu.

Unsere Begeisterung, unser ganzer Wille gilt dieser Wand. Ja, auch Günther und ich wollen zum Gipfel. Und hinter diesem Wunsch steht natürlich eine gute Portion Egoismus. Auch wenn unsere Chancen klein sind, wir geben unsere Hoffnungen nie auf.

Weitere Teilnehmer sind Elmar Raab, Jürgen Winkler, Michl Anderl, Wolf Bitterling, Alice von Hobe, Max von Kienlin. Nein, ohne die Unterstützung dieser ausgezeichneten Mannschaft würden wir nicht weit kommen. Jedenfalls nicht bis unter die Merkl-Rinne, die Schlüsselstelle der Wand.

Während der sechs Wochen, die wir beim Anmarsch, im Basislager und in der Wand zusammen sind, werden Sympathien und Abneigungen deutlich. Seilschaften bilden sich und Rivalitäten entstehen. Max von Kienlin, ein wohlhabender schwäbischer Landadeliger, besitzt Äcker, Schloß und Wälder, aber keine Erfahrung als Bergsteiger. Dafür ist er mutig. Mutig genug, auch gegen den Kleingeist eines Expeditionsleiters, der alle entweder im blinden Gehorsam vor sich oder im Gänsemarsch hinter sich sehen will, Wege zu gehen, die nicht erlaubt sind. So ist er mir von Anfang an sympathisch. Wir machen ein paar Ausflüge zusammen und trösten uns gegenseitig über die miserable Leitung der Expedition.

Felix Kuen und Werner Haim sind neben Günther und mir eine nach vielen gemeinsamen Touren eingespielte Seilschaft. Trotzdem gelingt es Herrligkoffer, die beiden Freunde zu trennen. Er versucht es auch mit uns Brüdern.

Günther und Reinhold Messner bleiben gegen den Willen des Expeditionsleiters eine Seilschaft

Schon vor dem Aufstieg ins erste Hochlager. Nach Herrligkoffers Anweisungen sollen Günther und ich in getrennten Seilschaften klettern. Warum? Ganz einfach, er will nicht, daß wir zusammenbleiben. Wir aber wollen weder seine Argumente verstehen noch seinen Befehlen folgen. Also widersprechen wir und gehen ohne die Hunzas-Träger, denen er den Transport unserer Lasten verbietet. Wir tragen unsere Ausrüstung selbst.
Günther und ich setzen uns damit gegen Herrligkoffer durch und bleiben zusammen. Während der gesamten Dauer der Expedition. Wir sind Kletterpartner und Brüder, keine Rivalen.
Und Gerhard Baur wird unser Komplize. Oft sind wir in den Hochlagern im Zelt zusammen. In unserer Begeisterung gehen wir soweit, uns auszumalen, auch dann in der Wand zu bleiben, wenn Herrligkoffer die Expedition ab-

brechen sollte. Wir wollen Proviant horten und weitermachen. Auch in Eigenregie, falls die anderen aufgeben. Wer sollte uns schon vom Berg holen! Irgendwie würden wir schon bis zum Gipfel kommen. Wir sprechen sogar davon, den Nanga Parbat zu überschreiten. Schließlich haben Amerikaner 1963 den höchsten Berg der Welt, den Mount Everest, überschritten. Aufstieg über den Westgrat, Abstieg über die Hillary-Route. Diese Visionen – kühne Gedankenspiele – sind ziemlich naiv. Es fehlt uns die Erfahrung, wie der Mensch in 8000 und mehr Metern über dem Meeresspiegel reagiert. Solche Tagträume werden von der Mannschaft belächelt und bleiben so vage, daß die Umsetzung niemand ernst nimmt. Eine Überschreitung des Nanga Parbat wird angedacht – mehr nicht.
Nach 40 Tagen Vorarbeit in der Wand erlaubt Herrligkoffer während eines Schönwetterfensters mehreren von uns einen letzten Versuch zum Gipfelsturm. Niemand weiß, wie lange das Wetter hält und welcher Logistik wir folgen. Herrligkoffer organisiert vom Basislager aus den Nachschub, wir graben Lager um Lager aus dem Schnee und kommen rasch höher. Einen Plan aber, wer wann und mit wem zum Gipfel gehen soll, gibt es nicht. Nachdem ein erster Plan aufgegeben worden ist, ist kein zweiter mit mir besprochen worden. Wir errichten ein viertes Lager. Als Sprungbrett zum Gipfel. Ein fünftes, das letzte Lager, ist nur notdürftig ausgerüstet. Weil die gesamte Mannschaft harmonisch zusammenarbeitet, scheint oben der letzte Schritt möglich zu werden.
Obwohl Herrligkoffer die Seilschaft aus Felix Kuen, einem Österreicher, und Peter Scholz, einem Deutschen, als erste Gipfelmannschaft zu favorisieren scheint, schlage ich am 26. Juni einen vorgezogenen Aufstieg vor. Alles nur, weil sich das Wetter zum Schlechteren wendet.
Kuen: »Das Wetter ist noch immer sehr schön, doch stehen wir wegen der herannahenden Wolkenbänke unter gewaltigem Zeitdruck.«

Über Funk kündige ich dem Expeditionsleiter im Basislager an, daß ich mit dem Aufstieg zum Gipfel beginnen werde, bevor das Wetter schlecht wird. Einverständnis. Herrligkoffer verspricht, am Abend mittels Rakete – rot bedeutet schlechtes, blau gutes Wetter – das Ergebnis des Wetterberichtes zu signalisieren, der im Basislager über Radio täglich zu empfangen ist. Bei gutem Wetter würde der Gipfel nach mehrtägiger Vorarbeit zu zweit oder zu dritt bestiegen werden. Lager V soll ausgebaut, ein Fixseil in der Merkl-Rinne verankert werden. Andere Seilschaften könnten folgen. Bei schlechtem Wetterbericht will ich mit einem schnellen Alleingang reagieren. Gilt es jetzt doch dem Schlechtwettereinbruch zuvorzukommen. Vor der zu erwartenden Lawinengefahr ins Basislager absteigen zu können. Es geht um unsere letzte Chance. Allein kann ich den Gipfel schneller erreichen als im Team, denke ich. Im Notfall kann ich aufgeben, rasch wieder absteigen, wenn die Schlüsselstelle in der Gipfelwand nicht kletterbar ist.
Am Abend steigen Günther, Gerhard und ich bis unter die Merkl-Rinne. Über uns nur noch die Schlüsselstelle der Wand. Eine rote Rakete kündigt Schlechtwetter an.

Am 27.6.1970 starte ich zum Alleingang. Um drei Uhr früh verlasse ich das Biwak. Ohne Rucksack. Schnell hinauf und wieder zurück ist mein Vorsatz. Jedes zusätzliche Gewicht würde mich in meiner Schnelligkeit bremsen. Es ist sehr kalt beim Einstieg in die Merkl-Rinne. Schneewehen. Mondschein. Langsam steige ich die Merkl-Rinne aufwärts. Zuerst über Schneehänge, dann in einen senkrechten Rißkamin, später durch eine Art Schlucht. Auf 8000 Metern Höhe, wegen des Sauerstoffmangels langsamer werdend, quere ich nach rechts in die offene Wand, die 4500 m senkrecht unter mir abbricht. Jetzt erst merke ich, daß jemand mir nachkommt. Der Bruder?
Günther hat doch versprochen, die schwierigsten Passa-

gen der Merkl-Rinne hinter mir abzusichern. Mit Gerhard zusammen. Um mir den Abstieg zu erleichtern. Ist er mir nachgestiegen? Aus eigenem Entschluß? Trotzdem, als er mich einholt, gehen wir gemeinsam weiter. Ein Fehler. Nicht nur, weil wir beide ohne Seil klettern. Es ist spät. Wäre es nicht vernünftig, umzukehren? Ja, gewiß, wir handeln aber nicht vernünftig. In unserer jugendlichen Unbekümmertheit denken wir nicht an Nacht und Tod. Die größten Schwierigkeiten sind überwunden, der Gipfel nahe. Er muß bald erreicht sein. Am höchsten Punkt angekommen, ist es spät. Zu spät, um vor dem Dunkelwerden ins fünfte Lager zurückzufinden. Wir bleiben nicht lange. Beim Abstieg zur Südschulter erscheinen mir Günthers Bewegungen unsicher. Er schwankt, bleibt hocken, will anderswo absteigen. Mir ist klar, ohne Seil können wir nicht über die teilweise senkrecht abfallende Rupalwand absteigen. Unmöglich. Günther ist geschwächt, er würde abstürzen. Und bald wird das Wetter schlecht. Was tun, denke ich, und wir beschließen, bis in eine Scharte am obersten Ende der Merkl-Rinne abzuklettern. Damit sitzen wir in einer Falle. Wohin ohne Karte, ohne Zelt, ohne Biwakausrüstung, ohne Proviant?

An der Gratschneide zwischen Rupalwand und Diamirflanke, zwischen Süd- und Nordwestflanke des Berges überstehen wir die härteste Nacht unseres Lebens. Es ist ein mörderisches Biwak, das uns in 7800 Meter Höhe bei Wind und Kälte die letzten Kraftreserven nimmt. Nein, wir rechnen nicht damit, daß jemand nachkommt, aber wir brauchen Hilfe. Am Morgen, starr vor Kälte und irre geworden vor Verzweiflung, beginne ich zu rufen, vielleicht hören sie mich im Lager V, denke ich. Ich beuge mich immer wieder über den oberen Rand der Rupalwand, um nach Hilfe zu rufen. Dort, wo die Merkl-Rinne aufhört, wartet Günther am Biwakplatz.

Kuen: »In der Mitte der Rinne glaube ich Hilferufe zu vernehmen, aber Scholz beruhigt mich, ich hätte mich geirrt.«

Als ich die beiden sehe, weiß ich, sie sind unseretwegen gekommen. Wie soll ich auch ahnen, daß sie einem Befehl Herrligkoffers folgen, der uns im Fernglas, beim Gipfelgang am Vortag beobachtet hat. An »seinem« Berg. Die Bergsteiger Kuen und Scholz kommen auf Sichtweite an uns heran. Schlechte Verständigung mit Gesten und Rufen. Sie tun am Ende so, als ob sie nicht helfen könnten. Erst als sie weiter aufwärts steigen, Richtung Gipfel, weiß ich, daß wir verloren sind. Ich signalisiere »alles O.K.« und Abstieg über die Gegenseite. Warum? Weil ich Kuen und Scholz nicht zu einem lebensgefährlichen Manöver überreden will. Ein Aufstieg bis zu uns auf die Merkl-Scharte, der von oben unmöglich aussieht, ist auch für sie zu riskant. Kuen und Scholz würden kommen, wenn es irgend möglich wäre, sage ich mir, aber ihr Leben dürfen sie dabei nicht riskieren. Jeder Unfall bedeutet in unserer Situation das Ende für alle.

Jetzt bleibt uns keinerlei Hoffnung. Hoffnung auf Rettung, auf Hilfe, auf Leben. Kuen und Scholz würden erst am Abend den Gipfel erreichen und von dort zu uns absteigen können. Wenn sie, wie wir, zur Scharte abklettern würden. Daß Saler, Haim und Mändl die Merkl-Rinne mit Seilen absichern, weiß ich nicht. Nicht zu diesem Zeitpunkt. Für Günther und mich gilt: schlechtes Wetter in Anzug, nichts wie absteigen! Uns kann niemand mehr helfen. Nur wir uns selbst. Sollten vielleicht doch noch andere Seilschaften folgen? Undenkbar. Und wenn, sie könnten so wenig wie Kuen und Scholz bis zu uns auf die Merkl-Scharte klettern. Die Situation ist zum Verzweifeln. Und das Wetter wird schlecht.

Kuen: »Seit dem Verlassen des Rastplatzes schneit es ununterbrochen, und unter uns tobt ein höllisches Gewitter. Um 14 Uhr erreichen wir die Südschulter.«

Unser Problem ist die Orientierung. Das Gelände in der Diamirflanke sieht von oben kletterbar aus. Weiter unten aber nur Dunkelheit, Abgrund und Grauen. Ein Gewitter? Ja, das Wetter wird schlecht! Quergänge nach links oder nach rechts kommen also nicht in Frage. Wir würden uns verlieren. Also geradewegs nach unten. Wie aber soll ich wissen, ob es bei der nächsten Spalte, bei Fels- oder Eisabbrüchen weitergeht? Von oben ist nichts zu erkennen. Also gehe ich voraus, gegen alle Regeln des Bergsteigens und im Bewußtsein, wieder aufsteigen zu müssen, wenn der Abstieg versperrt ist. Günther soll warten und nachkommen, wenn ich das Zeichen gebe, rufe oder winke, daß der Weg ein weiteres Stück frei ist. Diese Sorgen und die vielen Zweifel. Manchmal Todesangst. Für die anderen sind wir verschwunden. Ob sie nach uns suchen werden? Nein, nicht hier, Kuen muß verstanden haben, daß Günther und ich ins Diamirtal absteigen. Herrligkoffer auch. Er hat später auch alle weiteren Aufstiege zum Gipfel verboten.

Kuen: »Die zweite Partie mit Haim, Mändl und Saler darf nicht mehr den Gipfel besteigen, um ein weiteres Unglück zu verhindern.«

Mir ist bewußt, daß Günthers und mein Abstieg, obwohl ein Abstieg aus Verzweiflung, für die Kameraden auf der anderen Seite Fragen, Sorge, ja Ärger auslöst. Trotzdem, uns bleibt nur diese Möglichkeit. Oder der Tod.

Unser Bewußtsein scheint aufgelöst. Also auch keine Einsamkeit mehr. Nur noch die Angst umzukommen.

Kuen: »Beim Aufstieg war uns Baur begegnet, der wegen einer Halsentzündung aus dem Lager V zurückkehrte. Er berichtete uns folgendes: ›Reinhold Messner hat verschlafen und ist dann doch um drei Uhr aufgebrochen. Im Alleingang. Baur und seinem Bruder Günther hatte er aufgetragen, die Merkl-Rinne mit Seilen zu versehen, um sich so den Rückweg zu sichern. Sie begannen um vier Uhr mit der Arbeit, wobei ein Seilsalat entstand, der Günther so in Zorn versetzte, daß er alles hinwarf. Ohne Ausrüstung stieg er hierauf seinem Bruder nach.‹«

Rettung gibt es für uns zwei nur noch im Tal. Also dorthin! Nachdem Hilfe nicht zu erwarten ist, können Günther und ich nur weiter über die Diamirflanke absteigen. Nebel sind aufgekommen, und wir haben diese Diamirwand nie vorher gesehen. Auch von unten nicht. Und nirgends ein Zelt. Keine Lager. Im Tal kein Basiscamp. Trotzdem, lieber als das Leben zu verschenken, setzen wir es ein. Wir gehen also den gefährlichen, den unbekannten, den unvorbereiteten Weg.

Unter uns Gewitterwolken. Nur noch schwarzer Abgrund. Trotzdem, mit dem Weiter-Abwärts kommt Hoffnung auf. Mit letzter Kraft krallen wir uns ans Leben. Irgendein Geist, geboren aus dem Zusammenspiel aus Wolkenlöchern, Sonnenstrahlen und Intuition, führt mich durch ein Chaos von Gletscherspalten, Séracs und Abgründen. Günther folgt. In kürzer werdenden Etappen. Manchmal das Gefühl, daß alles eine Ordnung hat. Als würde ich sie kennen: die Landschaft, diesen Griff, diesen Weg. Dann packen mich wieder die Schrecken. Wenn es nicht weitergeht, Günthers Tempo nachläßt, der Körper zittert vor Kälte, weiß ich, daß wir sterben werden. Die Katastrophe hat begonnen. Endgültig.

Aber Günther erholt sich wieder. Langsam kommen wir tiefer und mit dem Eintauchen in sauerstoffreichere Luft kehren Willenskraft und Trittsicherheit zurück. Ich steige Stück für Stück voraus, um wieder und wieder einen gangbaren Weg auszukundschaften. Die Abbrüche nehmen nach unten hin zu: 200 Meter hoch, senkrecht stehen die Séracs. Oft kein Ausweg! Wenn ich trotzdem eine Möglichkeit finde, weiter abzusteigen, lotse ich den Bruder nach. Mit Gesten und Rufen. So dirigiere ich ihn nach unten. Wir gehen durch die Hölle.

Seit zwei Tagen haben wir nichts gegessen und getrunken. Auch nicht geschlafen. Verzweiflung und Erschöpfung. Wir sind benommen. Wie in Trance. Trotz der Angst.

Diamirflanke. Rechts unten der Gletscherkessel, wo Günther verschwindet

Unser zweites Biwak beginnen wir um Mitternacht. Auf einer Felsleiste. Mitten in der Wand. 2000 Meter über dem Talboden. Diese Nacht verbringen wir großteils stehend. Mit dem ersten Morgenlicht kommt auch das Vertrauen zurück. Ob wir durchkommen? Trotz allem? Wir brechen auf, klettern abwärts, bleiben hocken, rappeln uns wieder hoch. Weiter! Angekommen im konkaven Gletscherkessel am Wandfuß habe ich zwei Optionen: geradeaus talwärts oder nach rechts. Nur hocken bleiben darf ich nicht. Ich rieche die Gefahr! Diese Lawinengefahr! Von allen Seiten. Dazu ein paar Spalten! Wieder suche ich nach dem besten Weg. Ja, Günther folgt. Selbst wenn er weit zurück ist. Ob er mich sieht? Ich höre, wie Lawinen abgehen. Zwischen uns. Auf der Moräne hocke ich mich hin und warte auf Günther. Aber der Bruder kommt nicht.
Zuerst ist da keine Sorge. Günther wird kommen, denke ich. Aber er kommt nicht. Ich warte weiter auf ihn. Viel-

leicht ist er auf der anderen Seite vom Eisbruch abgestiegen und taucht weiter unten auf, tröste ich mich. Müde, am Ende meiner Kräfte halte ich Ausschau und steige ein Stück weit ab. Nirgendwo kann ich beide Routen überblicken. Unruhig geworden, kehre ich auf den Gletscher zurück. Der Schnee ist weich, Lawinen sind niedergegangen. Es ist Vormittag. Wieder und wieder gehen Lawinen ab. Eine gefährliche Situation. Wo ist Günther?
Ich suche am Wandfuß nach ihm. Rufe trotz der Erschöpfung. Umsonst. Halluzinationen narren mich. Eistrümmer, zu riesigen Kegeln aufgehäuft, sind zu queren. Obwohl ich jetzt weiß, daß Günther tot sein muß, suche ich weiter. Am Gletscher. Im Lawinenkegel. Eine ganze Nacht lang. Dabei beobachte ich mich. Als wäre ich Zuschauer und Akteur zugleich. Erfrierungen an Händen und Füßen. Die Füße angeschwollen, die Schuhe naß, beginne ich anderntags den Abstieg über das obere Diamirtal. Barfuß, auf Händen und Knien zum Teil. Ich gehe, solange ich gehen kann. Später krieche ich, rutsche über Hänge, hocke nur erschöpft da. Wie oft bleibe ich ohnmächtig liegen. Diese Trostlosigkeit. Dazu Erschöpfung, aber kein Selbstmitleid. Zuletzt mit dem Sterben einverstanden, bin ich mir selbst fremd. So weit weg. Trotzdem das Gefühl, Günther ist hinter mir. Immer noch.

Einmal gestorben

Bei dieser Expedition bin ich gestorben. Nicht physisch gestorben – ich glaube nicht an die Auferstehung –, gestorben waren Geist, Wille und Hoffen. An der Merkl-Scharte schon das Gefühl der Auflösung. Im Diamirtal schwindet die letzte Hoffnung. Wenn ich dort weitergegangen bin, dann nur aus Gewohnheit. Es ist also nicht

mehr mein Wille, der mich antreibt, ich folge dem Instinkt. Das Einverständnis mit dem Tod bleibt. Ja, das Sterben hat seine Schrecken verloren. Nein, dem Tod begegne ich nicht, bin nur weit weg von den Menschen, von mir selbst. Aber mein Körper tut weiter, wozu er bestimmt ist. Also weiter, auch wenn ich dabei umkommen sollte. Und Günther? Zur rechten Zeit zu sterben, ist nicht Bestimmung, eher Erlösung.
Kuen: »Gibt es ein schöneres Grab als hier am Nanga Parbat?«
Ich krieche weiter, talauswärts. Gegen Abend überquere ich einen toten Gletscher. Auf der anderen Seite stoße ich auf ein paar Holzfäller. Sie bringen mich auf eine Alm, geben mir zu essen und saure Milch zu trinken. Bauern tragen mich Tage später bis zur Bunar-Brücke im Indus-Tal. Zuletzt auf einer Bahre.

Inzwischen hat Gerhard Baur dem Expeditionsleiter von unseren letzten gemeinsamen Stunden im höchsten Lager erzählt. Auch von meiner naiven Schwärmerei einer Nanga-Parbat-Überschreitung. Herrligkoffer schickt trotzdem niemanden ins Diamirtal.
Zuletzt hält mich nur noch das Pflichtgefühl am Leben. Ich muß der Mutter von der Tragödie erzählen. Irre geworden an meinem Verlorensein, kehre ich wie durch ein Wunder und als ein anderer zu den Menschen zurück.
Ein halbes Jahr später erst kann ich wieder laufen, klettern, träumen. Statt mein Studium zu beenden, steige ich aus dem bürgerlichen Leben aus. Endgültig auf und davon.
Unser Expeditionsleiter aber, der sich mit einem Expeditionsvertrag das alleinige Recht gesichert hat, vom Rupal-Aufstieg zu berichten, erfindet immer neue Details zu meiner Tragödie, die er in Büchern, Interviews und auf der Bühne vorträgt. Als ob er dabei gewesen wäre.

Blick zurück auf den Nanga Parbat

Natürlich bin ich für den Tod meines Bruders mitverantwortlich. Günther wäre nicht gestorben, wenn ich ihn nicht zu dieser Expedition aufgefordert hätte. Ich habe ihm die Chance gegeben, mit mir in einer Seilschaft zu klettern. Gegen den Willen des Expeditionsleiters. Wäre er nicht bis ins letzte Lager gekommen, hätte er mir nicht nachsteigen können. Und wäre ich nicht sein Bruder gewesen, hätte er wahrscheinlich nicht versucht, mich in der Rupalflanke einzuholen. Ja, ich war mitverantwortlich. Für sein Leben wie für sein Sterben. Nein, ich gehöre nicht zu denen, die sagen: »Ich habe nichts damit zu tun, es ist nicht mein Fehler, es ist nicht meine Sache.« Es ist meine Sache, und ich lebe damit.
Herrligkoffer: »Günther Messner war eigentlich für den Gipfelangriff nicht vorgesehen, er wußte aber, daß Reinhold Messner, der die Rupalflanke lediglich rekognoszieren wollte, das nicht tut, sondern, daß er zum Gipfel vor-

stößt. Und so ließ er dann Gerd Baur zurück und sagte: ›Nein, ich gehe meinem Bruder nach, denn der geht doch zum Gipfel.‹
Am Tode seines Bruders ist er wohl selbst schuld!«
Ich weiß, daß die Überschreitung des Nanga Parbat nicht gelungen ist. Nur überlebt.
Ja, ich habe Glück gehabt. Und nach der Expedition mache ich neue Erfahrungen. Trotz des Glücks, früh »zu sterben«. Es ist die Voraussetzung weiterzumachen. Meine Irrgänge geben mir Kraft. Die Kraft, auch weiterhin Risiken einzugehen. Zuletzt ist jedes einzelne Wagnis, ob es zum Erfolg führt oder nicht, ein unverzichtbarer Bestandteil des Glücks.

Lange habe ich mich gewehrt gegen Anfeindungen und Vorwürfe, die unsere Nanga-Parbat-Überschreitung heraufbeschworen hat! Inzwischen weiß ich, daß es mich nicht weiterbringt. Wer ständig über den Sinn von Glück und Unglück nachdenkt, kann es nicht verarbeiten. Ob ich enttäuscht bin über den Ausgang der Expedition? Von Schuldgefühlen geplagt? Weil Günther nicht überlebt hat. Erst als ich mich in die Tragödie hineinfallen lasse, werde ich mit ihr fertig. Was immer aber andere mir glauben einreden zu müssen, hilft weder meinem Bruder noch mir. Vielleicht ihrem »reinen Gewissen«.
Für den Entschluß, in die Diamirseite abzusteigen, trage allein ich die Verantwortung. Ob es richtig war oder nicht, kann aus der Höhe eines Schreibstuhls niemand beantworten. Viele haben darüber gerichtet, aber nur Günther und ich haben dort oben gestanden: zwischen Leben und Tod.
Ich nehme mein Leben wieder selbst in die Hand. Dabei richte ich mein Tun weniger danach, was andere von mir erwarten, als vielmehr danach, was ich tun muß.

Kapitel II

Trauma

Nanga Parbat bezwungen –
Herrligkoffer meldet Tod von Messner

Rawalpindi (ap). Die deutsche „Sigilow-Gedächtnisexpedition" zum Nanga Parbat über die Rupalflanke war von Erfolg gekrönt. Wie Expeditionsleiter Dr. Karl Herrligkoffer gestern mitteilte, ist der Gipfel des 8125 Meter hohen Berges am 27. Juni erreicht worden. Überschattet wurde der Sieg über den Berg durch den Tod des Expeditionsmitgliedes Gunter Messner, der beim Abstieg offenbar unter eine Lawine geraten ist. Trotz intensiver Suche fand sich keine Spur des Vermißten.

Zeitungsnotiz: Erste Unsicherheiten über die Tragödie

Im Himalaja entscheidet vor allem das Zusammenwirken gleichgesinnter Charaktere, die Gemeinschaftsarbeit, die allen persönlichen Ehrgeiz dem großen gemeinsamen Ziele unterordnet. Darüber hinaus muß jeder auf sich selbst gestellt ausharren können, muß stets bereit sein zum Kampf mit den Elementen und muß Kamerad sein bis zum letzten Atemzug.

Karl M. Herrligkoffer

Karl Maria Herrligkoffer

In der Teilnehmer-Erklärung, einem typischen Maulkorb-Vertrag, dessen Text die meisten von uns erst bei späteren gerichtlichen Auseinandersetzungen kennenlernten, weil keiner von uns eine Kopie davon erhielt, war jedem Expeditionsmitglied untersagt, irgendeine Notiz, einen Artikel oder gar ein Buch zu veröffentlichen. Dieses Recht stand einzig und allein dem Expeditionsleiter zu, der es in schamloser Weise ausnützte und die Geschichte dieses Unternehmens so zurechtfrisierte, wie es ihm paßte. *Hans Ertl, 1953*

Man spürt, daß Reinhold innerlich noch nicht zur Ruhe gekommen ist, wie stark die Tragik um den Tod seines Bruders seelisch an ihm zehrt. *Hias Rebitsch*

Auch wenn Günther Messner, wie behauptet wurde, hoch am Berg im Sterben lag und vom Bruder zurückgelassen wurde, sehe ich darin zwar eine menschliche Tragödie, aber nichts Verwerfliches. *Hanns Schell*

Wenn man kein Glück hat, soll man sich Glück anschaffen. *Friedrich Nietzsche*

Die Tragödie des Überlebenden

Der Überlebende zu sein, ist ein Zustand der Schuld. Dazu die Frage, wie Günther und ich in eine so ausweglose Situation kommen konnten. Immer wieder.
Kienlin: »Am Südhimmel sahen wir von den Hochlagern schon die gefürchtete fisch- oder amboßförmige Wolke, welche den Monsun ankündigt, in Warteposition stehen. Ein schneller Wechsel der Windrichtung, und die Männer in der Wand hätten um ihr Leben kämpfen müssen, wie bei früheren Expeditionen, wo mancher unter solchen Umständen an diesem Berg schon zu Tode kam.«
Nicht den Monsun, einen Schlechtwettereinbruch fürchtete ich. Es war die letzte Chance, die ich nutzen wollte. Deshalb mein Vorschlag, allein loszugehen. Auch bei schlechtem Wetterbericht.
Aber Herrligkoffer zündet trotz guter Wetternachrichten eine rote Rakete. Fälschlicherweise. Wir im Lager V sind damit falsch informiert. Wer in den Hochlagern den Widerspruch erfährt, ist entsetzt. Uns aber können die Kameraden nicht warnen. Nicht mehr. Die Entscheidung, einen Alleingang zu wagen, liegt allein bei mir. Natürlich habe auch ich Angst. Aber ich fühle mich sicher, in Form, bin hochmotiviert. So mache ich mich am Samstag, den 27. Juni, auf den Weg. Richtung Gipfel. Nachts, bei dünnem Mondlicht. Im Laufe des Tages sehe ich, daß das Wetter gut bleibt. Vorerst wenigstens. Ich nutze die Chance. Auf die Idee, daß die rote Rakete ein Irrtum gewesen sein könnte, komme ich nicht. Wie auch? Das Wetter könnte sich rasch zum Schlechteren wenden. Nebel umwabern den Gipfelbereich des Nanga Parbat, und im Süden stehen

immer noch diese Haufenwolken, die wie Atompilze in den Himmel greifen.
Ich weiß nicht, ob ich es bis zum Gipfel schaffen kann. Und ich muß ja auch zurück. Ins Lager V. Am gleichen Tag.
»Wenn der Wetterbericht schlecht ist, will ich versuchen, allein hinaufzugehen, soweit ich komme«, habe ich dem Expeditionsleiter versprochen und natürlich bis zum Gipfel steigen wollen. »Reinhold, du sprichst mir aus der Seele«, hat Herrligkoffer geantwortet. Als Bestätigung meines Vorschlags.
Das weitere Vorgehen habe trotzdem allein ich zu verantworten. Die rote Rakete ist bald vergessen. Auch das Wetter am Morgen des 27. Juni ist strahlend schön. Ich erwarte aber schlechtes Wetter, beobachte die Wolkenzüge, die aus der großen Höhe gut zu beurteilen sind. Wie lange wird es halten? Die Sorge bleibt.
Meine Sorge gilt also dem Wetter. Denn ich sehe, daß die Merkl-Rinne bei Schneefall zur Lawinenrinne wird. Im *White out* wäre ein Zurückfinden unmöglich. Wer sich in der Gipfelwand im Nebel verliert, ist verloren.
Der Entschluß, ohne Rucksack loszugehen, hat mit meiner Taktik zu tun: schnell sein. Ich will zum Gipfel und zurück ins Lager V. An einem Tag! Die letzten Tage des Schönwetterfensters nutzen, das diesen allerletzten Versuch erst möglich gemacht hat. Gerhard, Günther und ich müssen bis ins Lager IV absteigen, ehe es stürmt und schneit, denke ich. Im Merkl-Eisfeld hängen keine Fixseile. Eine Todesfalle bei Lawinengefahr.
Deshalb ist mein Rucksack im Zelt des letzten Lagers zurückgeblieben. Weder Sicherungsseil noch Haken noch Biwakausrüstung habe ich mitgenommen. Nur Steigeisen, Pickel, Stirnlampe. Mein Aufbruch in die Merkl-Rinne mag nach einem kurzfristigen Erkundungsvorstoß ausgesehen haben. Mein Plan ist ein Gipfelgang und wohl überlegt. Allerdings: bei schlechtem Wetter wäre ich gar nicht erst losgegangen.

Das Gipfeltrapez des Nanga Parbat. Rechts die Merkl-Scharte

Im oberen Teil der Merkl-Rinne quere ich über eine Rampe nach rechts in die Eisfelder. Unter der Südschulter vorbei. Der oberste Teil der Rinne ragt jetzt links über mir auf. Das Gelände aber interessiert mich nicht. Mein Weg führt nach rechts.
Ich weiß nichts davon, daß Günther mir nachsteigt. Ebenfalls ohne Ausrüstung. Als er mich einholt, erschrecke ich zuerst. Dann aber gibt es keinen Zweifel, daß wir zu zweit weitersteigen. Ein Fehler? Vielleicht. Es ist spät, und die Kameraden sind weit weg. Sie können nicht wissen, was wir tun. Die Gipfelnähe und unsere Begeisterung treiben uns an. Kein Zögern. Wir erreichen den Gipfel. Was andere dazu sagen, interessiert uns jetzt nicht. Unsere Sorge gilt nur dem Abstieg.
Kienlin: »Es gibt für mich aber keinen vernünftigen Zweifel daran, daß die beiden auf dem Gipfel standen.«

Jetzt erst, beim Abstieg, beginnen die Probleme. Für Außenstehende mögen es Ungereimtheiten sein. Wegen großer Müdigkeit zeigt Günther Unsicherheiten. »Können wir nicht über eine andere Route absteigen?« fragt er.
Der Weg zurück durch die Merkl-Rinne ins Lager IV ist ihm zu steil. An der Südschulter schaue ich nach Westen. Der Weg bis zur Scharte am Ende der Merkl-Rinne ist leicht. Das mitgeführte Foto der Rupalflanke suggeriert uns die Möglichkeit, von dort in die Rinne zurückzukommen. Dieses Foto zeigt die Rupalflanke in der Totalen. Details sind nicht zu erkennen. Aber da ist eine Schneerampe zwischen Scharte und Rinne.
Kuen: »Aus diesem Foto war nicht ersichtlich, ob es möglich ist, in die Rinne hineinzuqueren. Außerdem hatte Reinhold Messner ganz sicher schon während des Aufstiegs in der Merkl-Rinne erkannt, daß der letzte Teil nicht gangbar und daß hier weder ein Auf- noch ein Abstieg möglich ist.«
Nein, aber immerhin hat mir dieses eine Bild in der Rupalwand öfters als Orientierungshilfe gedient.
Irgendwo müssen wir hinunter. Viel Zeit haben wir nicht mehr. Das schlechte Wetter! Ohne Schutz können wir nicht am Gipfelgrat biwakieren! Und Günther fürchtet sich vor dem Abstieg. Nein, nicht mein höhenkranker Bruder soll entscheiden, was zu tun ist. Seine Ängste aber nehme ich ernst. Also wählen wir den flacheren Weg. Ist es eine Fehlentscheidung, geradewegs zur Merkl-Scharte abzusteigen? Getroffen nach der Fehlbeurteilung eines Fotos?
Ja, wie ich heute weiß. Damals aber war ich mir sicher, daß es der kürzere und leichtere Weg zum Lager war.
Sicher, dieser Abstiegsweg ist unbekannt. Unbekannt aber ist alles für uns: unsere Resistenz in der Höhe, das Wetter, das Morgen. Die vage Idee einer Überschreitung des Berges zur westlichen Diamir-Seite hin ist längst ausgeblendet. Es geht nur noch ums Überleben. Auch ich

habe Angst, über die ungesicherte Merkl-Rinne abzusteigen. Wie gut ich Günthers Ängste verstehe!
»Damit war die Vorentscheidung gefallen, die Sackgasse programmiert!« wie sich hinterher leicht urteilen läßt.
Uns stellt sich die Situation anders dar. Wir erreichen einen tauglichen Biwakplatz, überleben eine schlimme Nacht. In der Todeszone ist Erholung nicht möglich. Im Gegenteil. Kälte und Angst zehren uns aus. Der Morgen kommt in Schüben von Kältezittern.
Wir stecken in einer Notlage. Günther ist geschwächt. Der Abstieg von der Scharte in die Merkl-Rinne unmöglich. Deshalb rufe ich am Morgen des 28. Juni von der Scharte aus um Hilfe. Von dort aus habe ich Einblick in die Steilwand, die wir am Vortag durchstiegen haben.
Die ersten Hilferufe hat kein Mensch gehört.
Aber an diesem Vormittag steigen Felix Kuen und Peter Scholz durch die Merkl-Rinne. Auch sie sollen den Gipfel besteigen. Außerplanmäßig. Dahinter Werner Haim, Hans Saler und Gert Mändl, die in der Merkl-Rinne Seile anbringen, um den erschöpft zurückkehrenden Kameraden, auch uns, den Abstieg zu erleichtern. Günther und ich können all das nicht wissen. Als ich Kuen und Scholz sehe, nehme ich an, sie seien allein unseretwegen gekommen. Warum also weiter um Hilfe rufen? Mit Felix gibt es kurz Rufkontakt. Die Verständigung aber ist schlecht. Wegen der Höhe, den Windböen, der Entfernung. Felix und Peter sollen zu unserem Standplatz kommen, teile ich mit. Weil wir ein Seil für die Rückkehr in die Merkl-Rinne brauchen. Deshalb habe ich doch drei Stunden lang um Hilfe gerufen! Aber Felix sieht keine Chance, das letzte Stück Wand bis zur Scharte zu klettern. So wenig ich zu ihm abklettern kann, wagt er es, von Peter gesichert zu uns aufzusteigen.
Ja, Felix und Peter haben ihre Aufstiegsstrategie, nach der sie sich richten. Sie würden von der Route, die auch wir genommen haben, abweichen, wenn es eine minimale

Gipfelaufbau. Das Wandstück zwischen Merkl-Rinne und Merkl-Scharte ist 1970 nicht kletterbar

Chance gäbe, uns zu helfen. Nur, abstürzen darf jetzt keiner. Ich spüre es, ich darf Felix nicht in ein Todesrisiko treiben.

Ein Sturz hätte einen Schock und den Tod von uns vieren bedeutet. Deshalb mein: »Ja! Alles in Ordnung« am Ende auf die Frage von Felix: »Ist alles in Ordnung?« Ich hätte nicht anders reagieren können.

Nur wer sich in beide Positionen versetzt – was wußte Felix, was wußte ich –, erkennt die unausweichliche Notlage, in der wir stecken. Selbstverschuldet gewiß, aber ohne Hoffnung auf Hilfe. Wenn Felix nicht zu uns hinklettern kann, weil das Wandstück zwischen uns unzugänglich ist, kann uns auch sonst niemand hier herausholen.

Nicht nur ich, alle, die später andere glauben machen

wollen, daß Felix und Peter uns zu Hilfe gekommen wären, wenn ich nur deutlich genug auf Günthers Schwäche verwiesen hätte, unterstellen Felix – Peter reagierte nicht – unterlassene Hilfeleistung. Es gibt dazu zwei Standpunkte. Auch zwei Wahrheiten. Das Gemeinsame an den beiden Wahrheiten lautet: Das Gelände zwischen Merkl-Rinne und Merkl-Scharte ist nicht passierbar. Erst als mir diese Tatsache dämmert und unsere Notlage klar wird – Günther ist höhenkrank –, kommt Verzweiflung auf. Wenn Peter und Felix jetzt ihr Leben riskieren, um uns zu helfen, stürzen sie ab. Das Risiko, uns entgegenzusteigen, ist also zu hoch. Die mögliche Rettung des Bruders liegt jetzt nur noch bei mir. Also Abstieg auf der anderen Seite des Berges.
Hilfe von der zweiten Gipfelseilschaft hätte in die Merkl-Scharte erst 24 Stunden später kommen können. Dies hätte ein zweites Biwak in der Todeszone für uns bedeutet. Es wäre tödlich gewesen. Mit Sicherheit.
Felix und Peter hätten ihren Aufstiegsplan sicher geändert, um uns zu Hilfe zu kommen, wenn sie eine Chance dazu gesehen hätten. Das Wandstück aber, das uns voneinander trennt, ist zu steil: In dieser Höhe kann es 1970 keiner sturzfrei klettern.
Nein, ich empfehle Felix keine Route links in die Südschulter. Wie auch? Ich kenne sie nicht. Am Ende zeige ich Felix nur an, daß wir nach Westen absteigen. Wie wir wieder ins Basislager kommen, weiß ich nicht.
Ich kann und darf Günther nicht allein lassen. Jetzt haben wir nur einen Ausweg: die Diamir-Seite.
Felix und Peter steigen weiter bis zum Gipfel. Nach einem Biwak kehren sie auf ihrer Abstiegsroute zurück ins letzte Lager.
Herrligkoffer: »Hatte Reinhold wirklich nur einen Ausweg, um den höhenkranken Bruder in Sicherheit zu bringen? Wenn er nun schon einmal gegen alle Vernunft in der Diamirflanke biwakiert hat und sein Bruder dort höhen-

krank wurde – bot sich da nicht der einfache Abstieg zum 1000 m tiefer gelegenen Westsattel an?«

Nein! Dieser Weg, ebenso unbekannt wie der direkte Abstieg, ist nicht nur länger. Wie sollten wir Gegenanstiege schaffen und im Nebel den Weg finden? Denn das angekündigte Schlechtwetter ist jetzt da. So jedenfalls stellt sich uns die Situation dar. Das nackte Leben gilt es zu retten, sonst nichts. Alles, was von den Herrligkofferschen Deutungen übrig bleibt, sind Ausreden. Seine Interpretationen und Urteile sind die eines Stubenhockers.

Nach den Informationen, die ich habe, ist der Abstieg in die Diamirwand das Naheliegende. Herrligkoffer aber weiß es besser. Felix Kuen läßt er sagen: »Peter und ich sahen eine ganz andere Möglichkeit, und zwar zurück in die Rupalwand, denn die Gebrüder Messner wußten genau, daß zwei Alpinisten nachkommen werden und daß die Merkl-Rinne noch ein Teil versichert wird.«

Nein, beides wußten wir nicht. Für mich war klar, daß wir auf uns selbst gestellt blieben. Bis ins Lager V. Warum hätte ich sonst um Hilfe gerufen? Es war naiv, gewiß, aber ich zweifelte keinen Augenblick daran, daß Felix und Peter unseretwegen gekommen sind.

Kuen: »Gegen sechs Uhr hörte ich ferne Hilferufe. Ich sprach mit Peter Scholz darüber, der aber meinte, daß das eine Einbildung sei. Diese Rufe wiederholten sich einige Male bis etwa acht Uhr. Seit diesem Zeitpunkt war von Hilferufen nichts mehr zu hören. Beim weiteren Aufsteigen hörte ich lediglich undeutliches Gerede. Gegen 9.30 Uhr bemerkte ich eine Gestalt am Grat, die zeitweise dort auftauchte. Ich versuchte gelegentlich Zurufe, außerdem haben wir uns mit den Armen zugewunken. Als ich etwa 80–100 Meter unterhalb des Standortes dieser Gestalt angekommen war, erkannte ich Reinhold Messner. Reinhold Messner rief so etwas wie ›Hallo‹, und rief mir gleich zu, daß der Aufstieg links um die Südschulter wesentlich leichter sei, als der rechtsherum. Ich rief zurück, ob alles in Ordnung sei, worauf er antwortete, ja es sei alles in Ordnung. Reinhold rief mir zu (sinngemäß): ›Wir nehmen einen anderen Abstieg, wir kommen dann schon zu euch zurück.‹ Daraufhin habe ich ihm zugerufen, ich würde ihm von einem solchen Vorhaben abraten. Reinhold rief mir noch ein Grußwort zu, das ich wie ›Servus‹ oder so ähnlich verstanden habe. Er bückte sich, nahm etwas auf, das wie das Aufsetzen eines Rucksacks war, und verschwand hinter dem Grat.«

Diese Aussage zeigt, wie sehr wir uns mißverstanden haben. Mehr nicht.

Kuen: »Reinhold hätte nicht sagen sollen, daß alles in Ordnung sei, er hätte sich nicht verabschieden und am Grat verschwinden dürfen ... Was blieb uns, Peter und mir, anderes übrig, als auf dem kürzesten Weg zu versuchen, die Südschulter zu erreichen. Da wir oben niemanden mehr zu Gesicht bekamen, stiegen wir zum Gipfel auf.«

Nein, von der Südschulter sieht keiner die Merkl-Scharte. Und ja, von der Südschulter wäre Hilfe möglich gewesen. Jetzt aber kommt sie zu spät. Felix und Peter haben ihr Seil inzwischen doch deponiert. Würden sie ohne Seil in die Merkl-Scharte absteigen, sie müßten unser Schicksal teilen: entweder dort sterben oder den Versuch wagen, über die Diamirwand abzusteigen.

Warum ist diese zwingende Logik nicht zu erklären? Weil niemand sich die Mühe macht, die Geographie zu studieren! Oder beweist die Tatsache, daß wir das »Unmögliche«, den Abstieg über die Diamirflanke, überstehen und ich überlebe, daß der Abstieg geplant war? Mitnichten. Ich habe Glück gehabt! Wären andere an der Merkl-Scharte verschwunden, auch ich hätte ihnen keine Überlebenschance gegeben. Sicher aber hätte ich mich mit den Geretteten freuen können.

Warum muß Herrligkoffer, ja nach und nach ein Großteil

Diamirflanke. 4000 Meter Höhenunterschied, lawinengefährdetes Gelände

der Mannschaft, ein Szenario erfinden, das meine Schilderungen Lügen straft? Um mich zu diskreditieren?
Herrligkoffer: »Es war damit zu rechnen, daß kritische Stimmen zum Bericht Reinhold Messners laut würden. Aber es schien uns selbstverständlich, daß wir den Kritikern Messners keine Nahrung bieten würden. Keiner von ihnen kennt die für das Ereignis bestimmende Extrem-Situation. Seine Kritik würde bald verhallen, war meine Hoffnung, und sicher auch die vieler meiner Kameraden von 1970.«
Alle Unterstellungen und Lügen kamen doch von Herrligkoffer! Nicht von außen. Statt meinen Bericht zu übernehmen erfindet er unter allerlei Vorwänden eine Geschichte, die wie eine Rechtfertigung klingt. Um mein Verhalten als »Höhenrausch« zu entschuldigen.
Herrligkoffer: »Mag man den Höhenrausch dafür ver-

antwortlich machen, daß Reinhold den tollkühnen Entschluß gefaßt hat, den körperlich offenbar abbauenden Bruder nicht über die gesicherte Expeditionsroute herabzuführen, sondern über die ungesicherte und in weiten Strecken noch unbegangene Diamirflanke. Mag man den Bergsteigertod des jüngeren Bruders Günther als einen der unabwägbaren Schicksalsschläge ansehen, von denen extreme Expeditionen unablässig bedroht sind. Mag man die Erfrierungen Reinholds als den Zoll werten, den ein Bergsteiger von vornherein zu leisten bereit ist, wenn er sich einem derartigen Unternehmen anschließt. Mag man das Wunder trotz allem dankbar begrüßen, daß der grausame Berg wenigstens einen der beiden lebend entließ.«

Wir Bergsteiger können beim Aufbruch nie wissen, was alles passiert. Hoch oben am Berg, in einer Notlage, versuchen wir unser Leben zu retten. Wir allein tragen dabei die Verantwortung. Darin besteht ein Widerspruch, dem Außenstehende nicht folgen können. Niemand von uns sucht die Gefahr. Sie ist am Berg aber immerzu da. Deshalb ausweglose Situationen. Einmal in der Falle wird unser Tun viel mehr von Instinkten als von Überlegungen bestimmt. Zuletzt gilt es nur noch, das Sterben zu vermeiden. In der lebensfeindlichen Welt der Todeszone bricht die menschliche Natur nicht mit Aggression durch, sondern mit Adrenalin. Mit Ängsten, Hoffnungslosigkeit, zuletzt mit Apathie. Es gilt dann nur noch, den nächsten Schritt zu meistern, die nächsten Stunden zu überleben.

Herrligkoffer: »Die Himalaja-Geschichte kennt meines Wissens kein Beispiel, daß sich ein Höhenkranker in fast 8000 Meter aus eigenen Impulsen heraus – also ohne Getränk, ohne Nahrung und vor allem ohne die künstliche Sauerstoffzufuhr – wieder soweit erholen konnte, daß er schließlich ganz fit wurde, so fit, daß er den kräftezehrenden Abstieg über eine ungesicherte 3000 Meter hohe Eiswand schaffte. Es ist bekannt, daß der menschliche Organismus in der ›Todeszone‹ – also in einer Höhe von über

7700 m – durch das große Sauerstoffdefizit infolge des verminderten atmosphärischen Drucks nur noch abbaut. Hier steht der Mensch einer lebensfeindlichen Umwelt gegenüber.«

Daß uns nur der eine Ausweg geblieben war, der Abstieg über die Riesenflanke, ins Ungewisse, ist geographisch beweisbar. Trotzdem, es war für mich kein Gang in das völlig Unbekannte. Ich hatte mich gedanklich damit befaßt. Als ich mich im Basislager nach dem Kinshofer-Weg erkundigte, hatte ich auch die Mummery-Tragödie studiert. Vielleicht auch mit der Idee einer Nanga-Parbat-Überschreitung in Gedanken gespielt. Nein, der Abstieg entlang dem Westgrat zum Westsattel und von dort ins Rupal-Tal kam nicht infrage. Er wäre so unmöglich gewesen wie der Abstieg über die ungesicherte Kinshofer-Route. Mit der Selbstrettung wollte ich niemanden in die Irre führen. Es ging allein ums Überleben.

Interessant in diesem Zusammenhang ist die Wahrnehmung der Landschaft beim Abstieg. Diese Felsformation kenne ich doch! Als würde ich dabei Bilder aus dem Unterbewußtsein mit der Realität abgleichen. Oft ist mir, als wäre ich an bestimmten Stellen schon gewesen. Sind gedachte Bilder so stark? Alles nur wegen der Lektüre des Mummery-Versuchs? Nie aber bei diesem Abstieg kommt mir die angedachte Nanga-Parbat-Überschreitung in den Sinn. Realität und Fantasie sind eins. Eisflanken werden immer wieder von Erinnerungen gekreuzt. Felsen sind mir Griff für Griff bekannt, alle Pläne aber gegenstandslos geworden. Nicht im Vorausvollzug, aber in meiner Phantasie also finde ich einen Fluchtweg. Stück für Stück und vor Ort.

Daß die Expeditionskameraden in ihrer Sorge um uns nicht im Diamirtal, sondern sonst überall suchen, ist ein weiterer Beweis dafür, wie unsicher alle sind. Ob Günther und ich über die Mummery-Rippe absteigen? Wo sonst. Mändl und Saler sollen deshalb einen Tag länger im Lager IV bleiben. Um die Gipfelwand zu beobachten und uns zu helfen, sollten wir entgegen aller Erwartungen doch noch auftauchen.

Kuen: »Am 30. Juni bin ich vom Lager IV in das Hauptlager abgestiegen, wo ich gegen Abend eintraf. Im Basislager angekommen, erfuhr ich, daß Dr. Herrligkoffer, wie schon zwischen uns besprochen, Michl Anderl mit einigen anderen taleinwärts geschickt hatte, damit diese vom Gegenhang aus die gesamte Rupalflanke beobachten. Weiter erfuhr ich, daß Dr. Herrligkoffer über Captain Saqi Verbindung mit anderen Talorten aufnehmen ließ, insbesondere über die APA's Astor und Chilas, um einen Inspektor in das obere Diamirtal zu entsenden. Der an sich bestellte Hubschrauber war dringend angefordert worden, damit beim Auftauchen der Gebrüder Messner deren Abtransport beschleunigt durchgeführt werden könne. Weiter weiß ich, daß Dr. Herrligkoffer den Aufbruch der Expedition um einen weiteren Tag verzögert hat, um für alle Fälle noch zur Stelle zu sein, falls der allerdings sehr unwahrscheinliche Fall eintreten sollte, daß die Messners noch irgendwie auftauchten.«

Inzwischen bin auch ich in tieferen Regionen. Mein Bruder ist verschollen.

Von Kienlin: »War nicht vielleicht auch Günther, der so krank gewesen war, geschwächt irgendwo niedergesessen und eingeschlafen? Dann mag die Lawine gekommen sein?«

Möglich, aber nicht verhinderbar. Mich hat das Schicksal verschont. Ein Zufall? Wer sich fragt, wie man seinen geschwächten Bergkameraden, seinen übermüdeten Bruder, nach tagelangen Strapazen so weit hinter sich lassen kann, daß der Kontakt abreißt, sollte ins Diamirtal aufsteigen. Und die Landschaft am Wandfuß sehen: Eisbrüche, Lawinenkegel, Felsabbrüche in einem unübersehbaren Labyrinth nebeneinander, übereinander gelagert. Von oben kommend ist beim Bemühen, einen Ausweg zu

Die Hochalm Nagaton. Reinhold Messner trifft hier erstmals wieder auf Menschen

finden, Blickkontakt nicht überall möglich. Leider. Wegen der Gefahren galt es nur noch, den am wenigsten kraftraubenden Weg zu finden. Und dies war nur mit dem Vorausgehen möglich. Die Eislawinen werden bei steigender Sonne mehr. Trotzdem, sie sind nicht kalkulierbar. Soll Günther diesen Bereich schnellstmöglich verlassen, muß ich zuerst einen Weg dort finden. Zusammen würden wir viel länger dafür brauchen. Wegen der Umwege. Von der Moräne aus habe ich einen Überblick über das Gletscherbecken. Nicht aber Einblick auf den »Oberen Durchstieg«, den die Diamir-Expeditionen 1961 und 1962 gewählt haben, und wo Günther auch absteigen kann.
Der Fluchtweg durch das obere Diamirtal führt durch die Trümmer meiner Hoffnungen. Niemandem ist deswegen ein Vorwurf zu machen. Im Gegenteil, der Expeditionsleiter, von Gerhard Baur über meine Andeutungen einer

Nanga-Parbat-Überschreitung – Aufstieg Rupalwand, Abstieg Diamirflanke – informiert, läßt die Hänge unter dem Mazeno-Gipfel absuchen. Die Mannschaft, zum Gehorsam vertraglich verpflichtet, kommt erst nach und nach ins Basislager. Zurück aus der Wand. Und so viele Tage nach unserem Verschwinden ist es kaum denkbar, daß Günther und/oder ich noch leben. Herrligkoffer versichert, alles Notwendige für unsere Rettung in die Wege geleitet zu haben. Also tritt man die Heimreise an.

Erst in Europa, lange nach meinem zufälligen Zusammentreffen mit Herrligkoffer, wird mir klar, daß der Expeditionsleiter Informationen manipuliert. Seinem Wunsch entsprechend habe auch ich einen kurzen Bericht über die dramatischen Tage am Nanga Parbat geschrieben. Herrligkoffer verfügte willkürlich darüber. Nach dem Prinzip von Einschluß und Ausschluß. Dabei entsteht eine Geschichte, die den Tatsachen nicht entspricht. Nicht nur, daß Herrligkoffer die bergsteigerische Erfahrung fehlt, unsere Notlage nachzuvollziehen. Als Chef der Expedition beansprucht Herrligkoffer die namensgebende Macht, als Expeditionsleiter die Befehlsgewalt, als Chef des Deutschen Instituts für Auslandsforschung das alleinige Recht zur Berichterstattung. Und er allein entscheidet, wer wie viel berichten darf. Deshalb und nur deshalb kommt es nach dieser Expedition zum Streit, einem Streit, der am 13. Dezember 1970 geschlichtet werden soll.

Unterstellungen und Verleumdungen

Vom 11. bis zum 13. Dezember 1970 organisiert die Evangelische Akademie Tutzing im *Haus auf der Alb* in Urach eine Tagung, die Martin Hörrmann und Christoph Bausch leiten. Hörrmann hat mich eingeladen und Dr. Karl Maria Herrligkoffer für einen Vortrag gewinnen können. Damit ist eine neutrale Plattform für eine faire Auseinandersetzung zu unserem Streit geboten. Herrligkoffers Vortrag, »Die Rupalflanke 1970«, wird zum Eklat, denn Herrligkoffer zieht in Zweifel, daß Günther nach der Überschreitung des Berges gestorben ist. Er spricht die Unterstellung aus, Günther sei auf rund 8000 m Höhe an Erschöpfung gestorben und von mir dort zurückgelassen worden. Trotzdem bin ich nach dem Vortrag von Dr. Herrligkoffer bereit, meine Gegendarstellung vorzutragen.

Im kleinen Kreis der unmittelbar Betroffenen diskutieren wir anschließend bis drei Uhr morgens und formulieren sogar eine Vereinbarung: »Aufgrund des heutigen Gespräches haben sich die in der Nanga-Parbat-Expedition 1970 Beteiligten und auf der Alpinismus-Tagung der Ev. Akademie Anwesenden, insbesondere Dr. Herrligkoffer und Reinhold Messner, darüber geeinigt, daß die Tatsache, daß zu einem entscheidenden Zeitpunkt der Expedition eine rote Rakete abgeschossen wurde, nicht schuld ist am Tod von Günther Messner. Reinhold Messner identifiziert sich nicht mit darüber anderslautenden Ansichten, die in der Presse und in der Öffentlichkeit umlaufen.

Dr. Herrligkoffer stellt klar, daß aufgrund des heutigen Gespräches die Darstellung von Reinhold Messner über seinen Abstieg nicht in Zweifel zu ziehen ist. Gegenteilige Behauptungen werden nicht mehr erhoben.«

Aber keine Einigung.

Nur Felix Kuen und ich unterschreiben eine gemeinsame

Stellungnahme: »Reinhold Messner distanziert sich von jeder Formulierung, die zum Ziele hatte, Felix Kuen einen versteckten Vorwurf zu machen, daß er in der Gipfelregion den Brüdern Messner nicht geholfen habe. Reinhold Messner und Felix Kuen als Gipfelbesteiger stellen fest, daß zwischen ihnen bezüglich der Darstellung der Gipfelphase keinerlei unterschiedliche Auffassungen bestehen. Die Kameradschaft war während der Expedition ausgezeichnet, und es besteht auch keine Veranlassung, daß diese durch bedauerliche Umstände, die beide nicht veranlaßt haben, getrübt sein sollte.«

Alle anwesenden Expeditionsteilnehmer, besonders Max von Kienlin, bemühen sich um eine Einigung. Vergeblich. Herrligkoffer reist ab.

Was folgt, sind gerichtliche Auseinandersetzungen, ein Streit ohne Ende.

Herrligkoffer hat meiner Darstellung nie Glauben geschenkt. Er hält bis zu seinem Tod an seiner Überzeugung fest, Günther sei im ersten Biwak gestorben. Wenig unterhalb des Gipfels. Warum aber hätte ich es, wenn es so gewesen wäre, verschweigen sollen? Wäre Günther dort oben gestorben, hätte ich ihm nicht mehr helfen können. Trotzdem hätte ich über die Diamirseite absteigen müssen, um zu überleben. Der Leichnam, im Eis nicht zu begraben, läge heute noch dort oben. Wie Mallorys Leiche am Mount Everest.

»Reinhold, laß Dich nicht aufhalten, die holen mich schon«, soll Günther gesagt haben. Der Bruder aber war zu diesem Zeitpunkt nicht tot. Max von Kienlin schreibt dreißig Jahre später: »Warum nicht noch wenigstens einen draufsetzen, das Drama erhöhen, Unsterblichkeit herausfordern, den Berg übersteigen? Wie, wenn Günther oben noch lebend verblieb und Reinhold alleine nach Diamir abstieg?«

Makaber, welche Bilder die Phantasie der »Anständigen« hervorbringt. Berge aber sind keine Arena für Krimis. Da

oben spielen Tragödien. Die Themen heißen: Angst, Verzweiflung, Hoffnungslosigkeit.
Sechs Jahre später kommen die nächsten Bergsteiger an der Merkl-Scharte vorbei. Sie finden nichts.
Versetzen wir uns dorthin zurück:
Es ist leichter, in den Tod zu gehen, als aufs Sterben zu warten. Als Todgeweihte lebten wir in einem Zwischenreich. Von Sicherungsarbeiten, von einem Plan, konnten wir nichts wissen. So wenig die Mannschaft in der Rupalwand wissen konnte, wo genau wir absteigen.
Die Darstellungen, Gegendarstellungen und Polemiken nach der Expedition gipfeln in einer Reihe von Zivil- und Strafverfahren, wovon ich die Strafanzeige gegen die beiden Expeditionsleiter Dr. Karl M. Herrligkoffer und Michl Anderl wegen unterlassener Hilfeleistung bereue. Günther ist mir aus freiem Entschluß nachgestiegen, und niemand hätte ihm helfen können außer mir. Daß ich es getan habe, ist so selbstverständlich, wie es selbstverständlich gewesen ist, gemeinsam zum Gipfel zu gehen. Meine Schuldgefühle haben nichts mit diesem Fehler zu tun. Nur mit der Tatsache, daß ich überlebt habe und Günther nicht.
Wer sein Leben lebt und dieses Leben intensiv lebt, denkt nicht ans mögliche Sterben. Wenn er aber dabei stirbt, ist er zur rechten Zeit gestorben. Für Günther gilt das nicht.
Es dauert ein paar Monate, bis ich wieder Hoffnung schöpfe. Trotz meiner Amputationen – drei Fingerkuppen, sieben Zehen – gelingt es mir, meinem Leben weiter Sinn zu geben. Herrligkoffer wird zwar nicht müde, mich mit seinen Unterstellungen und Verleumdungen zu diskreditieren, ich aber gehe wieder in die Berge.
Besser ein schlechter Ruf als ein schlechtes Gewissen.

Kapitel III

Schuft

Dolomitengipfel

Expeditionsleiter Herrligkoffer ist immer überzeugt gewesen, »daß Günther schon beim Biwakieren unterhalb des Gipfels gestorben ist. Dies würde bedeuten, daß Reinhold den toten Günther dort oben verließ in der Erkenntnis, ihm nicht mehr helfen zu können … der Bruder ist tot, ein Rückstieg ohne Seil riskant … warum nicht die Unsterblichkeit herausfordern, einen Achttausender überschreiten? Erstmals in der Geschichte der Menschheit.« *Max von Kienlin*

Die Überschreitung des Nanga Parbat war schon im Gespräch gewesen. Reinhold hatte sich eingehend damit befaßt. *Hias Rebitsch*

Uns allen waren schon damals einige Ungereimtheiten aufgefallen in dem Ablauf der Tragödie, wie Reinhold sie schilderte. Aber wir haben uns nach der Rückkehr getroffen, ohne Reinhold, und fast so etwas wie einen Rütlischwur geleistet, nichts zu sagen. *Max von Kienlin*

Peter Scholz und ich befanden uns noch im Lager IV, als Reinhold Messner zu seinem Alleingang aufbrach. Nach Aussagen von Baur war Reinhold supernervös, hielt es im Lager nicht mehr aus und verließ dieses am 27. Juni gegen drei Uhr früh. Bevor er wegging, trug er seinem Bruder Günther und Baur auf, in der Merkl-Rinne eine Seilsicherung anzubringen, um ihm dadurch den Abstieg zu erleichtern. *Felix Kuen*

Messner hat die riskante und für seinen Bruder tödliche Überschreitung des Nanga Parbat gegen die Absprache geplant. *Max von Kienlin*

Im Zwielicht der Gutmenschen

Im Februar 1971 treibt Karl Herrligkoffer seine Kampagne gegen mich weiter. In Leserbriefen, Vorträgen, Rundschreiben und vor Gericht stellt er Behauptungen auf, die weder relevant noch nachprüfbar sind. Man nennt mich einen Schuft, Egomanen und Feigling. Jene, die ihre eigene Unfähigkeit hinter Moralfragen verstecken müssen, tun mein Bergsteigen als »Ideologie des Wahnsinns« oder »unmoralisch« ab.

Dabei habe ich auf der Merkl-Scharte nicht frei entscheiden können. Nein, ich konnte nicht einmal absehen, welche Folgen die Entscheidung, über die Diamirseite abzusteigen, haben würde. Günther und ich wußten nur, daß wir sterben, wenn wir hoch oben am Berg bleiben.

Damit will ich nicht von meinem Schuldgefühl ablenken, sondern die Freiheit der Entscheidung relativieren. Herrligkoffer sieht mich als Bösewicht, der das Leben seines Bruders dem Ehrgeiz opfert.

Dabei wären wir füreinander gestorben.

Ganz anders verhalten sich meine Kameraden vom Nanga Parbat. Einige verteidigen mein Verhalten öffentlich und vor Gericht. Andere folgen zwar der Einladung Herrligkoffers zum Mount Everest, werden aber nicht diskriminierend. Sie bleiben dort trotz Ehrgeiz und Einsatz erfolglos. Wissen nun auch sie, daß Freiheit und freier Wille in der Todeszone eine Selbsttäuschung sind? In der Notlage bleibt uns Menschen wenig vom ordnenden Geist des beseelten Subjekts. Im Grenzbereich zwischen Durchkommen und Umkommen gibt es einen bestimmenden Willen nur noch begrenzt.

Im Frühjahr 1971 kann ich wieder laufen. Die Wunden an Händen und Füßen sind verheilt. Aber kann ich noch bergsteigen? Der Auftrag, eine Reisegruppe zum Demavend im Iran zu führen, soll zur Testtour werden. Ohne mich nach dem Wetterbericht erkundigen zu können, reisen wir von Teheran zum Demavend. Dieser riesige Vulkankegel steht hoch über wüstenhaftem Hochland. Mit mehr als 5000 Meter Höhe ist er der höchste Gipfel des Landes.

Als wir den Berg zum ersten Mal sehen, ist der Gipfel in Nebelschwaden gehüllt. Nichts als mattes Grau. Schneehänge und Nebel erscheinen als eins. Im letzten Dorf, Rhine, treffen wir die Vorbereitungen für den Aufstieg. Einen Nachmittag lang. Dann durchqueren wir Felder, Geröll und Lavafelsen, erreichen schließlich die Schutzhütte, 4150 Meter hoch.

Am nächsten Morgen schneit es. Leicht nur, aber ohne Unterbrechung. Einige von uns verlassen die Hütte trotzdem. Wir mühen uns über Steilhänge bergwärts. Heftige Windstöße jagen grobkörnigen Schnee. Unsere Kleider verwandeln sich in harte weiße Panzer. Das Schlechtwetter kommt von Westen, denke ich. Kein gutes Zeichen.

Ich sehe mich um. Die anderen haben aufgegeben. Alle sind zur Hütte gehastet. Nur noch mein persischer Seilkamerad stapft hinter mir her. Auch er will dem schlechten Wetter trotzen.

Aber das Schneetreiben wird dichter. Nebel erschwert die Orientierung. »Es nützt nichts«, dränge ich zum Rückzug.

Kaum sind wir zehn Minuten abwärts gestiegen, wird es plötzlich hell. Über uns taucht der Gipfel des Demavend auf. Aus dem Nichts, aus der Stille. Wie eine Fata Morgana. Und der Sturm bleibt aus. Wirklich, es schneit nicht mehr, die Nebel lichten sich. Wir beschließen, wieder aufzusteigen. Minuten später bricht das Unwetter erneut über uns herein. Der Sturm droht uns aus dem Stand zu heben.

Nur mit Mühe können wir Atem holen. Mit Karte und Kompaß kämpfen wir uns zur Hütte zurück. »Gerettet.« Mit einem Knall schlägt der Orkan hinter uns die Tür zu. Das Haus stöhnt und ächzt. Eng aneinandergedrängt hocken die anderen am Feuerplatz.

Der Sturm droht, die Wände einzudrücken, rüttelt am Dach.

Als wir, zurück im Dorf, unsere Kleider trocknen, erzählt jede und jeder von einem anderen Schneesturm. Ich aber weiß, daß ich meinen Weg gehen werde, meinem individuellen Lebensentwurf folgen muß. Natürlich gilt es dabei, zuallererst die individuelle Freiheit der anderen zu respektieren, gemeinsam aber setzen wir uns der Bergnatur aus, um unsere Menschennatur zu begreifen. Am Berg ist jede Art von Freiheit dabei relativ.

Im Mai 1971 weiß ich, daß ich weiter auf Berge steigen, klettern, mein Leben gestalten kann.

Schon 1970 hatte ich Max von Kienlin versprochen, einmal mit ihm in den Dolomiten zu klettern. Inzwischen ist der Schnee weggeschmolzen, und ich lade ihn nach Südtirol ein. Auch seine Frau Uschi kommt mit.

Als ich nach der Rückkehr vom Nanga Parbat mit meinen Erfrierungen in der Innsbrucker Klinik lag, hat sie meine Verzweiflung geteilt und mir immer wieder Mut gemacht. Mut, mich gegen die Repressionen Herrligkoffers durchzusetzen, und Mut, trotz meiner Traurigkeit in die Zukunft zu sehen. Als ich aus dem Krankenhaus entlassen wurde, war ich Gast auf dem Landsitz der Kienlins in Erolzheim. Uschi, die vor ihrer Ehe in einem Verlag tätig war, arbeitete gemeinsam mit mir am Manuskript zum Buch »Die rote Rakete«. Wir führten lange Gespräche und wurden Freunde. Aber eine Affäre, wie heute behauptet wird, hatten wir damals nicht. Die Liebe kam später.

Max und Uschi bringen ihren Privatskilehrer, den Bergführer Heinrich Besler mit. Wir sind den ganzen Tag in den

Die Sellatürme in den Dolomiten

Bergen unterwegs. Zuerst im Klettergarten, am Sellajoch, um die elementarsten Bewegungsabläufe zu üben. Dann bilden wir zwei Seilschaften. Uschi, vom Klettern fasziniert, macht ihre erste »richtige Tour«. Am zweiten Sellaturm. Am Seil mit mir. Heinrich steigt mit Max hinterher. Uschi zeigt sich beim Klettern leicht und elegant. Beim Ausstieg aus den Südkaminen geraten wir in ein heftiges Gewitter. Durch die Elektrizität stehen uns die Haare zu Berge, wir sehen aus wie vier Außerirdische. Als Abschluß will ich noch in die Fanes mit meinen Freunden. Für eine letzte Tour, als Höhepunkt gedacht, reicht die Zeit gerade noch. Wir klettern die Wasserfall-Route an der Neunerspitze Südwand. Uschi und ich wieder als erste Seilschaft, leicht und geschmeidig wie Katzen. Zurück auf der Hochalm warten wir auf Heinrich und Max. Unsere letzte Tour vor der Heimreise ist zu Ende.
Als die »Ragni di Lecco«, die legendäre Bergsteigergruppe

Die Neunerspitze – Südwand

um Riccardo Cassin, ein Jubiläum feiert, lade ich Uschi ein, mitzukommen. Und in Lecco ist es, wo unsere Liebesgeschichte wirklich beginnt. Wir wissen, daß uns nichts mehr trennen kann.

Die Gesellschaft hatte ihr Duo infernale, und sie hält dank der Presse bis heute immer wieder gern an ihm fest. Durch Erniedrigung und Verzweiflung geläutert, verliebt und wieder gehfähig, stehe ich Haß und Nichtverstehen wieder mit Neugierde gegenüber. Vielleicht brauche ich diese Provokation, jedenfalls brauche ich das Abenteuer. Nichts sehne ich mehr herbei als diese Perspektive ganz oben, über allem Streit, über der Welt. Und Uschi, die seit Monaten meine Freundin ist, ermuntert mich darin, meinen Weg zu gehen. Wir haben uns inzwischen so gut kennengelernt, daß wir ein Paar sind. Seit dem Frühsommer 1971 leben wir sporadisch zusammen. Uschi ist zwar keine Bergsteigerin, aber neugierig und voller Lebenslust.

Die Annapurna-Gruppe mit Tilicho Peak im Himalaja

Kunstverstand und Menschenkenntnis sind ihre Stärken, weniger das Überleben in der Wildnis. Trotzdem ist sie bereit, mich auf Reisen zu begleiten. Ja, und ich bin bedingungslos in sie verliebt.
Aber wir sind beide mittellos. In einer Dachkammer bei meinen Eltern wohnen wir, sind oft unterwegs. Wir träumen nicht vom Abenteuer, wir leben es. Mit der festen Überzeugung, das Chaos zu meistern. Als sei unser Zustand ein geordneter, plane ich Expeditionen. Wir haben keine Arbeit, kein Geld, keine Wahl zwischen Vernunft und Unvernunft, keine Freiheit, nur unsere Träume. Nur unsere Liebe. Ich lebe in der Überzeugung, gerettet zu sein. Als ob mir diese Liebe nicht abhanden kommen könne. Nie wieder.

In diesem Sommer schon steige ich wieder auf einen großen Berg. Es ist ein Siebentausender. Der Tilicho Peak im Himalaja. Nicht irgendein Gipfel. In der Annapurna-Kette. In Nepal. Als ich eines Morgens von der Wasserstelle zum Hauptlager zurückkomme, schiebt der Wind die Nebel zur Seite. Hoch über den Zelten wird ein Gipfel frei, mein Gipfel. Ich habe so lange auf diesen Augenblick gewartet, daß ich jetzt alles vergesse – ich vergesse, ihn zu fotografieren, meinen Aufstiegsweg zu studieren, seine Nordflanke zu skizzieren. Ich vergesse sogar Uschi, meine große Liebe. Ich stehe nur da, nehme das Bild in mich auf und weiß: Das ist mein Berg. Der Entschluß steht fest: Ich werde ihn besteigen.

Drei meiner Kameraden wollen mitkommen. Wenige Stunden später überschreiten wir einen mehr als 5000 Meter hohen Paß, erreichen einen toten Gletscher und suchen zwischen Blöcken, Seen und Spalten einen Weg. Bis zu den Einstiegsfelsen, die als ein schmaler Streifen zwischen Gletscher und Nebelbank sichtbar sind, ist es weit. Ab und zu schichte ich kopfgroße Steine zu einem Männchen übereinander. An strategisch wichtigen Punkten. Um so den Rückweg abzusichern. Unter einem Gratturm schlagen wir das Lager auf. Am Morgen Schneefall. An einen Aufstieg ist vorerst nicht zu denken. Also schlafe ich weiter. Meine drei Kameraden wollen ins Hauptlager zurückkehren.

Als die anderen damit beginnen, die Zelte abzubauen, steige ich aufwärts über einen Grat, der direkt zum Gipfel leitet. Das Wetter wird gut! Im Nu hat die Sonne den Neuschnee von den Hängen geleckt. Der Fels dampft. Wieder baue ich Steinmänner auf, umgehe einen Turm, einen zweiten und erreiche nach einer Kletterstunde eine Scharte. Ich bin außer Atem. Meine Kameraden nehmen sich am grauen Gletscher, etwa 400 Meter tiefer, wie Ameisen aus. Farbige Markierungspunkte.

Steil baut sich der Grat nun über mir auf. Weiter oben steckt er im Nebel. Weiter! Ein Steilaufschwung folgt dem anderen. Der Fels ist hier brüchig, der Neuschnee

wäßrig. Sechs oder sieben Aufschwünge habe ich unter mich gebracht, als sich plötzlich die Konturen einer mächtigen Schneekuppe über mir im Nebel abzeichnen. Der Gipfel? Ich beschleunige mein Tempo. Völlig ausgepumpt komme ich oben an. Wirklich, der Schnee fällt nach allen Seiten ab. Etwa 60 Meter dahinter setzt der Grat wieder an. Als türme er sich ins Nichts.
Es ist Mittag vorbei. Ich bin müde, kann keinen klaren Gedanken fassen. Weiter! Zuerst über weichen Schnee abwärts, dann einen Hang aufwärts. Nach Möglichkeit bleibe ich an den Felsen. Die Kletterei ist dort weniger anstrengend. Ich erreiche einen neuen Absatz, klettere um zwei Gendarmen herum und folge einer 50 Grad geneigten Eiswand. Zuletzt erreiche ich einen leicht ansteigenden Grat. Der Schnee ist weich und das Weiterkommen anstrengend. Schritt für Schritt zwinge ich meine Beine vorwärts und immer, wenn ich nicht mehr kann, vergleiche ich meine Höhe mit der am gegenüberliegenden Gipfel. Nur noch wenige Höhenmeter fehlen. Plötzlich reißen die Nebel auseinander. Im Süden ragt ein viel höherer Berg aus den Wolken: die Annapurna. Für wenige Sekunden bin ich wie auf einem anderen Stern. Ohne jedes Gefühl für Zeit. Ich werfe den Rucksack ab, sehe auf die Uhr. Mir bleiben fünf Stunden bis zum Einbruch der Nacht.

Kapitel IV

Suche

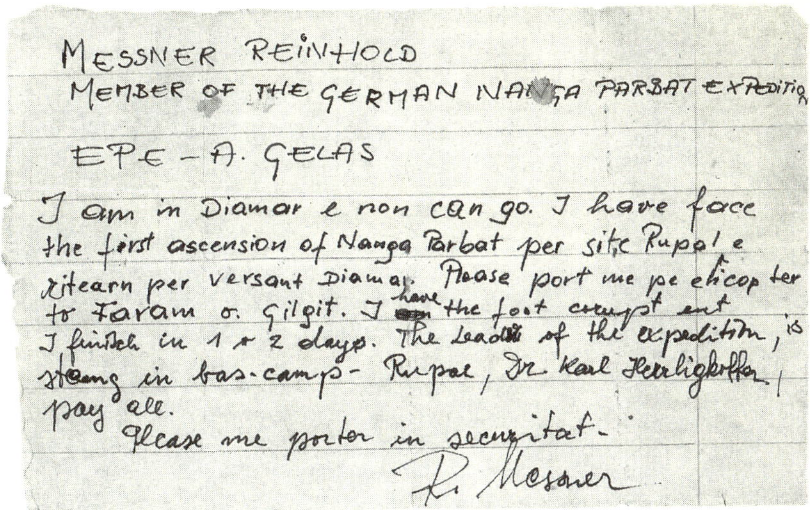
MESSNER REINHOLD
MEMBER OF THE GERMAN NANGA PARBAT EXPEDITIO
EPE - A. GELAS
I am in Diamar e non can go. I have face
the first ascension of Nanga Parbat per site Rupal e
ritearn per versant Diamar. Please port me pe elicop ter
to Faram o. Gilgit. I have the foot corrupt ent
I finisch in 1 o 2 days. The Leader of the expedition, is
staing in bas-camp- Rupal, Dr. Karl Herrligkoffer,
pay all.
Please me porter in securitat.
R. Messner

»Ich bin in Diamir und kann nicht mehr gehen. Nach dem ersten Aufstieg über die Rupalseite am Nanga Parbat bin ich über die Diamirseite zurückgekehrt. Bitte bringt mich per Helikopter nach Faram oder Gilgit. Ich habe kaputte Füße und sterbe in ein oder zwei Tagen. Der Leiter der Expedition, Dr. Karl Herrligkoffer, hält sich im Rupal-Basislager auf und wird alles bezahlen. Bitte bringt mich in Sicherheit, R. Messner.« Reinhold Messner schreibt am 2. Juni 1970 in seinem rudimentären Englisch einen letzten Hilferuf. Die Nachricht, an den politischen Vertreter in Cilas geschickt, kommt nie an.

In Gilgit gingen wir täglich zum Postamt, weil wir auf das Permit aus Islamabad warteten. Und jeden Tag zog der Beamte eine Stecknadel aus dem Revers seiner Jacke und schlitzte alle Regierungsschreiben auf, um nachzusehen, ob unsere Genehmigung dabei war. Dann wiegte er deprimiert und komplizenhaft den Kopf, klebte die Briefe wieder zu. Nach einer Woche beschlossen wir, illegal ins Diamirtal zu reisen. *Ursula Demeter*

Ich spazierte durch Diamirai. Eine Frau im bunten Kleid nahm mich an der Hand, zog mich in ihr Haus und stellte mir einen Schemel an ihre Feuerstelle. Sie gab mir Tee, und dann kramte sie in einem kleinen Deckelkorb. Sie zog einen vielfach gefalteten Zettel heraus. Als ich ihn las, brach ich in Tränen aus. *Ursula Demeter*

Endlich überm Berg

Auch ein Jahr nach der Tragödie am Nanga Parbat ist es mit meiner Trauer nicht vorbei. Die Verantwortung für den Tod meines Bruders bleibt. Ich werde sie ein Leben lang zu tragen haben. Trotzdem, Herrligkoffers Anschuldigungen sind nichts als Ausflüchte. Um von seinem Versagen als Expeditionsleiter abzulenken?

Statt mich im Streit mit diesem Nichtbergsteiger aufzureiben, steige ich auf die Berge. Obwohl gehandicapt – durch den Verlust meiner Zehen ist mein Gleichgewichtssinn eingeschränkt – versuche ich mich wieder als Felskletterer. Mit Uschi, der ich die Dolomiten, meine Lieblingsfelsen, zeigen will. Wir wiederholen eine Reihe klassischer Routen in der Sella- und Rosengartengruppe. Sie lernt schnell, und ich gewinne wieder an jener Selbstsicherheit, die Voraussetzung fürs extreme Klettern ist. Vor allem aber sind Uschi und ich zusammen.

Im Herbst 1971 schon wage ich wieder eine Erstbegehung: eine neue Route an der Rodelheilspitze. Jörgl Mayer, ein talentierter Felskletterer aus Bozen, ist mein Partner.

Vom Grödner-Joch aus steigen wir auf die erste Terrasse des dreistufigen Sellastocks und in Gipfelfallinie der Wand ein. Die erste Wandhälfte ist zwar steil, aber gut strukturiert, die zweite ein leichtes Konkav, das wir in der Mitte knacken wollen. Obwohl zwei der Fingerkuppen meiner rechten Hand schmerzen, wenn ich nach winzigen Griffen fasse, kommen Jörgl und ich gut voran. Es gibt nur noch diese Wand und diese Griffe, an denen wir uns halten. Als ob sich die Welt um uns herum aufgelöst hätte.

Reinhold Messner in einer extrem schwierigen Dolomiten-Kletterei

Freiklettern ist wie Musik. Wie Improvisieren. Du verläßt den Boden, überläßt dich dem Steigen – Griff, Tritt, die Augen schauen voraus, der nächste Griff – und schwebst höher. Im Rhythmus einer vorgegebenen Griffolge.

Im Improvisationsfluß, von dem ich mich aufwärts treiben lasse, entsteht Identifikation mit dem Fels. So steigen wir immer weiter hinein in haltlose Abgründe. Das Klettern wird nur unterbrochen vom Sichern des Partners am Standplatz oder vom Zweifel, der Sorge zu stürzen. Nein, stecken bleiben dürfen wir an schwierigen Passagen nicht.

Beim Vorausklettern bin ich ganz Konzentration, Griff oder Tritt. Bis es plötzlich unmöglich wird, weiterzukommen. Eine seichte Verschneidung, in der ich spreizend stehe, ist steil und glatt. Absolut grifflos. Auch das Abklettern wäre zu riskant. Kurz Unsicherheit. Dann

wage ich den Balanceakt. Mit der rechten Hand fasse ich eine bleistiftbreite Leiste, verdränge die akuten Schmerzen, ziehe mich hoch und turne weiter.
Jörgl meistert die nächste Seillänge, die mit einem weit ausladenden Überhang beginnt. Wenig später erreichen wir den Gipfel. Trotzdem bin ich enttäuscht. Mit der vagen Ahnung, nie mehr an meine Kletterkunst von früher anknüpfen zu können, stelle ich jetzt das Felsklettern bewußt zurück. Im klassischen Alpinismus und an den höchsten Bergen der Welt sehe ich meine Chancen. Auch weil ich dort mein Geld verdienen kann.

Genau in diesen Jahren beginnt der Trekking-Tourismus. Immer mehr unternehmungslustige Urlauber brechen zu Touren in ferne Gebirge auf. Sie marschieren durch die Hochtäler Nepals, besteigen den einen oder anderen Sechstausender im Himalaja, die Vulkane in Mexiko, die Fünftausender in Ostafrika. Andere jagen in Hundeschlitten über die Eiswüsten Labradors, die Kühnsten schließen sich einer Expedition zu den Siebentausendern des Hindukusch, Pamir und Karakorum an. Die Anmarschwege, vor 20 Jahren nur einer kleinen Schar von auserwählten Bergsteigern vorbehalten, sind damit zu beliebten Wanderzielen organisierter Reisegruppen geworden. Als lockten die Wege der Pioniere zum Nachvollzug in kleinen Dosen. So folgt man der Route von Edmund Hillary ins Basislager des Mount Everest, steigt bis zur Märchenwiese am Nanga Parbat, wo Willy Merkl, Willo Welzenbach und Hermann Buhl gelagert haben, quält sich auf den Spuren von Jack London durch Alaska.

Auch ich bin anfangs gezwungen, als Trekking-Führer meinen Lebensunterhalt zu verdienen, träume aber vom selbstverantworteten Bergsteigen. Und meine Träume werden realisiert. Doch zuerst will, nein, muß ich noch einmal zum Nanga Parbat.

Reinhold Messner mit drei Trägern im oberen Diamirtal

Eine Führungstour im Carstensz-Gebirge in Neuguinea gibt mir die Gelegenheit dazu. Die Heimreise wird unterbrochen. Für eine Suchexpedition im Diamirtal. Ich will meinen Bruder suchen und die Menschen wiedersehen, die mir 1970 geholfen haben. Auch Uschi soll dabei sein.

Suchexpedition am Nanga Parbat

Auf der Rückreise aus Neuguinea treffe ich Uschi in Karachi. Sie ist mir ein Stück weit entgegengeflogen. Wir fliegen weiter nach Rawalpindi, dann nach Gilgit. Es ist eine unruhige Zeit. Kurz vor Ausbruch des indisch-pakistanischen Krieges. Man will uns deshalb keine Genehmigung für eine Reise zum Nanga geben. Was soll's! Im Jeep

Schmaler Pfad an der Steilwand, Diamirtal

fahren wir das Industal abwärts. Ohne Permit. Bis Gonar. Mit vier einheimischen Trägern beginnen wir unseren Marsch. Für mich ein Weg zurück in mein Trauma, für Uschi ihre erste Expedition. Einen Tag lang wandern wir durch das heiße Bunartal. Wüste allerorten. Am Abend sind wir in Diamirai, am Eingang zum Diamirtal. Dieses winzige Dorf – die Aprikosenbäume herbstlich belaubt, der Mais reif – ist jetzt kein staubiges Nest mehr, wo Ruhr, Wundbrand und Tod drohen. Eine goldene Oase inmitten der Steinwüste. Hier haben mich die Bauern im Juli 1970 auf eine selbstgebastelte Bahre gelegt und ins Industal getragen.
Uschi und ich schlafen in einem leeren Ziegenstall. Endlich habe ich eine Begleiterin, die meine Interessen teilt. Mit ihr kann ich zwar nicht auf den Nanga Parbat steigen, aber Sorgen und Hoffnungen teilen. Eine Liebe, die mit meiner Berg-Leidenschaft vereinbar ist.

Durch das Diamirtal, eine steile, schwer zugängliche Schlucht, gehen wir anderntags bergwärts. Über Felsplatten und Abbrüche führt ein ausgesetzter Pfad. Nur für Schwindelfreie zu begehen. Unter uns tobt der reißende Fluß. Hier wäre ich 1970 wohl irgendwo liegengeblieben, hätten mich nicht ein paar Burschen getragen.
Ab und zu begegnen wir finsteren, bis an die Zähne bewaffneten Gestalten. In handgewebte Decken gehüllt, die eingerollten Lodenmützen tief ins Gesicht gezogen, sehen sie aus wie Räuber oder Terroristen. Die Füße haben sie mit Fellstreifen umwickelt. Sie sind auf der Jagd. Einer erkennt mich. Ich soll meine amputierten Füße zeigen. Kopfschüttelnd betrachten sie mich und mein Erkennungszeichen. Jetzt erst wissen sie, daß ich überlebt habe.
Am späten Nachmittag erreichen wir Djel. Das Dorf, das ich ganz anders in Erinnerung habe, besteht nur aus ein paar Häusern. Es ist Herbst. Die in Terrassen angelegten Felder sind abgeerntet. Fluchtartig verschwinden alle Frauen in ihren Hütten, als sie uns kommen sehen. Ein paar kommen wieder heraus. Sie nehmen Uschi bei der Hand und führen sie in eine der Küchen, bestaunen und betasten sie. Die armselige Behausung, aus Lehm zusammengefügt, ist düster wie eine Höhle. Risse sind mit Lehm und Mist abgedichtet, große Äste und Bohlen formen die Dachstruktur, die mit gestampfter Erde bedeckt ist. Fenster gibt es nicht.
Eine Steinhütte bietet Unterschlupf für die Nacht. Auf dem Lehmboden breiten wir Matten und Schlafsäcke aus. Unablässig laufen Ratten über uns, und wir wachen immer wieder auf.
Am dritten Abend erreichen wir Nagaton, eine verlassene Hochalm. Hier habe ich, als ich 1970 vom Nanga Parbat herabkam, die erste Nacht unter Menschen verbracht. Unter Pinien und Birken.
Aber ist auf mein Gedächtnis Verlaß? Als ein mir Fremder irre ich durch eine fremde Welt. Was sehe ich noch

Basislager. Uschi Demeter in der »Küche«

von damals? Nichts. Weder draußen noch drinnen. Ein gutes Jahr zuvor bin ich halbtot hierher gekommen. Jetzt, zurückgekehrt, stehe ich in einer anderen Welt. Nur noch vom Überlebenstrieb getragen, kam mir Nagaton wie ein Nest vor. Inzwischen ist der Platz leer, und in dieser Öde schreibe ich meine Schuldgefühle nieder. Es ist wie mit doppelten Bildern von ein und demselben Ort. Das Gefühl dabei, als sei die Vergangenheit wiederbelebbar. Ist sie damit in Ordnung zu bringen? Nein. Wäre sie es, ich hätte nie hierher zurückkommen dürfen. Begreife ich, daß Günthers und meine Welt Vergangenheit ist? Unersetzlich vorbei! Was immer mir dabei verlorengegangen ist, ich bin noch da. Und wenn ich nicht scheitern soll, gilt es, das Schicksal anzunehmen. Gegen mein vergängliches Ich und eine leere Welt ankämpfen. Ich muß mir alles wiedererschaffen. Alle Tage neu.

In Nagaton gehe ich ständig herum. Zielstrebig. Auf

schlammigen Wegen. Nein, ich bleibe nie stehen, halte nirgends inne. Dort, wo der Weg von oben kommt, sehe ich aber genau hin. Womit muß ich diesen Punkt unter meinen Füßen vergleichen? Mit jenem, den ich im Gedächtnis habe? Der Weg, den ich weiter bergwärts nehmen werde, ist jetzt der richtige Weg. Es gibt keinen anderen.

Anderntags steigen wir weiter. Bald erreichen wir einen mit Geröll bedeckten Toteisgletscher, überqueren ihn. Noch einmal kommen wir an verlassenen Almen vorbei. Höher oben an ausgetrockneten Wasserläufen. Hier war ich 1970 liegengeblieben. Manchmal für Stunden. Über eine weite, mit Gestrüpp bestandene Hochfläche nähern wir uns dem Wandfuß des Nanga Parbat. Das Tal ist zu Ende. Ja, dies ist der Ort, wo ich auf Günther gewartet habe. Neben einem zimmergroßen Felsklotz schlagen wir ein Zelt auf, entlassen die Träger. Uschi und ich sind allein. Unser Lager steht in einer Höhe von 4220 Metern.

Die riesenhaften Wände über uns werfen am Morgen lange Schatten. Fassungslos betrachtet Uschi den Nanga Parbat: blauschimmernde Eisabbrüche, schroff ragt die Mazeno-Wand auf. Auch ich stehe unter seinem Gipfel, der unnahbar scheint. Dabei kenne ich ihn. Wie dieses Hochtal auch.

Uschi kann anfangs nicht schlafen. Beim Donnern der Eislawinen schreckt sie hoch. Immer wieder. Aber sie gewöhnt sich daran. Wie an die ständige Kälte, das harte Lager.

Ich liege stundenlang wach. Wie ein Film rollen die Bilder vom vorangegangenen Sommer vor meinem geistigen Auge ab, bis ich einschlafe. Ich sehe Günther in Alpträumen, wie er über den Gletscher kriecht. Als lebe er noch, sehe ich ihn vor mir. Unverändert in Alter und Aussehen. Täglich gehe ich auf die Suche nach ihm. Zuerst über den Zustieg zur »Kinshofer-Route«. Über Geröll steige ich zum Wandfuß auf. Steigspuren! Sind Wege hier angelegt

Reinhold Messner auf dem Toteisgletscher am Fuße der Diamirflanke

worden? Auch die Schneefläche, an der ich 1970 talwärts ging, irritiert mich. Wo einst eine Lawinenbahn war, ist jetzt Spaltgelände. Nicht weit davon entfernt liegen Eistrümmer. Wieder! Sie erinnern an Günther. Aber nichts erinnert mich mehr an die Tragödie als die Stille, Friedhofsruhe jetzt.

Ich bin mir sofort der Sinnlosigkeit meines Tuns bewußt, vom Augenblick an, als ich den Gletscher erreiche. An diesem Morgen im Oktober 1971 ist es sehr kalt, die Flanken bleiben ruhig. Diesmal habe ich Glück. Trotzdem: Meine Jacke ist durchnäßt. Aus Angst. Vor Lawinen. Immerzu auf der Flucht suche ich meinen Bruder. Während ich der Nichtigkeit meiner Existenz davonlaufe, wächst mein Überlebenswille.

Uschi und ich bleiben vier Tage. Das Wetter ist gut. Am westlichen Horizont kann ich ferne Gipfel erkennen. Der Hindukusch! Tag für Tag breche ich auf, bin auf der

Suche. Nach meinem Bruder. Nichts hat sich Günther mehr gewünscht, als diesen Gipfel zu besteigen. Er war sein Ziel, das Glück, von dem er im Geheimen geträumt hat. Im Morgengrauen gehe ich los, bei Vollmond komme ich ins Lager zurück. Müde und deprimiert. Nichts zu finden. Wie viele Eislawinen sind am Wandfuß seit 15 Monaten niedergegangen. Hunderte.
Die erste Etappe des Rückmarsches beenden wir auf einer verlassenen Alm. Es ist noch kälter geworden. Die zweite Nacht verbringen wir in Ser. Die Dorfbewohner setzen sich zu uns ans Feuer. Sie erzählen von früheren Expeditionen. Vom Zusammentreffen vor eineinhalb Jahren. Nein, ohne ihre Hilfe hätte ich nicht überlebt.
Erstmals seit Wochen schlafe ich ohne Alpträume. Am anderen Morgen liegt Schnee. Die Landschaft ist völlig verändert. Winter überall. Wir stapfen talwärts, klettern durch die Schlucht, erreichen Diamirai. An der Bunarbrücke verabschiede ich mich von den Trägern. Ganz anders als im Juli 1970! Ich wußte damals ja nicht, wie ich nach Hause, nach Europa kommen sollte.
Diesmal fahren wir nicht nach Norden, sondern nach Süden. Wir wollen durchs Industal nach Rawalpindi trampen. Trotz Verbot nimmt uns ein buntbemalter Lastwagen mit. Es ist Ramadan, Fastenzeit für die Mohammedaner, und auch wir essen aus Solidarität tagsüber nichts. Drei Tage dauert die Reise durch eine kahle Schlucht, über Schotterstraßen, durch Staubfahnen. Ab und zu ein grüner Fleck. Als die Landschaft weich und weit wird, sind wir in Swat. Nadelwälder über fruchtbaren Ebenen.
Im Hotel Flashman's in Rawalpindi erkennt uns der Portier nicht wieder, staubverkrustet, wie wir sind.

Kapitel V

Sterben

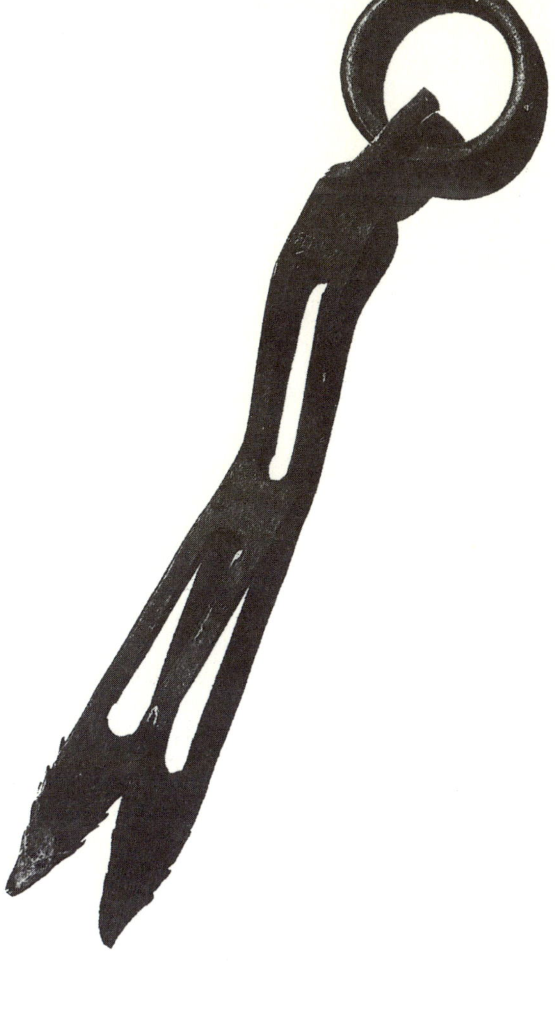

Haken vom Gipfel des Manaslu

Ursula Demeter im oberen Diamirtal

Das Denken entfaltet sich angesichts des Abgrunds an Verzweiflung. *Wilhelm Schmid*

Wenn ich allein zuhause wartete, und es fiel zum Beispiel ein Löffel vom Tisch, durchfuhr mich eisiger Schrecken. Alles, was fiel, erinnerte mich an den Tod.
Ursula Demeter

Was ich immer weniger ertrug, war die Tatsache, daß allein die Berge mein Leben bestimmten. Wenigstens einmal im Jahr, ein einziges Mal, wollte ich, daß Reinhold bereit war, mit mir loszuziehen, nach Arles oder Aix en Provence, ins Centre Pompidou nach Paris, in eine andere, in meine Welt. Er war nicht dazu bereit.
Ursula Demeter

Zwei Männer, verloren wie schiffsbrüchige Polarfahrer in arktischen Eiswüsten, die trotzdem nicht aufgeben, die den eisernen Willen zum Durchhalten – zum Überleben – bewahren. Trugbilder umgaukeln sie.
Hias Rebitsch

Mein zweiter Achttausender

Im Frühling 1972 ist es soweit. Mit ein paar Freunden aus Nordtirol, lauter jungen Extrembergsteigern, darf ich mit zum Manaslu, einem Achttausender im nepalesischen Himalaja. Der Innsbrucker Wolfgang Nairz leitet die Expedition. Von der Seite des Berges, die wir angehen wollen, gibt es nicht einmal Bilder! Sicher, daß es trotzdem einen Weg zum Gipfel gibt, erreichen wir das Basislager. Es liegt auf einem toten Gletscher in 4000 Meter Höhe. Nach einer ersten Steilstufe mit extrem schwierigen Felspassagen, erreichen wir den Anfang eines gigantischen Gletschertals. Dahinter scheint eine Rampe auf das Gipfelplateau zu führen.

Die Südwand des Manaslu ist nach dem Nanga Parbat mein zweiter Achttausender.

Ja, ich will wieder etwas wagen. Aber nicht mein Leben. Ich weiß, wie rasch es verspielt ist.

Aber noch ist der Weg zum Gipfel nicht frei. In der Mitte der 4000 Meter hohen Südflanke des siebthöchsten Berges der Erde stoßen Horst Fankhauser und ich auf ein Eislabyrinth, wie ich es vorher nie gesehen habe. Wir nennen es »Schmetterlingstal«.

Die Stimmung in der Mannschaft ist gut. Denn alle sind Bergsteiger, und jeder kann sich in den anderen hineinversetzen. In kameradschaftlicher Zusammenarbeit und dank der Begeisterung aller ist es möglich, eine Route durch die so schwierige Wand zu legen.

Am 20. April wird in einer Höhe von 6600 Meter unser Lager III errichtet. In zwei Etappen und mit der Unterstützung von Sherpas bauen Franz Jäger und ich Lager IV

in 7400 Meter auf. Für den Aufstieg zum Gipfel ist damit alles vorbereitet. Die Expeditionsteilnehmer sind zwischen Lager II und Lager IV verteilt. Eine Schönwetterperiode hat uns beflügelt. Der letzte Aufstieg ist leicht. In den frühen Morgenstunden des 25. April starten Franz Jäger und ich. Vom obersten Lager aus gehen wir zum Gipfel. Gleichzeitig steigen Horst Fankhauser und Andi Schlick zum Lager IV hoch. Wolfgang Nairz, Josl Knoll und der Sherpa Sirdar Urkien rücken zum Lager III nach. Unser aller Ziel ist der Gipfelerfolg.
Franz und ich kommen zuerst gut voran. Die Schneeverhältnisse am Hochplateau sind ideal. Wir steigen hintereinander eine Schneefläche aufwärts. Bodenwellen und Eisrücken wechseln ab. Im Norden, über den Bergen Tibets, liegt wolkenloser Himmel. Nach Süden hin versperrt der Südwestgrat des Manaslu die Aussicht. Wir wähnen uns sicher. Spaltenfreies Gelände. Also gehen wir seilfrei. Plötzlich, gegen zehn Uhr vormittags, will Franz Jäger umkehren. Er will zum Lager IV zurück.
Warum? Der Gipfel ist doch zu erreichen! Franz hat Bedenken. Wir stehen unter einem Steilaufschwung. Zum Gipfel ist es weit, und wir müssen am selben Tag zurück. Er will nicht biwakieren. Unter keinen Umständen. Darf ich es wagen, den Gipfelgang allein fortzusetzen? Ja. Keiner von uns beiden zweifelt daran, daß Franz auch allein ins Lager kommt. Der Weg zurück zum Lager IV ist leicht. Nur Gehgelände. Keinerlei Absturzgefahr. Das Wetter ist gut, Franz in guter körperlicher Verfassung. Er verspricht, im Lager IV auf mich zu warten, Tee bereitzuhalten.
Also trennen wir uns. Franz geht abwärts, ich aufwärts. In den Verschnaufpausen sehe ich ihn noch. Dann verschwindet er in einer Mulde.
Über zwei übereinander gestaffelte Firnhänge erreiche ich den felsigen Gipfelgrat und über diesen, Turm um Turm querend, klettere ich zum höchsten Punkt: ein Felszacken,

Das letzte Lager am Manaslu

ein Häufchen Steine. Knapp darunter zwei Haken und Fetzen einer zerschlissenen Flagge. Im Süden Nebel, dahinter schwere, aufgedunsene Wolken. Sie kleben an den Gipfeln. Kündigt sich ein Wettersturz an? Ich bleibe nur wenige Minuten.

Bald jagt der Wind die Wolkenbank über mir näher und weiter, nach Norden, über den Gipfel des Manaslu hinweg. Unerwartet kommt Schneesturm auf.

Ich muß das Zelt erreichen, bevor es Nacht wird, sage ich zu mir selbst und beeile mich.

Der Sturm steigert sich, wird zum Orkan. Der weitere Abstieg wird zum Wettlauf mit dem Tod. Unmöglich jetzt mit Brille zu sehen. Auch Mund und Nase sind vereist. Mit zugekniffenen Augen tappe ich im *White Out* dahin. Die Orientierung verloren, gehe ich wie ein Irrer über die Schneefläche. Hoffnungslos manchmal. Franz ist in Sicherheit, vermute ich. Im Lager IV. Als ich wiederholt an dieselbe glattgefegte Eisfläche komme, weiß ich, daß ich im Kreis gehe. Meine Verzweiflung wächst. Nein, ich weiß nicht, wo genau ich bin, wo das Zelt steht. Vielleicht gehe ich seit Stunden im Kreise. Aber in nächster Nähe muß Lager IV stehen, denke ich. Aber ich finde es nicht. Panik erfaßt mich. Plötzlich höre ich eine Stimme. Es ist die Stimme von Franz. Er muß im Zelt sein, will mich einweisen, denke ich. Wieder Rufe. Woher kommen sie? In Sturmpausen höre ich sie deutlicher. Franz ruft meinen Namen. Ich antworte, rufe seinen Namen. Keine Antwort mehr. Wie soll ich das Zelt finden? Zu müde, um weiterzugehen, sitze ich im Schnee. Es wird Nacht. Ich öffne die zerrissenen Lippen, träume von einem Schluck heißen Tee, dem Schlafsack im Zelt, Franz.

Dieser Durst! Im Biwak sterbe ich. An Wangen und Nase kleben Schnee und Blut, am Bart zentimeterlange Eiszapfen. Ich reiße sie weg, um atmen zu können.

Die Schneefläche vor mir ist grau. Wie ein Käfig kreisen Nebel mich ein. Enger und enger wird meine Welt. Alles andere ist Sturm und Nacht.

In einer Sturmpause stehe ich auf, gehe wieder. Keine Ahnung, wohin. Der Wind kommt von Süden, denke ich. Ein klarer Gedanke. Das Plateau, über das ich gehe, liegt im Norden des Lagers. Wenn ich also gegen den Wind gehe, sage ich mir, muß ich an den Rand der Südwand kommen, zum Zelt. An der Kante zum Plateau. Links und rechts vom Zelt sind Felsen. Die einzigen auf weiter Fläche. Ich muß sie finden. Denn zwischen den Felsen steht das Zelt. Gebückt, mit dem Rücken gegen den Sturm, komme ich zum Südwandabbruch. Ich finde die Felsen, suche die Strecke dazwischen mehrmals ab. Aber nichts. Nochmals. Nichts. Beim vierten Versuch finde ich das Zelt und schreie vor Glück. Da kommt mir einer entgegen. Nicht zu erkennen. Franz! Es ist Horst Fankhauser. Franz ist nicht da. Was? Nur Horst und Andi Schlick sind im Zelt. Unmöglich.

Sofort verläßt Horst das Zelt. Um nach Franz zu schauen. Er hört ihn rufen. Zusammen mit Andi Schlick will er nach ihm suchen. So gehen sie in Sturm und Nacht hinaus. Zuerst nehmen sie die Richtung, aus der die Rufe kommen. Aber alles verliert sich im Sturm. Bald haben auch sie die Orientierung verloren. Die beiden finden Franz nicht und nicht zurück ins Zelt. Sie müssen ein Schneeloch graben, um Schutz vor Kälte und Sturm zu finden. Die einzige Überlebenschance jetzt für Horst und Andi. Vom Zelt aus, das ich mehrmals verlasse, versuche ich, Franz, Horst und Andi mit Rufen und Lichtzeichen Orientierungshilfen zu geben. Vergebens. Kein Zeichen, keine Antwort, keine Hoffnung. Kein Mensch weit und breit. Eine lange Nacht lang bleibe ich allein.
Am Morgen kommt nur einer zurück: Horst. Er allein hat die Nacht in Schneehöhlen überlebt. Er sieht aus wie ein Gespenst: fahriger Blick, gebeugt, schneeverklebt. Er hat Erfrierungen an Händen und Füßen. Andi ist wahnsinnig geworden und mit der Begründung, nach dem Wetter zu sehen, draußen geblieben.
Horst sucht vergeblich nach ihm. Beim ersten Tageslicht kann er sich orientieren. Durch tiefen Schnee wühlt er über das Plateau. Zurück zum Zelt. Es ist völlig zugeweht.
Auch Horst und ich gehen das Plateau ab. Um nach Franz und Andi zu suchen. Wir finden nichts. Keine Spur. Langsam begreifen wir, daß Franz und Andi diese Sturmnacht in 7500 Meter Meereshöhe und bei 30 Grad Kälte nicht überlebt haben können. Trotzdem wollen wir sie finden. Wenigstens ihre Leichen.
Aber das Wetter verschlechtert sich, und der Abstieg nach Lager III ist lawinengefährlich. Also hinab! Horst und ich bewältigen den Abstieg mit Glück. Niedergeschlagen kommen wir ins Lager, wo uns Josl Knoll betreut. Im Lager II behandelt der Expeditionsarzt Oswald Oelz unsere Erfrierungen.
Die Expedition wird abgebrochen. An eine weitere Suche

nach den toten Kameraden ist nicht zu denken. Die Lawinengefahr zwischen Lager III und Lager IV ist zu groß. Zum zweiten Mal habe ich einen Achttausender bestiegen, zum zweiten Mal eine Tragödie erlebt. Wieder wirft man mir vor, aus Egoismus und Ehrgeiz gehandelt zu haben. Wieder stellen sich in aller Öffentlichkeit Felix Kuen und Karl Herrligkoffer gegen mich. Als Schiedsrichter. Als ob ihre Moral eine allgemeingültige wäre. Und wieder ist es das Schuldgefühl, im Gegensatz zu Franz und Andi überlebt zu haben, das auf mir lastet.

Die Welt des Eises und der Stürme

In solchen Zeiten ziehe ich die eigene Gesellschaft vor. Ich folge meinen Gedanken und ziehe, fern der Massen, irgendwohin. Weit weg. Immer wieder ins Gebirge. Nein, ich bin nicht der geborene Alleingänger. Auch will ich das Höhenbergsteigen nicht aufgeben. Ich bin kein Außenseiter, werde aber dazu gemacht. So entsteht die Idee der Kleinexpedition. Vielleicht werde ich nur noch in Seilschaft operieren.
Eine kleine Expedition ist nicht nur kostengünstiger, also leichter zu finanzieren, sie birgt weniger Gefahren als die Großexpedition. Aufgrund größerer Beweglichkeit. Und die Erfolgsaussichten? Nein, sie sind nicht geringer.
Wenige Wochen nach der Manaslu-Expedition aber gehe ich als Trekkingguide in den Hindukusch. Für eine Reiseagentur. Zuerst führe ich einige hundert Träger von Quazi Deh im Norden Afghanistans bis ins Noshaq-Basislager. Uschi, meine Frau, begleitet die erste von drei Trekkinggruppen zum Berg, der den besten Teilnehmern als Ziel versprochen ist. Ein Dutzend Sherpa aus Nepal sind nach Afghanistan gekommen. Sie schleppen Lasten in die

Hochlager, kochen für uns. Im nächsten Umkreis stehen weitere Berge: Sechstausender wie der Asp-e-Safed, der Karpostoyarki, ein Fünftausender. Lauter Möglichkeiten, von ein und demselben Basislager aus Bergtouren zu unternehmen.
Das Basislager steht auf grauem Schutt. In einer Mulde auf der rechten Moräne am Fuß des Noshaq gelegen. Kein gemütlicher Ort. Der Wind wirbelt ständig feinen Sand auf.
Nach der Besteigung des Karpostoyarki suche ich einen Weg durch das lange Gletschertal zum Fuß des Asp-e-Safed. Dann gebe ich den Sherpas Anweisungen, wo sie die beiden Hochlager errichten sollen. Zurück am Noshaq, im ersten Hochlager, wo sich ein halbes Dutzend Teilnehmer inzwischen akklimatisiert hat, entsteht Gedränge. Alle wollen weiter. Nach oben. Auch jene, die der Anstrengung nicht gewachsen sind. Mir ist nicht wohl dabei. Können und Erfahrung der Gäste sind so verschieden! Nicht aber ihre Ansprüche. Alle wollen zum Gipfel. Und zwar zum höchsten. Ich baue ein zweites Lager auf, sichere einen Felsriegel. Wenig unterhalb der 7000-Meter-Grenze installiere ich ein letztes Lager.

Eine erste Gruppe erreicht inzwischen den Gipfel des Asp-e-Safed.
Am nächsten Tag steigen sechs von uns zum Noshaq-Gipfel auf. Über Schneehänge, einen kurzen Felsgrat und einen endlos scheinenden Schotterhang. Wir nähern uns dem zweithöchsten Gipfel des Hindukusch-Gebirges. Die einzige Einschränkung: Nur jene, die es vor ein Uhr nachmittags schaffen, dürfen bis zum höchsten Punkt. Wir brauchen Spielraum für den Abstieg. Obwohl einige zu langsam sind, kommen alle Teilnehmer vor Dunkelheit ins Lager zurück. Ich atme auf. Anderntags bringe ich die Gäste ins Basislager, erhole mich vom Streß des Führens. Nein, dieses Bergsteigen ist nicht das meine.

Lager und Sicherungskette bleiben vorerst stehen. Für weitere Gruppenbesteigungen. Nach dieser Erfahrung bin ich entschlossen, nie mehr als Bergführer in großer Höhe zu arbeiten. Was nur in Eigenverantwortung vertretbar ist, wird als geführte Gruppenreise unverantwortbar, zur Farce. Die Akteure werden nicht selten zu Hasardeuren. Ein Gipfel ist kein bezahlbares Prestigeziel. Ist der Alleingang mein Weg? Vielleicht.
Ich weiß: In der Kleinexpedition stehen die Weltberge einem großen Kreis von Bergsteigern offen. Auch den jungen, oft mittellosen Kletterern. Allerdings sind die Risiken dabei höher. Aber Verantwortung übernehmen gehört zum selbständigen Bergsteigen dazu. Nein, es ist unabdingbar mit dem Erfahrungsprozeß beim Bergsteigen verknüpft.

Bergsteigen mit Uschi

Kurz nach den Weihnachtsfeiertagen brechen wir zu einer Reise zum Mount Kenya auf. Zu fünft. Wieder sind Uschi und ich unterwegs und zusammen glücklich.
In Nairobi, der Hauptstadt von Kenia, mieten wir einen Kleinbus, fahren in den Mount-Kenya-Nationalpark und gehen weiter in ein Hochmoor, in dem das Mackinder-Camp liegt. Wir erreichen es nach sechs Marschstunden. Unser Hauptlager steht in 4200 Meter Höhe. Die kleine Zeltstadt, im obersten Teleki-Tal am Fuße des Mount Kenya, liegt geschützt im Talgrund. Es ist grün, Senezien und Lobelien überall. Wie Frühling in Mitteleuropa.
Darüber ragt der Mount Kenya auf. Zwei Hauptgipfel: Batian und Nelion, die nach Massai-Häuptlingen benannt sind. Eiskaskaden hängen zwischen dunklen Urgesteinspfeilern.

Der Fünftausender Mount Kenya

Die Nächte im Basislager sind kalt. Erst in den Vormittagsstunden löst sich das Eis. Der Himmel, bei Sonnenaufgang klar, bewölkt sich im Laufe des späten Vormittags. Nebel und Wolken kriechen aus den Tälern. Am Nachmittag erleben wir die ersten Regenschauer. Weiter oben fallen Hagel und Schnee. Am Abend klart es wieder auf, und der Mond verdrängt die letzten Wolken.
Um uns zu akklimatisieren, besteigen wir den Point Lenana, einen knappen Fünftausender östlich des Hauptkammes. Allein klettere ich dann über die Südkante auf den Point John. Uschi sieht mir dabei zu. Nein, keine Angst dabei – oder bleiben ihre Sorgen unausgesprochen? Mir aber ist meine Unbekümmertheit abhanden gekommen. Die Erfahrung des Todes ist also nicht spurlos an mir vorübergegangen.
Am fünften Tag steigen wir bis zur Top-Hütte auf, bauen unsere Zelte auf. Es geht los. Über Geröll und Felsbrocken

stolpern wir anderntags nach dem Frühstück zum Einstieg. Schritt für Schritt. So entdecken wir eine exotische Welt am Äquator, unsere Zweifel und Ängste. Wir teilen das Ausgesetztsein und Durchatmen in großer Höhe.
Der Fels ist steil. In seiner Struktur erinnert er an den Granit der Westalpen. Die Südostwand, in der wir klettern, ist schneefrei. Über Rinnen und Bänder erreichen wir das untere Ende des Mackinder-Kamins. Er ist die erste Schlüsselstelle der Route. Felsblöcke stecken verkeilt im leicht überhängenden Riß. Die Sonne hat die Wand erwärmt. Über gutgestufte Felsen erreichen wir eine Gratscharte. Uschi klettert sicher und schnell. Ich muß mir keine Sorgen um sie machen.
Steil und geschlossen baut sich die Gipfelwand über uns auf. 30 Meter hoch. Senkrecht. Die kleingriffige Wand verlangt sauberes Klettern. Dann ein schmales Band. Gegen Mittag erreichen wir den Gipfel. Sechs Stunden dauert der Abstieg. Bei Einbruch der Dämmerung kriechen wir in unsere Zelte.

Kapitel VI

Nanga

Diamirflanke. In der Bildmitte die dritte Mummery-Rippe

Die Selbstzerstörung des Sahib geht so weit,
daß er alles wissen will und dabei nichts mehr sieht;
daß er nur an die Technik glaubt;
daß er überall und immerzu einteilt;
daß er aus Furcht vor der Einsamkeit die Masse sucht
und dort vereinsamt;
daß er den Tod totschweigt
und immerzu denkt, denkt, denkt...

Dawa Tensing, Sherpa aus Pangboche

Reinhold Messner mit dem Sherpa Dawa Tensing

Mehr und mehr litt ich unter der Schizophrenie, dem Mann, den ich liebte, mit allen Mitteln zu helfen, damit er wieder und wieder auf Expedition gehen konnte, und dann, wenn er abgereist war, wie ein Tier zu leiden aus Angst, daß er in einer dieser monströsen Wände sterben könnte. *Ursula Demeter*

Messner lächelt mehr als irgendein anderer Mann, den ich kenne. Es ist, als wolle er die Beunruhigung überspielen, die zweifellos von ihm ausgeht auf uns andere. Eine Beunruhigung, die an unser ungenutztes Potential rührt, an verborgene Kraftreserven, an das ungelebte Verlangen nach Strapazen, nach Gefahren, nach starken Gefühlen. *Wilhelm Bittorf*

Nie habe ich Reinhold vor die Alternative gestellt: die Berge oder ich! Das ist nichts als Kolportage.
Ursula Demeter

Ein Mann und ein Achttausender

Im Traum bin ich eine Steilstufe emporgeklettert, und oben, außer Atem, sehe ich, daß ich nicht wieder zurück kann.

Innerhalb von Augenblicken drückt mich die Furcht zu einem zitternden, kraftlosen Bündel zusammen. Die Wand, in der ich hänge, ist so weitläufig, daß ich nicht bis zum Einstieg sehen kann. Die Tiefe unter mir also ohne Boden. Ich will mich verstecken, in die Wand verkriechen. Nicht mehr hinabsehen müssen. Doch meine Finger wollen sich nicht festklammern, die Knie geben nach. Als ich die Augen schließen will, bleiben sie offen. Es ist noch Nacht. Rauhreif hängt an der düsteren Plane über meinem Gesicht. Durch die vereiste Zeltwand sehe ich die Sterne. Im Zelt bin ich allein. So allein, daß sich meine Bauchmuskeln vor Angst verspannen. Es dauert lange, bis ich mich beruhigen kann. Dann massiere ich Arme und Beine.

Die ganze Verzweiflung, ich selbst zu sein, wirbelt durch meinen Körper. Obwohl ich mir nicht erklären kann, was meine Panik ausgelöst hat, hält der Zustand der Furcht an.

»Es hat keinen Sinn«, sage ich mir, »ich gebe auf«, und nicke gleich ein. Als ob ich mich nur zum Rückzug entschließen müßte, um schlafen zu können. Zum Hellwerden um fünf Uhr morgens, beim ersten Licht folgt der endgültige Entschluß: »Ich steige ab, fahre nach Hause.« Dann krieche ich tiefer in den Schlafsack und döse gleich wieder ein.

Die Ruhe in mir dauert nicht lange. Abermals sehe ich

Klettern am Nanga Parbat

Felspfeiler über mir, Eisabbrüche, Wolkenberge: die Diamirflanke des Nanga Parbat. »Nanga solo«, denke ich, »vielleicht sollte ich es doch versuchen.« Ich will absteigen und denke ans Weiterklettern, plane den Rückzug und beschäftige mich mit dem Höhersteigen.
Als ich aufwache, sehe ich, daß es Tag ist. So oder so, ich muß aufstehen, weg, bevor die ersten Lawinen kommen. »Du mußt weiter!« befehle ich mir, »nichts wie hinab!« Der endgültige Entschluß aufzugeben gibt mir die Kraft, mich im Schlafsack aufzurichten. Umständlich schäle ich mich aus der warmen Daunenhülle. Stöhnend hole ich die Schuhe herauf, die am Fußende unter der Schlafmatte liegen. Ich greife hinein: eisstarr. Nochmals lege ich mich hin, nehme die Schuhe mit in den Schlafsack, um sie anzuwärmen. Eine Zeitlang hantiere ich mit dem Höhenmesser herum. Es hilft nichts: Das Wetter ist gut. Ich weiß, daß all diese kleinen Handgriffe auch das Scheitern

hinauszögern sollen. Als müßte ich mich vor mir selbst rechtfertigen, sage ich mir, es sei zu viel Schnee in der Wand. Zum Kochen habe ich keine Lust. Warum sollte ich auch? In zwei Stunden bin ich am Wandfuß, dann im Grünen. Dort finde ich Wasser und Holz. Wenn ich mich beeile, bleibt der Firn hart, denke ich.

Plötzlich ein Krachen über mir. Irgendwo haben sich Steine gelöst. Ich höre wie die Trümmer in riesigen Sätzen die Wand herunterspringen. Unabsichtlich vertiefe ich mich in die wechselnden Geräusche. Ein Zischen und Pfeifen sind in der Luft. Das Einschlagen der Steine im Fels klingt hart, im Eis dumpf. Das Auseinanderspritzen der Splitter wie ein Vogelschwarm. Ohne es zu wollen und ohne mir dessen bewußt zu sein, krieche ich aus dem Schlafsack, öffne den Zelteingang. Ich schaue die Wand hinab. Es ist ein herrlicher Tag. Dort, wo die Steinlawine niedergeht, sind Staubwolken zu sehen. Zwischendurch sehe ich schwarze Punkte an der Oberfläche: Felsbrokken. Sie stürzen schneller als die Nebel, schlagen wieder auf, neue, dichtere Staubwolken aufwirbelnd.

Links von mir, zwischen Mummery-Rippe und Kinshofer-Weg, ist die Wand ständig von Steinhagel bestrichen. Ich weiß, daß es mich nicht erwischen kann und richte meinen Blick gerade nach oben. Aus meiner Position erscheint das Weitergehen machbar. Nicht zu steil. Alles ist jetzt lebendig. Die Rinnen links und rechts, das Eis, der Himmel.

Über der spitzen Pyramide des Ganalo Peak ist der Himmel voller Morgenlicht. Darunter die wirren Eiskaskaden des Diamirgletschers. Sie liegen da wie die Wogen in einem urplötzlich erstarrten Meer: weißblau die Gischt, schmutzig schwarze Löcher dazwischen.

Von hier aus erst kann ich übersehen, wie mühsam diese Route ist. Wie viele Umwege ich gestern machen mußte, um den Eisschlauch zu erreichen. Nun sehe ich die weiteren Etappen des Aufstiegs vor mir liegen: der Felspfeiler,

Trümmer einer Eislawine am Fuße der Diamirflanke

Bhazinmulde, Gipfeltrapez. Von meinem Biwak unter der oberen Mummery-Rippe wären es wohl noch zwei oder drei Tage bis zum Gipfel.

»Heute ist der dritte Juni«, sage ich, während ich im offenen Zelt packe. Zwischendurch stecke ich den Kopf hinaus. Wie riesige Schutzwälle riegeln senkrechte Eisabbrüche – Séracs – die Mitte des Berges ab. Der Wandaufbau über mir erscheint trotzdem klar. Das Licht darüber wechselt gerade von einem nachtwarmen Grau in das kalte Blau des Morgens. Wenn ich schnell gehe, denke ich, bin ich in vier oder fünf Stunden so hoch, daß mich die Lawinen nicht mehr erwischen. Also weiter! Höher hinauf? Ich kann der Herausforderung nicht widerstehen. Als ob ich nur etwas tun müßte, um mir zu beweisen, daß ich wieder stark und mutig bin.

Der Himmel ist weder bewölkt noch klar, er ist verschleiert. Auch der Gletscherstrom, der tief unten zwischen den

Übereinandergetürmte Eisbalkone in der Diamirflanke

steilen Wänden der Vorberge talwärts fließt, ist jetzt grau. Er hebt sich kaum von den beiden Moränen rechts und links ab. Das Wetter, die Luft, das Eis – alles hat sich über Nacht verändert.

Was, wenn das Wetter wieder umschlägt?

»Du mußt ja nicht.« Niemand zwingt mich. Wieder will ich absteigen. Diese Angst im Bauch! Es ist, als ob sie auf- und abstiege. Vom Kopf zum Bauch, vom Bauch zum Kopf.

Kurz vor dem Aufbruch bin ich wieder ganz ruhig. Zwischen den zwei gegensätzlichen Kräften in mir scheint eine stille Übereinkunft zu bestehen: Es kann erst dann eine Entscheidung geben, wenn das Zelt abgebaut ist. Nein, es ist nicht Lustlosigkeit, die mich lähmt; es ist die Angst vor dem Alleinsein, die beim Nichtstun, beim Abwarten aus mir ausbricht. Ich weiß, diese Angst bringt mich um, wenn sie mich höher oben anpackt.

Als das Zelt eingerollt ist, binde ich es auf den gefüllten Rucksack. Einen Augenblick lang stehe ich da und starre auf das rote Bündel, das vor mir im Schnee liegt. Als ob irgendwo zu lesen wäre, wohin ich zu gehen habe. Es ist niemand da, der mir die Entscheidung abnimmt; niemand, der ja oder nein sagt, nickt oder den Kopf schüttelt: kein Gesicht, keine Augen, kein aufmunternder Blick.

Warm angezogen bin ich. Der einteilige Sturmanzug, den ich als äußerste Schicht trage, gibt mir sogar das Gefühl von Geborgenheit. Nur meine Füße sind kalt. Die Hände sind in Daumenfäustlinge eingepackt, und ich spüre den Schweiß zwischen den Fingern. Noch trage ich keine Schneebrille. Auch die Mütze habe ich in den Rucksack gesteckt. Meine Haare sind lang und dicht. Mein Zögern empfinde ich jetzt nicht mehr als Schwäche, es ist wie ein tiefes Durchatmen. Erst als ich den rechten Trageriemen des Rucksacks fasse, um das 20 Kilogramm schwere Bündel auf die Schulter zu schwingen, weiß ich endgültig, was ich will: Ich will aufwärts klettern! Vorerst bis auf 6500 m Höhe. Von dort komme ich immer noch an einem Tag zurück, denke ich, und dann: Noch ist die Lawinengefahr nicht groß.

Mit einigen Schüttelbewegungen bringe ich den Rucksack in eine angenehme Position, nehme dann den Eispickel auf und gehe ein paar Schritte.

Die Farben am Himmel sind gespenstisch, changieren zwischen violett und grau. Zuerst steige ich entschlossen bergan, so wie jemand, der weiß, was er will. Der Firn ist hart. Er trägt, und doch kann ich ihn mit den Rändern der schweren Bergstiefel ritzen. Ich denke nicht daran, die Steigeisen anzuziehen. Die Felsen über mir, am Ansatz der dritten Mummery-Rippe, scheinen trocken zu sein. Mit dem An- und Ausziehen der Steigeisen würde ich also nur unnütz Zeit verlieren. »Was kann mir schon passieren?« denke ich. Es geht mir wieder gut, ich bin vergnügt. Wie

war es nur möglich, daß die ganze Nacht lang Ängste durch meinen Körper zuckten? Plötzlich merke ich, daß ich abwärts gehe: Richtung Eisschlauch, Richtung Basislager. Ich wollte doch ein Stück weit aufsteigen. Mein Körper aber geht, wohin er muß. Und ich lasse ihn gehen.
Die Strecke, für die ich gestern beim Aufstieg einen vollen Tag gebraucht habe, bewältige ich im Abstieg in wenigen Stunden. Ich springe über Spalten, balanciere über Eisbrücken, zwischendurch laufe ich, das Gesicht talwärts gerichtet, über flachere Eishänge. Den Weg finde ich ohne Probleme. Noch bevor die Sonne die Talsohle trifft, sitze ich im Basislager, froh, mich entschieden zu haben. Niemand, der hier wartet.
Wie Visionen ziehen die Erlebnisse der vergangenen Tage vor meinem geistigen Auge vorüber: der Anmarsch durch das wüstenhafte Industal; der viele Schnee im hinteren Diamirkessel; meine Ungeduld im Basislager. Mein Zelt steht noch. Während ich lese, was ich vorgestern ins Tagebuch geschrieben habe, wird mir klar, daß ich erst gar nicht hätte einsteigen dürfen.
»1. Juni 1973. Es ist weit nach Mitternacht, und ich kann nicht schlafen. Die wenigen Bissen, die ich beim Abendessen hinuntergewürgt habe, liegen mir im Magen. Ich denke an Uschi und werde dabei von Zweifeln geplagt. Diese Sehnsucht! Ich werde dieses beklemmende Gefühl, das mir sogar Hunger und Durst verschlägt, nicht los. Nein, es ist nicht mein großer Plan, der mich nicht essen und schlafen läßt, es ist das Getrenntsein. Ich bin nicht im seelischen Gleichgewicht, um einen Alleingang dieser Länge sicher zu Ende führen zu können.«
Die konkave Wand über mir wirkt jetzt, am Morgen, kürzer als im Abendlicht. Trotzdem sieht sie wie eine riesige Mauer aus. Wie eine Sperre. Als Abschluß an das Ende des Tals gestellt. Für immer? Für alle? Die felsigen Schultern links und rechts des Hauptgipfels sind gefüllt mit Eis. Scharf stehen die Grate jetzt gegen das dunkle Blau des

Himmels. Plötzlich wechselt das Licht. Eine Wolke hat sich vor die Sonne geschoben. Von einer Sekunde zur nächsten. Im Nu ist alles grau, die Grate weich, der Himmel wie in Eis erstarrt. Es schaudert mich. Ich muß an den Abstieg Ende Juni 1970 denken. Wir mußten über diese Wand herunter! Günther war langsamer, und ich, immer wieder voraus, suchte den Weg.

Inzwischen habe ich dieses Erlebnis verarbeitet. Nicht verdrängt, bewältigt, denke ich. Der Tod des Bruders gehört zu mir, zu meinem Leben. 1971, als ich bei einer Suchexpedition all meine Retter wiedergesehen habe, begann mein zweites Leben. Beim Anmarsch, im Basislager erlebte ich die Tragödie gefühlsmäßig noch einmal.

»Schicksalsberg« nennt man den Nanga Parbat im deutschen Sprachraum. Wie nennen ihn die Kaschmiri? Nanga Parbat! 125 Kilometer nördlich ihrer Hauptstadt Srinagar erhebt er sich als westlicher Eckpfeiler des Himalaja. Weniger gebräuchlich ist sein zweiter Name Diamir – König der Berge. Neben dem K2 und dem Mount Everest ist er der bekannteste Achttausender. Dabei hat er von meinem Standort aus die Form einer Fledermaus.

Der konkave Mittelteil der Wand ist von Eisbalkonen durchsetzt. Wie eine umgekehrte Treppe liegen sie übereinander. Eislawinen sind in der Diamirflanke deshalb an der Tagesordnung. 100, auch 200 Meter hoch brechen diese Eiswülste senkrecht ab, und diese Séracs kalben fast täglich. Russisches Roulette. Denn im halbrunden Kessel am Wandfuß, wo ich queren wollte, sammeln sich alle Lawinen. Dort gibt es also kein Entkommen. Nur wenige Felsrippen, Inseln gleich, ragen aus der senkrechten Schneewüste.

Obwohl ich mir geschworen habe, es nicht wieder zu versuchen, läßt mich die Idee nicht los. Ich könnte irre werden an der Unfähigkeit, die wahren Dimensionen des Berges zu erkennen. Wie groß ist dieser Nanga Parbat? Ich nehme die Sonnenbrille ab und sehe nochmals hinauf

zum fein gezeichneten Gipfelgrat. Was ich sehe, ist weit weg und doch so nah.
Ein Drittel der Wand habe ich geschafft, aber nach oben hin wird hier alles uneinschätzbar: die Anstrengung, die Steilheit, die Höhe der Wand. Nicht zu fassen. Es fehlen die Vergleiche. Wer kann sich schon zwei Eiger-Nordwände übereinander vorstellen? Nein, sie reichen nicht bis zum Gipfel. Dabei ist mein Basislager höher als der Eigergipfel. Es wird Nacht. Im Abendwind schnuppere ich Gipfelluft, und der Berg kommt mir unendlich groß vor. Ob er von einem allein zu schaffen ist? Nicht von mir, nicht jetzt. Alles scheitert an meinen Ängsten, an der Unfähigkeit, das Alleinsein zu ertragen. In dieser schieren Unendlichkeit. Mit den ersten Sternen über den Gipfeln wirken die Berge gläsern und kalt. Braun die Waldrücken am westlichen Horizont. Einige Tage Fußmarsch, Hitze, Staub, und ich werde in Gilgit, auf der nächsten Flugpiste sein. »Morgen werde ich heimgehen«, tröste ich mich, »und ich sollte nie wiederkommen.«
Die beiden Burschen, die sich mir als Träger für den Rückmarsch angeboten haben, sitzen zwischen drei Steinmäuerchen und trinken Tee.
»Tschai?« fragen sie. Ob ich auch Tee will?
»Tike«, sage ich und geselle mich zu ihnen, in Gedanken weit weg.
Ob unser Haus in Südtirol bei meiner Rückkehr bewohnbar sein wird? Vor ein paar Monaten haben Uschi und ich in Villnöß ein ehemaliges Pfarrhaus erworben. Auf dem Hügel von St. Magdalena. In den zwanziger Jahren war es zur Schule umfunktioniert worden. Jetzt, während ich am Nanga Parbat unterwegs bin, kümmert sich Uschi um die Renovierung. Sie legt einen Garten an und richtet unser Haus ein.

Als ich aus dem Lichtkreis des glimmenden Feuers zum Zelt tappe, bricht der Mond durch die ziehenden Wolken.

Der Gipfel des Nanga Parbat aus dem Flugzeugfenster. Rechts die Diamirseite

In Eilmärschen marschiere ich heimwärts. Zwei Tage später schon bin ich in Gilgit. Ich gehe ins Dorf und schicke ein Telegramm an meine Frau. Als ich das Postbüro verlasse, bewegen mich Gefühle, die bisher nur im Unterbewußten da waren. Uschi in München, nicht in Villnöß, nicht mehr bei mir.

Im Stadtbüro der PIA will ich den Flug nach Rawalpindi buchen. »Es kann einige Zeit dauern«, sagt der Mann im Office. Die Maschine, die mich nach Gilgit geflogen hat, ist bei der Rückkehr abgestürzt. Bauchlandung. Wenn ich allein – nicht mit Uschi – durchs Industal zurückfahre, werde ich verrückt. Also warte ich.

Der Nachmittag ist stürmisch. Ich versuche zu lesen. Es gelingt mir nicht. Auch schlafen kann ich nicht. Uschi beschäftigt mich zu sehr.

Wieder sehe ich, in weiter Ferne zuerst, den Gipfel des Nanga Parbat. Er glänzt im Morgenlicht. Über den Wol-

ken. Der Pilot hält genau auf ihn zu. Dort der Rakhiot Peak. Dahinter der Mohrenkopf, unmittelbar darunter der Silbersattel. Hier, in 7500 Metern Höhe, liegt das Plateau, ein Gletscher von mehreren Quadratkilometern Ausdehnung, wo 1934 die Tragödie begann. Der Gipfel ist von dort noch weit!
Jetzt habe ich die Diamirflanke zu meiner Linken. Alles in mir zittert. Ich bin so aufgeregt! Durch die Scheibe des ovalen Flugzeugfensters hindurch glaube ich das Eis riechen zu können. Jetzt weiß ich, daß ich zurückkehren werde.
Über die Vorberge gleiten wir weiter nach Süden. Wie starr geworden schaue ich zurück. Der Nanga ist nicht mehr zu sehen.

Großexpedition

Zwei Jahre später hänge ich unter der Gipfelwand am Lhotse.
Als ich am Morgen erwache, versuche ich, diese Expedition in mein bisheriges Leben als Bergsteiger einzuordnen. Anfangs waren es leichte Klettertouren gewesen, die mich fesselten. Später kletterte ich durch die schwierigsten Wände der Alpen, um dann die steilsten Wände der höchsten Berge der Welt anzugehen: Nanga-Parbat-Rupalflanke, Manaslu-Südwand und jetzt die Lhotse-Südwand. Immer steiler, immer schwieriger, immer höher hinauf.
Was für ein Narr ich doch bin! Wie gerne würde ich jetzt tauschen: Uschi gegen diese Wand. Die Herausforderung Lhotse-Südwand ist wieder einmal größer gewesen als meine Liebe zu ihr. Oder bin ich zu stolz, um mich selbst aufzugeben? Zu ehrgeizig, um auf eine solche Expedition zu verzichten?

Reinhold Messner in der Lhotse-Südwand

Meine Briefe an Uschi haben etwas Monotones. Nein, sie sind nicht langweilig, nur zu vernünftig. Uschi soll begreifen, was ich nicht zu erklären vermag. Vor allem soll sie einverstanden sein. Ich kann eine Herausforderung am Berg nicht aufschlüsseln wie eine Rechenaufgabe. Ja, ich bin ein Egoist, aber es gibt kein Zurück. Eine Aufgabe nur zu denken, befriedigt mich nicht. Noch ist der Gipfel möglich, also muß ich es wagen.

An zwei Standhaken gesichert, schiebt Mario Curnis das Seil durch die Bremse. Zentimeterweise. Der Fels ist brüchig. Wenn ich den Kopf zurücklege und nach einem Weiterweg forsche, die Angst, der Berg könne in sich zusammenbrechen. In gut 7500 Metern Höhe ist es zuviel. Wir beginnen abzuseilen. Zurück ins Lager und ab ins Hauptlager!

Uschi Demeter auf dem Weg ins Lhotse-Basislager

Wieder gescheitert

Am 13. Mai erklärt Riccardo, unser Expeditionsleiter, den Aufstieg für gescheitert. Und wie nach dem Scheitern am Makalu 1974 wiege ich die Vor- und Nachteile einer großen Expedition gegeneinander ab. Eine kleine Expedition würde nicht nur schneller und billiger, sondern auch sicherer sein. Am Berg ist doch jeder für sich selbst verantwortlich!

Ins Basislager der Lhotse-Expedition bringt Uschi die Genehmigung für eine Klein-Expedition zum Hidden Peak im Karakorum mit. Zusammen mit Peter Habeler will ich jetzt einen Achttausender besteigen. Arme Uschi! Es ist nicht allein das unruhige Leben, das ich führe. Ihr bleibt alle Arbeit daheim. Dazu diese ständige Ungewißheit. Zum Verzweifeln.

»Wenn du nur die Wahl hättest, die Berge oder ich, wie würdest du dich entscheiden?« fragt sie, während wir nebeneinander sitzen.
»Eine solche Frage würdest du im Ernst nicht stellen.«
»Aber ich habe sie gestellt.«
Ich schweige. Wie soll ich in diesem Augenblick antworten?
»Von allen Expeditionen schreibst du mir lange sehnsuchtsvolle Briefe, wie sehr du mich vermißt; dann, zwei Wochen daheim, bist du schon wieder unterwegs.«
Und nach einer kurzen Pause fügt sie hinzu:
»Mit deinen Gedanken bist du sowieso kaum da.«
»Tut mir leid, diese Klein-Expedition wird mein kühnstes Unternehmen.«
»Und ich? Wenn du da bist, nimmst du mich ganz in Anspruch; wenn du fort bist, bleiben mir außer meinem Kummer all deine Sorgen, deine Arbeiten, deine Probleme. Das hält keine Frau auf Dauer aus.«
Sie hat recht, und oft habe ich mir geschworen: Nie mehr eine große Reise ohne sie. Aber der Weg zum Hidden Peak ist zu gefährlich, die Geldmittel reichen nicht.

Im August 1975 steigen Peter Habeler und ich nach einer nur zwölftägigen Akklimatisationszeit ohne Hochträger, ohne Zwischenhochlager, ohne Sauerstoffgerät auf den 8068 Meter hohen Hidden Peak. Über eine neue Route. Es bedeutet eine Wende im Höhenbergsteigen. Nun fehlt nur noch der Achttausender im Alleingang. Die letzte Auseinandersetzung Mensch – Berg: ein Mensch und ein Achttausender.
Ob die Diamirflanke am Nanga Parbat im Alleingang möglich ist?

Und Uschi? Trotzdem, die Herausforderung bleibt. Eine Idee läßt sich nicht mit einem schlechten Gewissen totdenken.

Die Nordwand des Hidden Peak

Zurück in Skardu gehe ich zur Post. Zögernd, mit dem Gefühl, als gäbe es Zärtlichkeiten abzuholen, trete ich ein. Irgend etwas muß für mich da sein: ein Brief von Uschi oder wenigstens eine Zeile auf einer Postkarte. Aber nur ein Brief vom Ministerium für Tourismus in Islamabad: die Verlängerung der Expeditionsgenehmigung bis zum 15. September. Das einzige, was mich nicht mehr interessiert.

Auf dem Heimweg treibe ich in meinen nächtlichen Träumen manchmal im Braldo. Immerzu flußabwärts. Wie beim Abstieg erfaßt mich sein Sog. Der Fluß aus unseren Bergen beherrscht jetzt Tag- und Nachtträume. Kurz nur halte ich inne.

Dieser stetige Fluß auf das Meer zu.

Neben dem Paju Peak jetzt die Kette der Geislerspitzen, wo unser Haus steht. Daneben Uschi. Sie erscheint nur kurz und weit weg. Ich kann sie aber deutlich erkennen.

Diese Erscheinung wird im nächsten Augenblick wieder weggefegt. Von gleitenden Ufern. Links und rechts, im stumpfen Mittagslicht, schaukelt die Landschaft vorbei – diese Berge ohne Erlösung.

Kapitel VII

Tike

Nanga Parbat Basislager. Ausrüstung für den Alleingang

Reinhold Messner am Nanga Parbat

Der Bedingungen eines einsamen Vogels sind fünf:
die erste, daß er zum höchsten Punkt fliegt;
die zweite, daß er sich nicht nach Gesellen sehnt,
nicht einmal seiner eigenen Art;
die dritte, daß sein Schnabel gen Himmel zielt;
die vierte, daß er keine bestimmte Farbe hat;
die fünfte, daß er sehr leise singt.

San Juan de la Cruz

Die Einsamkeit ist eine Kraft,
die dich umbringt, wenn sie
unvorbereitet aus dir ausbricht;
die dich über deinen Horizont trägt,
wenn du sie für dich zu nützen verstehst.

Reinhold Messner

In jeder großen Trennung liegt ein Keim von Wahnsinn;
man muß sich hüten ihn gedanklich auszubrüten und
zu pflegen. *Johann Wolfgang von Goethe*

Kein Toter an der Merkl-Scharte

Bis 1976 haben sich 16 Expeditionen am Nanga Parbat versucht. Drei waren erfolgreich. Nachdem ich Hanns Schell 1975 auf eine unbegangene Route am Nanga Parbat aufmerksam gemacht habe, will er sie versuchen. Mit Hilmar Sturm, Siegfried Gimpl und Robert Schauer. Allerdings gibt es 1976 ein Problem: Die pakistanischen Behörden vergeben nur eine Besteigungsbewilligung pro Jahr. Und der Berg ist vergeben. Die Grazer reisen dennoch nach Pakistan. Einmal im Lande, hoffen sie, das »Permit« zu bekommen. Mit Hilfe des österreichischen Kanzlers, Dr. Bruno Kreisky, erhalten sie die Genehmigung.
Auf Umwegen ins Basislager gelangt, stürzen sie sich auf ihr Ziel. Im Alpinstil, ohne großen Materialaufwand, ohne Hochträger, ohne Sauerstoffgeräte, wollen sie den Nanga Parbat über eine neue Route rechts am Rand der höchsten Wand der Welt besteigen. Zwischen Lager I (5100m) und Lager II (6100m) ist die Route extrem steinschlaggefährdet. Dazu häufig schlechtes Wetter. Fixseile werden verhängt. Dann Wetterbesserung. Alle vier sind im letzten Lager (7450m). Die Kletterei ist anstrengend. Ein erstes Biwak verbringen sie bequem in einer Schneehöhle. Das zweite, 8020 Meter hoch, wird zum Härtetest. Unter freiem Himmel und bei Vollmond überstehen sie die Nacht. Die Stimmung ist trotzdem gut. Der Morgen ist wunderschön. Kein Wölkchen am Himmel. Eine Stunde nach Sonnenaufgang erreichen alle vier den Gipfel. Es ist der 11. August 1976.
Nicht, daß sie den Gipfel erreicht haben, wie sie die lange

und schwierige Route gemeistert haben, bewundere ich. Es verrät die Genialität der vier Bergsteiger aus Graz. Sie sind übrigens die ersten, die genau an der Stelle vorbeikommen, wo Herrligkoffer in seiner »Allwissenheit« Günthers Sterben weissagt. Immer noch behauptet der Expeditionsleiter von 1970, mein Bruder sei an der Merkl-Scharte gestorben. Was für eine Lüge!

Hanns Schell, der Expeditionsleiter von 1976, kennt die Unterstellung und kommt zu folgendem Schluß:

»Ausgezehrt von der Durchsteigung einer Wand wie der Rupalflanke, ohne Wasser und Nahrung, und nach einer Nacht auf 7800 m, ist kein Mensch allein in der Lage, einen anderen zu retten.

Noch dazu ist das Gelände dort nicht sehr steil, und es war zu dieser Zeit vermutlich tiefer Neuschnee.

Gesetzt den Fall, der behauptete Vorfall wäre tatsächlich eingetreten, daß Günther Messner nicht weiter konnte (was ich nicht glaube), dann hätte es für Reinhold Messner nur zwei Möglichkeiten gegeben.

1. Sich zu seinem Bruder zu setzen, im Trost zuzusprechen und mit ihm gemeinsam zu sterben oder
2. dem Bruder ein letztes Lebewohl zu sagen und den Abstieg allein fortzusetzen.

Dies klingt zwar in den Ohren nicht eingeweihter Leute brutal und unmenschlich, entspricht aber der Realität.

Da es sehr wahrscheinlich ist, daß beide Brüder gemeinsam über die Diamirflanke abgestiegen sind, ist diese Erklärung nur rein hypothetisch zu sehen.«

Wie oft muß ich den Sachverhalt noch erklären: Wäre mein Bruder wirklich an der Merkl-Scharte gestorben, ich hätte trotzdem über die Diamirflanke absteigen müssen, um mich selbst zu retten. Also gibt es gar keinen Grund, ein anderes Szenario als das Erlebte zu erzählen.

Die schwarze Einsamkeit

Ein Jahr später, 1977, bin ich wieder auf dem Weg zum Nanga Parbat. Diesmal ist mein jüngerer Bruder Hansjörg dabei. Er ist mehrere Monate durch Indien gereist und hat sich in Katmandu meiner Dhaulagiri-Expedition angeschlossen. Auf der Heimreise wollen wir noch einen Abstecher zum Nanga Parbat machen. Die Idee vom Achttausender im Alleingang ist immer noch in mir lebendig. Dies ist mein dritter Anlauf.

Habe ich beim zweiten Versuch den Broad Peak ins Auge gefaßt, so will ich jetzt wieder zum Nanga. Aus technischen und emotionalen Gründen. Trotz der Tatsache, daß der Höhenunterschied vom Wandfuß bis zum Gipfel an diesem Achttausender größer ist als an den meisten anderen, habe ich immer noch das Gefühl, daß dies *der* ideale Berg für meinen Alleingang ist. Die Felspfeiler und geschlossenen Eiszungen reichen am Nanga Parbat bis in die grüne Talsohle, die Spaltensturzgefahr ist deshalb gering. Rational gibt es sonst keine Gründe, emotional aber viele. Der Nanga ist auch mein Schicksalsberg.

Ich komme nicht einmal so weit wie die ersten beiden Male. Bei der Fahrt durchs Kaghantal überfällt mich eine so starke Verzweiflung, daß wir kehrtmachen müssen. Seit ich weiß, daß Uschi fortgegangen ist, bin ich zu keiner Vision mehr fähig. Die Leidenschaft für diesen Weg hat sich in Einsamkeit aufgelöst. Nachts im Halbschlaf und auch unterwegs, wenn ich meinen Blick über die schütter bewaldeten Bergrücken gleiten lasse, sehe ich sie gehen. Sie sieht sich nicht nach mir um. Da ich von Uschi schon seit Wochen nichts gehört habe, bin ich unruhig, verzweifelt.

Am Flugplatz in München holt sie mich ab. Zum endgültigen Abschied. Ich habe es gewußt, aber nicht wahrhaben wollen. Mit der Gewalt eines Erdrutsches stürzt in diesen

Augenblicken alle Einsamkeit der Welt über mich herein. Müdigkeit erfüllt mich. Nein, keine Wut, keine Selbstvorwürfe mehr, ich bestehe nur noch aus Einsamkeit.
Der Schreck, plötzlich allein und leer zu sein, treibt mich in eine grenzenlose Gefühlsverwirrung. Monatelang weiß ich nicht, was ich tue. Ich schlafe nicht, bin nicht Herr meiner selbst. Auch nach unserer Scheidung. Ich weiß, ich mache mich kaputt, indem ich versuche, sie zu halten. Aber etwas, das ganz unabhängig von meinem Willen ist, hält mich bei ihr. »Ich muß eine neue Richtung finden«, sage ich mir. Kurzfristig entschließe ich mich, in diesem Sommer 1977 nochmals allein zum Nanga Parbat zu fahren. Der Entschluß steht fest: Ich werde die Einsamkeit töten oder mich von ihr töten lassen.
Wie damals, vor sieben Jahren, als ich nach der Überschreitung des Nanga Parbat halb bewußtlos durch das obere Diamirtal kroch – den Bruder verloren, ausgehungert, mit schweren Erfrierungen an Händen und Füßen –, sitzt auch jetzt das Wissen um meinen Tod in mir.
Der Reisepaß ist in Ordnung, Geld für diese letzte Reise habe ich, die Kletterausrüstung für den Alleingang liegt im Keller. Ich habe alles beisammen; ich brauche nur aufzubrechen, loszufahren. Und ich will losfahren!
Bald schon liegen all die Dinge, die ich für mein selbstmörderisches Vorhaben brauche im Wohnzimmer. Ordentlich aufgereiht: der Rucksack, eine Tragekraxe, zwei Fotoapparate, ein Stück Seil, ein kleines Bündel Haken, einige Eisschrauben, Eispickel und Steigeisen, Schlafsack, Zelt, Höhenmesser und Kompaß, die alte Nanga-Parbat-Karte.
Während ich alles noch einmal durchsehe, weine ich plötzlich. Ich lege mich auf das Sofa und weine. Ich liege eine Zeitlang so da und weiß, daß ich nicht fahren werde. Wieder füllt mich diese Traurigkeit aus. Nein, ich fahre nicht. Ich würde sicher umkommen, wenn ich jetzt führe.
Ein halbes Jahr vergeht. Ich lebe nicht mehr wie früher in

St. Magdalena in Villnöß mit den Geislerspitzen

eine Richtung. Ich gehe mal hier-, mal dorthin. So aber komme ich nicht vom Fleck. Es ist, als würde ich auf der Stelle treten. Ich spüre, wie ich mich verzettle und verliere. Die Idee, den Nanga Parbat im Alleingang zu besteigen, schreibe ich in den Wind. Nur zum Mount Everest will ich noch fahren. Vielleicht auch nicht. Aus dieser Unsicherheit gelingt es mir, mich im Mai 1978 zu befreien. Am Mount Everest kann ich mich sammeln, alle Energie auf einen Punkt konzentrieren. Und im richtigen Augenblick gehen Peter Habeler und ich bis zum »Endpunkt« – ohne Sauerstoffmaske bis zum Gipfel der Welt.
Noch vor der Heimreise vom Mount Everest weiß ich, daß ich sechs Wochen später zum Nanga Parbat aufbrechen werde.
Irgend etwas hat sich verändert. Ich wage es, so zu leben, wie ich leben muß, und ich tue wieder, was mir Spaß macht. Mehr denn je. Ich kann wieder leben.

Mit Robert Schauer diskutiere ich nach dem Everest-Erfolg über die Zukunft des Höhenbergsteigens. Noch im Basislager, übermütig nach dem Erfolg, relativiere ich den Aufstieg ohne Sauerstoffgerät.
»Ich bin der Meinung, daß die Schwierigkeiten in großer Höhe, von 7000 Meter Höhe aufwärts, mehr entscheiden, als das mit oder ohne.«
»Ja, sicher, aber da hängt es dann von mir ab«, meint Robert.
»Die Annapurna-Südwand oder die Lhotse-Südwand! Da bleibst du einfach stecken. Auf 7500 Metern traut sich niemand mehr extrem zu klettern. Da oben schaffst du zehn Meter in fünf Stunden und bist moralisch fertig, wenn du eine riskante Stelle gemacht hast. Wenigstens mir geht es so.«
»Hast du diese Erfahrung in der Lhotse-Flanke gemacht?«
»Auch. In den großen Wänden, in denen ich umgekehrt bin, war nie das Sauerstoffgerät schuld. Ich bin einfach steckengeblieben. In 7500 Metern gescheitert. Es sind also die technischen Schwierigkeiten, die mich zurückwerfen.«
»Reinhold, ist es wahr, du hast den Nanga Parbat genehmigt? Für dieses Jahr?«
»Ja«, antworte ich trocken.
»Willst wohl den Südost-Pfeiler machen?«
»Weiß nicht.«
»Eine neue Route?«
»Ja, auf jeden Fall. Eine neue Route wenigstens im Aufstieg.«
»Der Pfeiler ist sehr steil.«
»Auch die Diamirwand hat ihre Tücken.«
Details will ich nicht verraten. Denke ich doch daran, über die Schell-Route abzusteigen. Nachdem der Weg bekannt ist, traue ich mir einen Abstieg im Alleingang zu. Inzwischen kenne ich den Nanga.

»Gehst du allein?«
»Durch die Wand ja.«
»Wann?«
»Juli, August. Ich habe eine Genehmigung für sechs Wochen.«
»Unseren Weg willst du nicht gehen?« fragt Robert weiter, der den Nanga Parbat gut kennt.
»Vielleicht im Abstieg«, rutscht es mir heraus.
»Ich drücke dir die Daumen!«
»Es ist immer auch eine Glücksfrage. Ich muß gutes Wetter erwischen.«
»Abgesehen vom Wetter und all den objektiven Gefahren, wieviel Prozent Chancen rechnest du dir aus?«
»Unter 50.«
»Du bist Realist!«
»Ja, ich bin Realist.«
Nur ein Gesetz hat der Reisende anzuerkennen. Niemand hat das Recht, die Kreise der anderen zu stören. Eine andere Moral erkenne auch ich nicht an. Und ich werde krank, ja wild, wenn jemand versucht, meine Kreise zu stören. Von der Zeit an, als ich wieder mehr und mehr ich selbst werde, höre ich auf, in Paaren zu denken. So wie ich nicht mehr in gut und böse, richtig und falsch einteile, lebe ich jetzt geradeaus, ohne alles verstehen und beurteilen zu wollen. So wie ich fühle, daß ich nur die eine Seite eines Paares bin, fühle ich, daß es neben meinem greifbaren Ich eine andere Seite von mir selbst gibt. Ich versuche aber nicht, diese andere Seite auszumachen.
Ich will mir jetzt selbst zeigen, was es heißt, allein zu sein. Und deshalb gehe ich zum Nanga Parbat. Auch wenn ich zufällig mit jemandem zusammen bin, verrate ich nichts von mir und meinen Träumen. Ich will nicht mehr hin, um durchzukommen oder um zu scheitern. Ich will nur hin.

Inshalla

Was das nun schon wieder soll, fragen mein Vater und auch einige Freunde. Eben vom Mount Everest zurück, wäre es doch nicht nötig, gleich wieder aufzubrechen.
Nötig nicht, aber möglich, denke ich.
»Du hast doch alles gemacht.« Man versucht, mich von meinem Vorhaben abzubringen.
»Ich habe mein Leben nicht ausgeschöpft«, antworte ich, »noch nicht.«
Ob ich verstanden werde? Wer kann schon begreifen, daß es mir weniger um eine neue bergsteigerische Sensation geht, als vielmehr darum, mich in eine unvorstellbare Welt zu werfen. Nicht der Gedanke an den Alleingang, sondern die Vorstellung, ein Leben lang zu tun, was ich in den sechs Wochen zwischen Mount Everest und Nanga Parbat tun muß, läßt mich schaudern.
»Mit dem Alleingang zum Nanga Parbat ruinierst du deinen Everest-Erfolg!« Wie oft ich dies zu hören kriege! Und auch: »Wohin noch? Wer die Spitze erklommen hat, kann nicht weiter steigen. Oder willst du dich am Gipfel niederlassen und meditieren?«
Man nennt mich einen »Meister der Show; ein Kind dieser Zeit, das weiß, welchen Preis man für Ausnahmeleistungen verlangen kann, das kräftig nachhilft beim Vermarkten von frischem Ruhm«. Auch die freundliche Mahnung »Du verbrennst zu schnell« trifft mich nur für einen Moment. Ich schüttle sie ab, ich will allein über mich bestimmen.
Wie lange bin ich hin und her gerissen gewesen zwischen dem Traum, einen der höchsten Berge der Welt allein zu erklettern, und dem Wunsch, mir in meinem Heimatdorf ein gemütliches Nest zu schaffen. Nach meinem ersten Versuch am Nanga Parbat arbeitete ich ein halbes Jahr lang daran. Ich war Maurer, Zimmermann, Dachdecker

und Handlanger. Gemeinsam mit Uschi gelang es mir, unserem Haus seinen ursprünglichen Charakter wiederzugeben. Aber kam ich dort wirklich zur Ruhe? Nein, als ich 1978 zum Mount Everest aufbrach, stand mir kein Heimatgefühl im Wege. Ich war zum Zigeuner geworden. Wie die Nomaden in Tibet, in Afghanistan, Pakistan, die Tuareg in der Sahara oder die Berber im Hohen Atlas ziehe ich in den großen Gebirgen der Erde umher. Seßhaft kann ich später noch werden.

»Einmal wird auch er sich anpassen«, höre ich die »guten alten Freunde« tuscheln. »Jetzt nach dem Mount Everest, geht es ihm auch wirtschaftlich gut.« Trotzdem will ich meinen Weg weitergehen, auch wenn ich dabei umkomme. Ich will nicht verhungern in einem Haufen von Grüßgottsagern und Händeschüttlern. Alle meine Honorare und alle Lobreden können meinen Hunger nach Leben nicht sättigen.

In den sechs Wochen nach der Everest-Besteigung bin ich nicht oft zur Besinnung gekommen. Sonst wäre ich schon früher auf und davon. Nur mit Müh und Not kann ich mich zwischen Schreiben und Interviews an den Berg selbst erinnern. Die Welt erscheint so farblos. Ich bin wie ausgequetscht. Meine ganze Kraft habe ich bisher nur in senkrechten Wänden, einsamen Hochtälern und hohen Gebirgen erlebt. Dort also will ich wieder hin. Vor einem Jahr noch hatte ich immerzu nach einem Sinn gesucht. Über alles nachgedacht und den Faden meines Lebens verloren. Jetzt nehme ich das Leben, wie es ist – in seiner Häßlichkeit, Verrücktheit, in seiner Ironie –, um des Lebens willen.

Ich weiß nicht, wann mich die Idee vom Alleingang wieder gepackt hat. Noch vor einem Jahr hatte ich sie aufgegeben. Ein für allemal. Ich fühlte mich zu schwach dafür. Die Trennung von Uschi hatte mich in eine tiefe Depression gestürzt. Ob ich wußte, was ich zu tun hatte?

Nein, ich habe Uschi nicht vergessen. Das kann und will ich nicht. Meine Gefühle für sie, auch wenn Distanz und Zeit sie abgeschwächt haben, sind immer noch lebendig. Manchmal, wenn ich aus Träumen erwache, fühle ich mich einsam. Und dieses Alleinsein ist schmerzhaft wie die Trennung selbst. Seit ich beschlossen habe, allein zu leben, bin ich frei von Verzweiflung. Kein Selbstmitleid mehr. Ich kann mein Schicksal ohne Bedauern akzeptieren. Ja, ich habe mich zu wichtig genommen und wohl deshalb unter der Trennung gelitten.
Daß meine Begeisterung nicht geteilt wird, bleibt mir ein Rätsel, und die Unfähigkeit, meine Vorstellungen Außenstehenden erklären zu können, macht mich in gewisser Weise hilflos. Dabei gibt es gar nichts zu erklären. Ich habe mich entschlossen, allein auf den Nanga Parbat zu klettern. Mehr nicht. Vielleicht, weil ich von Natur aus zu extremen Entscheidungen fähig bin. Auch weil ich Zeit, das nötige Geld und Lust dazu habe. Nicht, weil ich meine, es sei wichtig. Es macht mir nichts aus, daß es nicht wichtig ist.
Nein, es bringt der Menschheit gar nichts: Ohne Sauerstoffgerät auf den Mount Everest und allein auf den Nanga Parbat. Aber wer sagt, daß all unser Tun etwas bringen muß? Ich will nur als der akzeptiert werden, der ich bin, und ich wäre nicht mehr ich, wenn ich nicht ab und zu auf einen Berg steigen könnte. Die Stadt ist kein Ort zum Bleiben für mich. Kein wildes Land rundherum, keine Wüste; die Berge in mir drinnen – das ist zuwenig und zuviel.
Zu lange habe auch ich mich an alles mögliche geklammert und so mich selbst und diejenigen erschöpft, an denen ich mich festhielt. Jetzt will ich mein Spiel spielen.

Mit 20 Kilogramm Reisegepäck plus Rucksack komme ich am 30. Juni 1978 am Flughafen München an. Zur kleinsten Expedition meines Lebens. Mit etwa 2000 Kilogramm Expeditionsgepäck sind Buhl, Diemberger, Schmuck und Wintersteller 1957 zum Broad Peak aufgebrochen. Rund 200 Kilogramm hatten Peter Habeler und ich 1975 dabei, als wir den Hidden Peak zu zweit angingen. Mit einem Zehntel davon will ich jetzt allein losziehen. »Du wirst es schaffen« und »Durchhalten!« sind die letzten Wünsche, die man mir über den Paßkontrollschalter zuruft. Dabei klingt der Vorwurf durch, diesmal ginge ich zu weit. Niemand spricht es aus, aber ich fühle, daß man mir Unverantwortlichkeit unterstellt. Als ob mein Leben nicht mir selbst gehörte? Nein, ich habe nicht vor, mein eigenes Weltende zu veranstalten. Ich weiß, ich könnte dabei umkommen, aber ich will meinen Weg gehen. Es ist mein Recht.

Während ich über die Alpen nach Mailand fliege, entsteht plötzlich das Gefühl, meine Lebensgeschichte gehe da unten weiter. Im kleinen Villnößtal, wo ich 33 Jahre lang daheim gewesen bin. Dieses zweite Leben, eingebettet in eine Südtiroler Dorfgemeinschaft, liegt als Möglichkeit unter mir. Ausgebreitet über Waldrücken, Dolomitengipfel, Weiler mit Bergbauernhöfen. Manchmal komme ich mir vor wie ein Abenteurer aus früherer Zeit. Wenn der, der alle verlassen hat, die er liebt, mit nichts als Erfahrungen heimkommt, sind sie glücklich. Sie haben vergessen, daß sie ihn von seinen Reisen zurückgehalten haben und wollen nun ihren Teil der Erfahrungen und des Ruhmes. So war es auch nach der erfolgreichen Mount-Everest-Expedition. Als ich mich verweigerte, stempelte mich die Provinzzeitung über Nacht zum Heimatverräter. Nur, weil ich öffentlich gesagt hatte, ich sei nur für mich und nicht für ein Land, nicht für Südtirol, Italien oder Österreich auf den Mount Everest gestiegen. Auch für keinen Verein und schon gar nicht für eine Partei. Ich habe es wirklich nur für mich getan. Der Wunsch, mein eigenes Ziel zu verwirklichen, ist es offensichtlich, der Anstoß erregt in einem Land, in dem alle ihren Besitz wie einen

Schatz hüten, der Heimkehrer aber mitzubringen hat, was allen fehlt: Selbstverständnis.
Allzugern verfügen wir über den Berg, auf den wir steigen wollen. Die Nanga-Parbat-Expeditionen der dreißiger Jahre zum Beispiel, die mit dem Auftrag zu siegen ausgezogen sind, hatten auf ihre Fahnen das Hakenkreuz und in den Expeditionsvertrag einen Schwur geschrieben: den Kampf fürs Vaterland. So wie sie zum Nanga Parbat aufbrachen, zogen sie wenig später in den Krieg.
Für mich ist der Nanga Parbat unergründlich, ein fiktives Ziel. Ich will auf einen Berg steigen, den es so, wie ich ihn mir ausgedacht habe, für andere nicht gibt. Indem ich auf alle Technik, ja sogar auf den Kletterpartner verzichte, mache ich in meiner Phantasie nur einen Berg aus ihm.
Im Sommer 1969, als ich die schwierigsten Wände der Alpen im Alleingang durchstiegen habe – die Nordwand der Droites im Montblanc-Gebiet, die Philipp-Verschneidung an der Civetta, die Soldá-Route an der Nordwand des Langkofel, den direkten Durchstieg durch die Plattenwand in der Marmolada di Rocca –, war ich sehr schnell. Auch weil ich Angst hatte, an der Wand zu biwakieren. Ich besaß Können und Ausdauer, um diese Touren solo und ohne Sicherung zu klettern. Aber ich wußte, daß mir die psychische Kraft fehlte, mitten in der Wand zu verbringen, eine Nacht allein auf schmaler Leiste. Das wäre zuviel gewesen. Aus diesem Grund habe ich all meine Alleinbegehungen an einem Tag geklettert. Meist stieg ich am späten Vormittag ein und am Nachmittag war ich zurück im Tal. Da gab es keinen Platz für Ängste und Zweifel. Einsamkeit kam gar nicht erst auf.
Am Nanga Parbat wird alles anders sein. Ich werde eine, vielleicht zwei Wochen lang allein in der Wand sein. Und je höher ich steige, um so schwieriger wird das Zurückkommen. Vielleicht sogar unmöglich.

Kapitel VIII

Diamir

Diamirtal. Blumenwiese am Fuße des Nackten Berges

Die Kunst des Gehens liegt im richtigen Weg;
dort sind deine Freunde, und dort bist du stark.
Laß dich gehen in die Richtung, wo du hinkannst,
wenn du könntest.
Wenn du deinen Weg findest und gehst,
wirst du Kraft, Richtung und Ziel finden,
kann dich nichts und niemand aufhalten.

Mohammed Tahir, Belutsche aus Queta

Reinhold Messner mit dem Begleitoffizier Mohammed Tahir im Basislager am Nanga Parbat

Ein 33-jähriger Mann namens Reinhold Messner steigt innerhalb von drei Monaten auf zwei Achttausender. Am 8. Mai 1978 stehen er und Peter Habeler auf dem 8850 Meter hohen Mount Everest. Sie haben den höchsten Berg der Erde ohne »English air« bezwungen, ohne englische Luft. So nennen die eingeborenen Sherpas ironisch den künstlichen Sauerstoff in Flaschen, den alle bisherigen Besteiger des Everest für unentbehrlich hielten. Und am 9. August erreicht Messner den 8126 Meter hohen Gipfel des Nanga Parbat ohne »English air« und ohne Partner – im Alleingang.

Wilhelm Bittorf

Erst Jahre nach der Trennung begriff ich die Absurdität meiner Vorstellungen. Ein Mensch, egal, was er tut, kann nur absolute Weltklasse erreichen, wenn er besessen ist. One-track-minded. Wenn es neben diesem einen Ziel nichts für ihn gibt. Um unsere Liebe zu retten, hätte mein Ich symbiotisch mit dem seinen verschmelzen müssen. So aber wurden wir zwei Alleingänger.

Ursula Demeter

Träume leben

Wie viele Einschüchterungen es für mich vor zehn Jahren noch gegeben hat: Hermann Buhl und Walter Bonatti, die Achttausender und die Südwand des Aconcagua. Jetzt haben sich all diese »Unmöglichkeiten« aufgelöst, und nichts scheint mir unerreichbar außer meinen eigenen Träumen. Früher bin ich den Träumen anderer nachgegangen. Jetzt gehe ich meinen Träumen nach.

In einer Zeit, in der ich nicht im Traum daran gedacht habe, selbst je in den Himalaja zu kommen, las ich die Berichte von Welzenbach, Merkl, Bechthold und Wiessner über ihre Expeditionen zum »deutschen Schicksalsberg«. Bereits bei unserer Expedition 1970 ahnte ich, daß ich mit der hergebrachten Logistik auch die Routine aufgeben mußte, mit der man bisher an den Berg gegangen war. Nur so konnte ich den erforschten Himalaja neu erfinden, konnte ich mir meine eigenen Träume bauen, meinen Herausforderungen einen Sinn geben. So wird das Unbegreifliche meines Lebens begreiflich.

Den pakistanischen »Mountaineering Rules« entsprechend bin ich auch als Alleingeher verpflichtet, ärztliche Betreuung und einen Begleitoffizier mitzunehmen. Bis ins Basislager. Zudem muß ich die volle Genehmigungsgebühr bezahlen. Terry ist »Major«, Ursula »Doktor Sahib« der Expedition.

Ursula Grether, Medizinstudentin im letzten Semester, hat sich, obwohl selbst nicht Bergsteigerin, bereit erklärt, bis ins Basislager mitzukommen. Sie soll dort mit dem Begleitoffizier warten, bis ich zurück bin.

Ursula ist eines jener seltenen Mädchen, die sich im »Hilton« ebenso wohlfühlen wie im Zelt. Sie reist gern und kommt überall in der Welt zurecht. Auf eigene Faust ist sie auch bis ins Basislager am Mount Everest gekommen. Nun haben wir uns in Rom getroffen, um gemeinsam nach Pakistan zu fliegen. Beide sind wir Touristen. Sie mit ihrem persönlichen Gepäck und den allernötigsten Medikamenten, ich mit der Kletterausrüstung und einigen Kilogramm Nahrungsmitteln.

Ankunft in Rawalpindi mitten in der Nacht. Im Hotel Flashman's finden wir, obwohl ich nicht gebucht habe, ein Zimmer. Rawalpindi, eine Art Wilder Osten ohne Cowboys, ist eine unübersichtliche Stadt: wenige gerade Straßen, viele enge Gassen, Hochspannungsleitungen, bunte Häuserfronten. Das Gewimmel von hupenden Autos, lustig dahinholpernden Pferdewagen, Straßenhändlern, verschleierten und nichtverschleierten Frauen. Alles Planmäßige fehlt.

Die neue Hauptstadt Pakistans sieben Meilen nordöstlich von Rawalpindi heißt Islamabad. Nicht nur das Klima ist hier angenehmer. Große Verwaltungsgebäude, hübsche Parks und Alleen sowie Einkaufszentren prägen den Charakter dieser Satellitenstadt, die innerhalb eines Jahrzehnts hochgezogen worden ist.

Tagelang pendle ich zwischen Rawalpindi, wo wir wohnen, und Islamabad, wo ich alle bürokratischen Formalitäten erledigen muß, hin und her.

Major Mohammed Tahir, den wir Terry nennen sollen, wird mir als Begleitoffizier zugeteilt. Mein Begleitoffizier ist ein vorzüglich geschulter junger Mann. Ich habe ein gutes Gefühl, und er ist stolz, gerade mir zugeteilt zu sein. Er liebt die Idee vom Alleingang. Terry, 1,90 Meter groß und mehr als 100 Kilogramm schwer, ist ein ruhiger, warmherziger Mann von 28 Jahren. Er begleitet mich überallhin: zum Einkaufen, ins Ministerium für Tourismus, zur Post. Die Behörden arbeiten langsam, aber verläßlich. Dort erfahre ich, daß gleichzeitig mit mir eine

Die »Expeditionsärztin« Ursula Grether

schwäbische Expedition an der Südseite des Nanga Parbat operiert und eine Gruppe aus Oberösterreich die Kinshofer-Route im linken Teil der Diamirflanke wiederholen will. Also werde ich im zentralen Teil der Diamirwand aufsteigen. Denn ich will nirgends am Berg mit den anderen zusammentreffen. Ich will – wie es bei Alleingängen in den Alpen von jeher üblich ist – von der Basis zum Gipfel und wieder zurückkommen, ohne in fremde Fußstapfen zu treten. Völlig ohne fremde Hilfe also.
Für den Anmarsch sind 1978 nur das Kaghantal und der Babusarpaß freigegeben. Das Gebiet ist wegen räuberischer Stämme gefürchtet. Nicht der einfachste Weg zum Nanga Parbat. Wir müssen also mehrere Pässe überqueren, und der obere Teil des 100 Meilen langen Tales ist unbefahrbar.
Am 12. Juli geht es los. Bei glühender Hitze fahren wir bergauf und bergab. Mittags sind wir in Balakot, wech-

seln vom Bus in einen Jeep. Auf der linken Seite des Taleinschnitts führt ein schmaler Weg bergan. Hoch über dem Flußbett. Die Sonne steht so hoch, daß die Berge keine Schatten werfen. Kurz vor Naran erstmals Lawinenreste. Wir verlieren Zeit.
Naran, ein typisches pakistanisches Straßendorf – die Häuser halb städtisch um die Fahrwege gruppiert, halb in karge Hänge verloren –, ist ein kleines Kaff. Unser Jeep muß langsam fahren. Im Basar gibt es Tschapati. Der Koch holt heiße Fladenbrote aus dem Ofen, der in die Erde eingelassen ist, und wir essen mit den Händen. Auf der Straße.
Am späten Nachmittag bummeln wir zum Rasthaus, einem einförmigen Bau aus Stein und Beton. Der Jeep ist schon vorausgefahren. Ringsum grüne Wiesen, ein paar weidende Esel.
Wir sind die einzigen Ausländer hier, bekommen zwei Zimmer und bestellen das Abendessen für acht Uhr.
»Schaffleisch mit Chilisoße?« fragt der Koch.
»Tike«, sage ich, »mit Chili.«
»Tike« ist Urdu und kann alles bedeuten: Ja; ist schon recht; mir geht es gut; alles in Ordnung. Immer bejahend, bestätigend, je nachdem, in welchem Zusammenhang das Wort gebraucht wird. Es steht auch immer für den richtigen Weg.

Seit 14 Tagen sind wir unterwegs. Immer ohne besondere Eile. Deshalb machen wir einen Abstecher nach Saiful Muluk, einem einsamen Bergsee. Diese Ruhe überall: im Wasser, in den Bergen, in mir!
Während des weiten Anmarschweges – ich laufe dabei oft neben dem Jeep über die schotterige Straße – tauchen mehr und mehr Schwierigkeiten auf. Immer großartiger zeigt sich das Hochtal. Je höher wir kommen, mit um so mehr Schnee. Die Lawinenkegel, über die unser Pfad führt, werden zahlreicher. In Burawai, etwa 3000 Meter

Der Anmarschweg durch das Kaghantal zum Diamir-Basislager

hoch, ist die Brücke gesperrt. Ich biete 100 Rupien, das sind 10 Dollar, und wir dürfen auf eigene Verantwortung rüber. Terry lacht. Wir beide haben, ohne uns abgesprochen zu haben, einen Leitspruch, eine Art Motto: »Nobody can stop us!« Nichts und niemand kann uns aufhalten!

Reinhold Messner im Basislager am Nanga Parbat

Als der Weg per Jeep unpassierbar ist, laden wir all unser Expeditionsgepäck auf ein einziges Kamel. Ein großgewachsener, weißhaariger Nomade bringt es bis zum nächsten Ort nach Besal, wo Pferde stehen. Spät in der Nacht kommen wir an und finden in einem winzigen Steinhaus Unterschlupf.

Anderntags kommen wir erst mittags weiter. Bis drei Pferde von der Weide geholt und gesattelt sind, vergeht viel Zeit. Als ich vor dem Troß am Ostufer des Lulu-Sar-Sees entlangstapfe, kommen mir Einheimische entgegen. Es regnet. Fiebernd erreiche ich Gittidas. Ich leide an einem Sonnenstich. Trotzdem entschließen wir uns, den Babusarpaß zu überqueren. Nachts stolpern wir nach Babusar. Die Bergkämme heben sich in der Dunkelheit wie Mauern ab.

Endlich! Zwei Dutzend Hütten in einer Waldlichtung. Da

und dort brennt ein Feuer. Irgendwo bellt ein Hund. Terry, der vorausgeeilt ist, hat einen Unterschlupf für uns gefunden. Er bereitet uns einen herzlichen Empfang. Nein, nichts kann uns aufhalten.
Mit Pferdeknechten aus Burawai, die jetzt entlohnt werden, gibt es am Morgen ein endloses Palaver. Sie jammern, weil sie die Hälfte ihres Lohnes, den wir vor dem Abmarsch an den Vermittler gezahlt haben, nie zu sehen bekommen werden. Wir können ihnen nicht helfen. Unser Expeditionsbudget ist nicht unerschöpflich.
Ein Stück weit fahren wir mit dem Jeep, den uns der Political Agent zur Verfügung stellt, abwärts, dann marschieren wir wieder. Zu Fuß kommen wir überall vorwärts. Durch einen Hochgebirgswald, über Hänge, durch Wüste: vereinzelt wieder Siedlungen, jetzt rundherum Maisfelder, Aprikosenbäume, Weinstöcke. Über steile Stufen gelangen wir tiefer und tiefer, in ein Tal. Plötzlich hört sämtlicher Pflanzenwuchs auf. Trockene Hänge säumen den Weg, mit dürrem Gras spärlich bewachsen. Der Indus kann nicht mehr weit sein.
In einer Schlucht, an der unangenehmsten Stelle, machen die Träger halt. Wir sind zum Lagern gezwungen. Hier herrschen enorme Temperaturschwankungen. Die Sonne verschwindet hinter dem Bergrücken, und ein kühler Wind streicht vom Gebirge herab. Dann wieder ein heißer Luftzug aus dem Industal. Erst die Nachtstunden gleichen dieses Auf und Ab aus.
Schon nach wenigen Marschtagen habe ich meine bürgerlichen Gewohnheiten abgelegt. Nur die Abhängigkeit von den Trägern ist unangenehm. Sie brauchen ihre Ordnung. Ich dagegen lasse Mahlzeiten ausfallen oder esse und trinke, was in den Läden am Straßenrand angeboten wird. Mein Körper mag alles. Ich brauche kein Bier, wenn es kein Bier gibt, und ich gehe, wenn ich Lust dazu habe.
Normalerweise ist es möglich, mit dem Auto auf drei Ta-

gesmärsche an den Nanga Parbat heranzukommen. Durch das Industal. Dieser Weg zwischen China und Pakistan ist jetzt jedoch aus politischen Gründen gesperrt. Ausländer dürfen diese Straße nicht benutzen. Also lassen wir unsere Habe auf Umwegen zum Nanga schleppen. Unser Gepäck ist verstaubt, als wäre es wochenlang durch Sand gezerrt worden.
Den Proviant für die Bergbesteigung will ich vorerst nicht angreifen. Wir ernähren uns also von dem, was auf dem Weg verkauft wird. Und das ist schon schwierig genug. Der Landstrich hier – im Norden die chinesische Provinz Sinkiang, im Nordwesten Afghanistan, im Westen die ausgedehnten Ebenen des Punjab – liegt im Monsunschatten. Der Juli ist hier zwar die feuchteste Jahreszeit, trotzdem ist alles wie ausgedörrt. Staubwolken hängen über den Dörfern.
Unter einem üppigen Laubbaum mache ich halt. Ein guter Lagerplatz, denke ich, während ich Schuhe und Socken ausziehe. Die Wiese ist nicht gemäht, das Gras dennoch kurz, weich, fast seidig. Im Bewässerungsgraben wasche ich meine Füße. Erst als es über mir knackst, bemerke ich, daß ein Junge in der Baumkrone sitzt, um Laub zu holen. Später legen wir uns unter freiem Himmel auf dem warmen Rasen zur Nachtruhe nieder.

Allein gehen

Es ist früher Morgen. Das Tal liegt noch im Schatten. Die Berggipfel sind von der Sonne beschienen. Wir gehen weiter, steigen ab in eine Schlucht und am Gegenhang wieder hinauf. Das Tal ist nach Westen hin offen.
Die Bauern haben unsere Lasten auf einige Eselchen verstaut und kommen im steilen, steinigen Gelände nur lang-

sam voran. Auch Ursula und Terry sind zurückgeblieben. Die beiden verstehen sich gut.

Gegen Mittag steige ich über karge, steile Berghänge. Nur da und dort ein Baum. Die Sonne steht senkrecht über mir. Ich spüre sie im Genick und wünsche mir einen riesigen Sonnenhut oder einen Turban, wie ihn die Männer hier tragen.

Von meinem Standort kann ich weit nach Norden schauen. Wie ein schmales, helles Band zieht der Bach unten durch den Talkessel. Hinter mehreren Bergrücken vermute ich die tiefe Senke des Indus.

Ich habe großen Durst, und nirgends ist eine Quelle. Auch weit und breit kein Schnee. Es sind gute zwei Stunden bis zum nächsten Paß. Nur noch Schafsteige bis zur Anhöhe. Es gibt hier keinen Pfad, und die Tierspuren verlieren sich im nächsten Graben. Nur ganz oben, wo alle Fährten zusammenlaufen, sind sie wieder als weißes, gewundenes Band auszumachen.

Ich will nicht stehenbleiben und rasten. Trotz Hitze, Müdigkeit und Fliegenplage fällt es mir leicht zu steigen. Welche Wohltat ist dieses Gehen! Nur einen kleinen Rucksack und nichts in den Händen. Meine Aufmerksamkeit ist ganz auf den Weg und die Umgebung gerichtet. So bewege ich mich aufwärts. Ohne damit einen besonderen Zweck zu verfolgen. Und ich liebe es allein zu gehen, mit mir allein zu sein. Ich mag es nicht, wenn jemand hinter oder vor mir herläuft. Beim Gehen spreche ich gern mit mir selbst, finde instinktiv meinen Weg und kann so zu denken aufhören. Dabei das Bedürfnis, mit ausgestreckten Armen durch diese karge Welt zu laufen. Diese Ruhe! Die Luft flimmert über den Felsen. Die wenigen Grasbüschel zwischen den Steinen sind ausgedörrt. Es ist, als könnte ich die Landschaft mit Augen, Ohren und Nase fühlen.

Ich wandere gleichmäßig schnell. Nie eilig, nur stetig. Als ich aber wenige Dutzend Höhenmeter unter dem Paß an-

komme, beschleunige ich meinen Schritt. Das letzte Wegstück laufe ich, und oben komme ich mit fliegendem Atem an.
»Der Nanga!«
Hinter einer dünnen Nebelwand steht mein Berg.
Es ist, als ob dieser Blick meine Gelassenheit weggefegt hat. Wie ein Windstoß aus dem gegenüberliegenden Tal. Ich zittere vor Aufregung. Mein Körper steht da, aber mein ganzes Sein scheint sich nach Osten hin zu bewegen. Dieser alles überragende Berg zieht meine Aufmerksamkeit hypnotisch an.
Dann hebt sich der Wolkenvorhang. Hinter den dunklen Kulissen der Vorberge strahlen Firnfelder. Die Hängegletscher sind so hell, daß die Augen schmerzen. Über dem Talschluß wächst etwas Unfaßbares empor: Die Nanga-Parbat-Nordwestwand steht in ihrer ganzen Wucht vor mir. Noch bin ich mehr als 30 Kilometer vom Gipfel entfernt, und doch wirkt er jenseitig. Ich mustere das Schwarz der Felsen, Schattierungen an den Hängen, jede Einzelheit der Wandflucht. Ein Durchstieg in der Fallinie scheint undenkbar. Bald verdecken wieder Wolken die Wand. Als hätte ich schon zuviel gesehen. Ich muß ein Maß finden für diese Welt. Diese Diamirwand ist steiler und höher, als ich sie in Erinnerung hatte, und es ist weit, sehr weit bis dorthin.
Vom Paß aus kann ich Felder von Dörfern unterscheiden. Obwohl ich keine Hütten wahrnehme. Die Luftschichten über den Dörfern sind anders als die über den Feldern. Ein Bach, der sich in Windungen hinzieht, kommt vom Nanga Parbat, weit links das Industal. Dorthin bin ich nach Günthers Tod gebracht worden. Von dort bin ich bisher immer zurückgekommen.
»Diesmal schaffe ich es!« sage ich mir. Nicht ohne Stolz. Und ich muß lachen, als mir dazu das Sprichwort »Der Krug geht so lange zum Brunnen, bis er bricht« einfällt. Wenn er dabei nur voll wird!

Da ich schwitze und ein unangenehmer Wind zieht, setze ich mich an die Ostseite des Passes.
Niemand ist da, der mich stört. Ich krame das Fernglas aus dem Rucksack, studiere die Gipfelpartie des Nanga Parbat. Wie durchsichtig die Luft doch ist. Auch jetzt am Nachmittag. Die Eiswände und Grate wachsen. Immer höher hinauf. Je länger ich hinsehe. Eine Weile bin ich in Gedanken hoch oben am Berg, vergesse mich auf dem Paß. Welch verrückte Möglichkeit bietet doch ein Alleingang, das Alleinsein.
Die Ankunft der Träger reißt mich aus meinem Tagtraum. Auch sie setzen sich schweigend hin und blicken in die Ferne. Hinab ins Tal. Die Esel neben uns schnaufen hörbar. Als Ursula und Terry ankommen, zeige ich mit dem Finger in Richtung Nanga Parbat. Wir wechseln kein Wort. Ich weiß: Dieser Blick übertrifft alle Erwartungen. Unmittelbar gegenüber steht der Diamirai Peak. Dahinter ragt der Mazeno Peak mit seinen gigantischen Pfeilern auf. Links vom Nanga sind Buldar und Chongra Peak zu erkennen. In weiter Ferne Rakaposhi und Haramosh. Sie verschwimmen mit dem Horizont. Im Bunartal wird es bald dunkel. Die Abendsonne wirft Schatten. Auch die Steilwände der Diamirschlucht sind schon schwarz.
Der Abstieg ins Bunartal ist steil, und wir müssen vor Einbruch der Nacht einen Durchstieg dorthin finden. Unten angekommen, fasse ich an einem Lawinenkegel Wasser. Wieder bin ich voraus und allein. Ich sehe über alles hinweg und behalte doch alles im Auge. Während ich zwischen mannshohen Steinmauern zum ersten Dorf gehe, erscheinen vor meinem geistigen Auge allerlei Bilder. Dabei nehme ich vieles gleichzeitig wahr: Geräusche aus den reifen Kornfeldern links und rechts des Weges, Stimmen aus dem Dorf.
Auf einer Wiese komme ich an. Ein guter Lagerplatz. Auch die anderen sind schon da. Kinder stehen herum und bieten uns Aprikosen an. Ein Wassergraben, gefüllt mit leben-

An den Lagerplätzen bringen die Einheimischen oft Kinder zum »Doktor Sahib«

digem, klarem Wasser, führt vorbei. Am anderen Tag wollen wir bis zum Eingang des Diamirtales gehen.
Als die Einheimischen hören, daß wir einen Arzt, einen »Doktor Sahib« dabei haben, bringen sie ihre Kranken. Alte und vor allem Kinder. Ursula tut, was sie kann. Sie berät, teilt Medikamente aus, streichelt und tröstet. Wieder gilt es, die Träger zu wechseln, und mit ihnen gehen wir zuerst am westlichen Bunarufer entlang. Eine Schlucht, die ins Bunartal abstürzt, wird hoch oben umgangen. Dann überqueren wir den Fluß. Vor uns liegt in einer Wegbiegung das Dorf Diamirai. Bäume rahmen den Ort ein. Darunter abschüssige Sandhalden. Nur wenige Menschen sind im Dorf, denn die allermeisten sind auf den Almen.
Wir schlafen oberhalb des Dorfes am Beginn der Diamirschlucht. Über uns wölben sich die Äste großer Nuß- und Aprikosenbäume. Ob die Träger den steilen Pfad nehmen werden? Wir warten am anderen Morgen auf die Män-

Ser im Diamirtal

ner, die irgendwo in den Hütten genächtigt haben. Sie kommen mit Anbruch des Tages.

Es liegt etwas Geheimnisvolles über der Schlucht von Diamir. Auch unsere Träger haben Bedenken dort aufzusteigen. Aber sie wollen es versuchen. Nachdem sie Allah um Beistand angefleht haben, geht die kleine Kolonne los. Ohne Schwierigkeiten zuerst. Am Abend sind wir in Ser, einer kleinen Siedlung im oberen Diamirtal. Hier kenne ich die Leute recht gut. Und sie kennen mich. Es ist kein Problem mehr, mit den Trägern zurechtzukommen.

Es gibt in diesem Tal vielleicht 50 Familien, die in vier kleinen Weilern wohnen. Diesen Leuten bin ich kein Unbekannter mehr. Den Sommer über ziehen alle mit ihrem Hausrat, den Ziegen und Schafen auf die höher gelegenen Almen. In Sippen leben sie dann am Fuße des Nanga Parbat. Ihre primitiven Behausungen und Stallungen haben sie unter mächtigen Felsklötzen gebaut. Ab und zu steigt jemand ins Tal, um die Mais- oder Gerstefelder zu jäten, die Wassergräben sauberzuhalten und die Steige auszubessern. Auch den Sommer über, auf ihren Hochalmen, leben die Einheimischen von Fladenbrot, Milch, Honig und gedörrten Aprikosen, die sie im Tal ernten und trocknen. Obwohl sie Hunderte von Schafen und Ziegen sowie einige Dutzend Rinder besitzen, essen sie nur selten Fleisch. Während unserer Expedition ist Ramadan, Fastenzeit für Muslime. Während des Tages darf also nichts gegessen werden. Nur Touristen müssen sich nicht an diese strengen Vorschriften halten. Unsere Träger, die je eine Last von 20 Kilogramm schleppen, essen erst nach Sonnenuntergang.

Am zehnten Anmarschtag erreichen wir die Hochalm Nagaton. Über den Hütten hängt Rauch. Schafe und Ziegen überall. Zwischen den Behausungen – zimmergroßen Steinhöhlen – stehen Männer herum. Die Frauen lugen aus düsteren Eingängen. Inmitten einer Lichtung stehen am Abend unsere Zelte. Zögernd kommen die Kinder heran, betrachten die Zelte und die Ausrüstung, die herumliegt. Im Abendlicht laufen sie um uns herum und lachen. Woher wir kommen, wollen sie wissen. Allein schafft es niemand bis zum Nanga Parbat, sagt ein alter Mann und scheucht die Kinder fort. Ich mag Kinder, ich mag sie viel lieber als Erwachsene. Aber der Alte lenkt mich mit seinen Prophezeiungen ab: »Es sind Amerikaner dagewesen, Japaner und Deutsche, mit Hunderten von Trägern und einer Menge Material. Nur eine Gruppe hat es geschafft. Vor langer Zeit. Drei Sahibs sind bis zum Gipfel vorgedrungen, und Siegi-Sahib ist beim Abstieg gestorben. Alle anderen Expeditionen sind unten schon gescheitert.«

Beim Einschlafen träume ich von einer Landschaft, die unendlich weit ist und doch zugänglich für alle. Was für eine Ruhe über diesem Land! Wie eine Melodie – Musik aus Gras und Luft und Bäumen und Felsen und Wasser.

Dann laufen Schaf- und Ziegenherden durch meine Wachträume. Trippeln und Blöken von Schafen und Ziegen. Die Tiere kommen von der Weide. Ich sehe aus dem Zelt. Die Herde läuft so dichtgedrängt, daß sie wie eine einzige Pelzdecke vorbeiwogt.
Am Morgen ist der Nanga Parbat nicht zu sehen, der Himmel verhangen. Wir steigen trotzdem weiter. Aufwärts durch ein mit Birken und Buschwerk bewachsenes Tal. Den Weg zu den höher gelegenen Weiden kenne ich. Wir werden ihn nicht verfehlen.
Inzwischen haben sich die Morgennebel aufgelöst. Zum Greifen nahe jetzt der Nanga Parbat. Wie eine riesengroße Wolke. Der Himmel als Hintergrund. Nicht vorstellbar hoch. Der Gipfel entrückt. Wie sich der Berg zwischen Abend und Morgen doch verändert hat!

»Ich habe keinen Berg gesehen, der eine so unwiderstehliche Anziehung ausübt«, hat Mummery schon 1895 geschrieben. In seinem letzten Brief an seine Frau.
Am frühen Nachmittag laufe ich allein über den Kamm der Moräne, die sich über drei Kilometer weit hinzieht. Die Stille wird von Lawinenabgängen und den arbeitenden Eismassen gestört. Es ist ein ständiges Krachen und Poltern. General Bruce, ein britischer Bergsteiger und hoher Würdenträger im Empire, hat Mummery 1895 am Nanga Parbat kurz begleitet und Zweifel erlebt.
Bruce: »Ich möchte wohl wissen, ob der Nanga einmal erstiegen wird. Wahrscheinlich gehört er zu den allerschwersten Bergen, denn man kann nur ganz leichte Zelte hinaufschaffen, und selbst die Lagerplätze sind nur in gefährlicher Kletterei erreichbar. Auch endet das verhältnismäßig leichteste Stück der Anstiegsroute auf der Diamirseite bereits in 4600 Metern Höhe, und es sind noch 3600 Meter in schwerster Arbeit zu bewältigen.«
Diese schlichte Beurteilung wirft mich auf den Boden der Wirklichkeit zurück.

Es regnet leicht, als ich in etwa 4000 Metern Höhe auf einen Lagerplatz stoße. Eine gute Stelle. Ich spüre es. »Hier bleiben wir«, sage ich laut. Steinklötze liegen herum, und irgendwo fließt Wasser. Ich finde die Quelle. Ein armdicker Strahl strömt aus dem Boden. Nachdem die Träger angekommen sind, bauen wir gleich die Zelte auf, zahlen sie aus und verkriechen uns. Wenig über der 4000-Meter-Marke, eine gute Stunde vom Wandfuß entfernt, schlagen wir also unser Basislager auf. In einer Mulde am Fuße des Ganalo Peak. Tisch- bis zimmergroße Steinblöcke liegen herum, das Gras steht kniehoch. Später schichten wir Steinmäuerchen auf: Unter einem größeren Steinblock stapeln wir unser Nahrungsmitteldepot. Eine Feuerstelle zwischen drei Steinen.

Nachdem die Träger entlohnt sind, gehen sie zurück in ihre Dörfer und Almen. Wir bleiben allein zurück. Auf uns selbst gestellt, ohne jeden Kontakt zur Außenwelt. Kein Postläufer, kein Funkgerät, kein Satellitentelefon.

Es ist der 20. Juli. In den nächsten Tagen regnet und schneit es. Fast ununterbrochen. Ein Aufstieg kommt nicht in Frage. Trotzdem mache ich mir keine Sorgen. Bauern, die mit ihren Rindern und Schafen nur eine Stunde von uns entfernt hausen, bringen uns saure Milch, Hühner und Tschapati. Manchmal sogar frische Milch. Wir ernähren uns auch hier von dem, was das Land zu bieten hat.

Oft sehe ich riesige Lawinen abgehen. Über die zentrale Diamirwand. Ich höre wie die Séracs, wie das Eis niedergeht, und sehe wie es den ganzen Gletscherkessel überspült. Unten nur noch Lawinenstaub. Kein Eis, kein Fels, keine Wand mehr.

Nein, im zentralen Wandteil gibt es sicher keine Route. Die Séracs sind dort zu groß. Eine Scheibe bricht ab, und am Wandfuß ist die Hölle los. Große Eislawinen überspülen alles. Mein Zugang zu den Bergen ist ein intuitiv naiver, und genau auf dieses Wissen verstehe ich mich.

Die Nacht der langen Schatten

Barfuß krieche ich aus dem Zelt, laufe ein Stück weit über nasses Gras, und plötzlich wird über den Nebeln der von der Sonne beschienene Gipfelgrat der Mazenomauer frei. Aus der Moräne, die den Diamirgletscher einfaßt, steigt ein Regenbogen empor. Scharf stehen seine Farben gegen die schwarzgraue Nebelmasse im Talhintergrund. Dort irgendwo ist mein Berg.

»Morgen gehe ich los!« rufe ich. Als ob ich meinen Entschluß nicht nur Ursula und Terry mitzuteilen hätte, sondern auch den Steinen, Gräsern und Blumen um unsere Zelte herum. Im selben Augenblick beschleicht mich ein sonderbares Gefühl der Furcht: eine Mischung aus Einsamkeit, Erwartung und Angst.

»Glaubst du, das Wetter wird gut?« fragt Ursula.

»Sicher. Denn am Nanga gibt es gewöhnlich eine Schönwetterperiode nach so vielen Regentagen.«

Dann sagen wir nichts mehr. Beide stehen wir vor den Zelten und sehen dem Nebelspiel zu. Unschlüssig, ob ich gleich packen oder noch einen Tag abwarten soll, mache ich einige Aufnahmen. Der Rucksack liegt bereit.

»In einer Woche ist alles entschieden«, sage ich halblaut. Vielleicht nur, um etwas zu sagen.

»Wird der Aufstieg gefährlich?«

»Alles ist gefährlich.« Mehr will ich nicht sagen. Ich weiß ja selbst nicht mehr. Ursula hilft dann beim Packen, wir sortieren Konservendosen und Kletterausrüstung.

Später lege ich mich ins Zelt. Für den Aufstieg muß ich mich entspannen, ausruhen. Aber ich kann nicht schlafen. Mit geschlossenen Augen liege ich da, und ein Gefühl der Endgültigkeit lähmt mich. Ich denke in mich hinein. Leere hat mich gepackt. Wie immer vor großen Touren. Vergeblich versuche ich die Angst, die mich in Stößen anfällt, abzuschütteln. Sie bleibt.

Im Zelt überprüfe ich ein letztes Mal meine Kletterausrüstung. Dabei bin ich sicher, daß es klappen wird. Denn das Wetter wird halten. Jetzt, nach den Regentagen, muß ich meine Chance nützen.
Der Entschluß, loszugehen, gebiert auch Angst. Nein, an Schlafen ist nicht zu denken. Alles Mögliche läuft mir durch den Kopf. Ich sehe mich eingeschneit; meterhohem Treibschnee, unüberwindlichen Séracs ausgesetzt; an offenen Spalten. In meiner Phantasie ist die Diamirwand höher und steiler als in der Wirklichkeit. Ich gerate mehr und mehr in einen Zustand der Panik.
Geschüttelt von Ängsten, schweißgebadet liege ich im Schlafsack. Es ist, als ob mich meine Angstträume in Stücke reißen könnten. Das Gefühl des Alleinseins drückt mich zusammen. Die Vorstellung, loszugehen, trägt mich weit fort.
Ich erzähle Ursula, welche Ängste ich ausgestanden habe, wie schlimm es ist, sich aufgelöst und über die ganze Fläche des Basislagers verstreut zu fühlen. Es war, als sei ich ein Puzzle, das ich selbst zusammensetzen mußte. Ohne es zu können. Dabei erlebe ich alles doppelt. Als Beobachter und Beteiligter zugleich. Mein Körper ist auseinandergefallen.
Ursula sagt etwas zu mir. Aber ich kann ihre Worte nicht festhalten. Zwischendurch bin ich oben in der Wand. Manchmal bin ich im Zelt und oben. An zwei Orten zugleich. Als mir dämmert, daß ich gar nicht aufgebrochen bin, daß ich im Basislager liege und nicht in die Wand muß, wenn ich nicht will, kommt meine Ruhe zurück. Noch kann ich mich für das eine oder andere entscheiden.
Ich schaue auf die Uhr: noch nicht Mitternacht. Meine Verzweiflung kann also nur Stunden gedauert haben. In solchen Augenblicken ersticken alle Kraft, der Wille, die Selbstbeherrschung.
»Hast du wieder schlimme Träume?« fragt Ursula, als ich mich unruhig hin und her wälze.

»Ich weiß nicht, was es ist. Ich habe solche Angst.« Wie groß die Visionen auch gewesen sein mögen, jetzt beherrschen mich die Zweifel. Eine Folge von Bildern und Stimmungen, die mit dem Sterben zu tun haben. Alles, was ich über diesen Berg weiß, alles, was ich an Bergerfahrung habe, geht wie real durch mich hindurch. Nicht als Überlegung, sondern als Gefühl. Und das Gefühl, mich aufzulösen, auf mich zuzustürzen, wiederholt sich. Immer wieder. Ich bin nur noch ein langer Schatten. Ich habe endgültig das Gefühl für mein Maß verloren. Kopf und Zehenspitzen so weit voneinander entfernt. Von oben herab werde ich länger und länger. Bis ich als Schatten über mich herfalle.

»Sag doch, was dir fehlt«, drängt Ursula.

»Ich weiß nicht mehr, wer, wie groß ich bin.«

»Ich verstehe dich nicht.«

»Mir fehlt die Orientierung an mir selbst.«

»Ist diese Angst stärker als beim Start zum Mount-Everest?«

»Ja.«

»Ist sie auch größer als damals, 1970, beim Abstieg mit deinem Bruder?«

»Nein. 1970, da war alles anders. Wir standen unter Zwang. Da gab es keinen anderen Ausweg.«

»Also hattest du damals gar keine Angst?«

»Nein, und doch war die Verzweiflung groß. Gleichzeitig aber das Wissen, wir müssen irgendwie hinunter. Es gibt keine andere Wahl. Was immer dabei passiert. Jetzt stelle ich mir vor, was alles passieren könnte.«

»Du hast alle Möglichkeiten simuliert?«

»Fast alle. Ich habe jede Spalte gesehen, die ich überqueren muß. Ich habe Séracs brechen sehen, Stücke, so groß wie Dörfer. In der Schlußphase meiner Unizeit, bevor ich mich entschloß, mein Studium aufzugeben, habe ich Ähnliches erlebt. Differentiale rasten durch meinen Kopf: nebeneinander. Zahlenketten. Ohne Zusammenhang.

Basislager. Dahinter die Steilwand des Mazeno Peak

»Du bist praktisch dein eigener Beobachter und siehst, was in dir vorgeht.«

»Vielleicht. Empfindungen. Aber was konkret in mir vorgeht, weiß ich nicht.«

»Du hast ein hohes Erregungsniveau und kannst nicht mehr abschalten«, kommentiert die Ärztin meinen Zustand.

»Aber wenn die Zweifel bei der bloßen Vorstellung so massiv sind, wie groß werden sie erst in der Wand sein?« frage ich mich und entschließe mich abzuwarten. Ich will vorerst nicht, wie geplant, in die Wand einsteigen. Wenig später schlafe ich ein.

Um das gute Wetter auszunützen, wollen Ursula und ich einen Ausflug zum Ganalo Peak unternehmen. Terry verspricht, das Basislager zu hüten.

Mit Ursula will ich diesen Sechstausender besteigen, un-

terwegs sein, meine Kraft spüren. Auch muß ich noch mal Kondition und Höhentauglichkeit testen, bevor ich endgültig aufbreche. Da ich keinen Partner habe, will ich mich an mir selbst orientieren.
Einige Stunden lang gehen wir in nordöstliche Richtung. Über grobes Blockwerk und steile Felsrücken bis zu einer Gratschulter. Ursula ist ausdauernd und geschickt, das Wetter ist fabelhaft.
Da wir den ganzen Tag lang kaum etwas gegessen haben, sind wir müde und hungrig. Wenig hinter der Scharte rinnt Schmelzwasser über die Felsen. Abwechselnd holen wir uns zu trinken. Wir stellen ein winziges Zelt auf. Die nur wenig geneigten Gletscherfelder unter dem Nordgipfel des Nanga liegen im Schatten. Auch der Diamirgletscher. Ich sehe den Nanga Parbat aus einem ungewohnten Blickwinkel. »Es ist gut, daß wir diesen Aufstieg gewählt haben«, sage ich zu Ursula. Jetzt weiß ich endgültig, wo ich zu gehen habe. Es gibt nur diesen einen Weg für mich: zuerst durch den Eisschlauch, gerade empor, dann über die Eisbrücke nach rechts und oben diagonal nach links zum Gipfel.
Ja, diese Tage wären die richtigen für den Gipfelgang gewesen. Und doch ist es besser, daß ich damit gewartet habe.
Später sehen wir eine Lawine niedergehen. Wie ein kriechendes Ungeheuer. Die Staubwolke schwappt aus der linken Wandhälfte ins Zentrum. Am Wandfuß überspült sie alles. Lawinen kommen öfter, wenn die Sonne in die Wand strahlt. Nachts, wenn es friert, selten. In den Morgenstunden, wenn die ersten Sonnenstrahlen die Wand streifen, hält das Eis am besten. Diese Zeit muß ich nutzen, um die Lawinenzone zu queren. Über die große Séracmauer kann ich sicher weitersteigen.
Ursula und ich treffen die Vorbereitungen für das Biwak. Alles ist so weit weg. Nicht aber Diamir, der »König der Berge«.

Aufstieg zum Ganalo Peak

Bis spät in die Nacht hinein erzähle ich Ursula von den Expeditionen der Zwischenkriegszeit. Die Luft draußen ist reglos, die Schlafsäcke sind steifgefroren, die Zeltplane von einer dünnen Eisschicht überzogen.
»Die Bergsteiger damals«, sage ich, »Merkl, Wien, Welzenbach waren schwerfällig, unentschlossen. Die Einheimischen glaubten, ein Dämon würde den Nanga-Parbat-Gipfel beschützen. Auch die Aufschnaiter-Expedition 1939, hier an der Diamirseite, ist gescheitert, weil man zögerte. Daß die Nord-West-Seite gefährlich ist, sieht man. Aber mit der richtigen Taktik ist sie zu meistern. Wenn der Alleingang gelingt, schließt sich hier am Nanga Parbat der Kreis. Die Geschichte des Höhenbergsteigens ist zu Ende. Mummerys Versuch ist mein Vorbild. Und heute muß es möglich sein, diesen Aufstieg allein zu schaffen. Selbst wenn Lawinen, Spalten und Höhenstürme seit Mummery nicht weniger geworden sind.«

»Und Buhl? Ist er nicht dein Vorläufer?«
»Ja, auch. Ich bin überzeugt davon, daß der Nanga Parbat 1953 ohne den Einsatz Buhls, ohne sein Können, seinen Willen nicht bestiegen worden wäre. Ihm allein hat die Expedition von 1953 den Gipfel zu verdanken. Wenn man davon absieht, daß Hermann Buhl nicht allein am Nanga Parbat war. Die Expedition ist von anderen organisiert, geplant und finanziert worden. Nur der Gipfelgang ist allein sein Verdienst.«

Am nächsten Morgen steige ich über einen langen Wächtergrat zum Gipfel des östlichen Ganalo Peak auf. Ursula bleibt zurück. Sie wartet auf mich. Beim Abstieg bin ich voller Zuversicht. Die Phase der Zweifel ist vorbei.

Loslösen

Zurück im Basislager habe ich ein gutes Gefühl. Obwohl niemand da ist, an dem ich Stärken und Schwächen messen kann. Der Aufstieg zum Ganalo Peak hat mir gezeigt, daß ich akklimatisiert bin und stark.
Anderntags liege ich auf einer dünnen Schaumgummimatte und studiere die Wand. Es ist Anfang August und am 15. läuft meine Genehmigung ab. Die Zeit drängt. Trotzdem habe ich es nicht eilig. Irgendwie weiß ich, daß 1978 das richtige Jahr für den Alleingang ist. Ich bin völlig ausgeglichen.
Diese Ruhe! Seit bald sechs Wochen lebe ich ohne Post, ohne Telefon. Die Unerreichbarkeit für Nachrichten von außen als Freiheit für Nachrichten von innen.
Während ich über die Gräser hinweg in die Wand schaue, konzentriere ich mich ganz auf den großen Eisfall in der Wandmitte. Das Eis hat dort die Farbe von gesplittertem

Das Basislager im Diamirtal

Glas. Was dort für Kräfte wirken! Der Eismantel knirscht unter dem Druck des dahinterliegenden Gletschers.
»Und wenn etwas kaputtgeht?« frage ich mich. Eispickel, Steigeisen, Kocher, Zelt. Aber diese Geräte sind so einfach, daß nichts kaputtgehen kann. Und wenn, kann ich sie flicken. Ich lehne technische Hilfsmittel am Berg nicht nur als Krücke ab, ich strebe nach einem höheren Maß an Autonomie. Mir geht es um Unabhängigkeit. Wenigstens für kurze Zeit da oben sich selbst genügen und alles selbst machen.
Ich weiß, was auf mich zukommt, und trotzdem ist alles offen. Das Unvorhersehbare auf ein Minimum reduzieren und doch mit dem Geheimnisvollen leben – darin besteht die Kunst.
Wieder wird gepackt. Ursula und ich wollen am Zusammenfluß von Diama- und Diamirgletscher biwakieren. Von dort aus möchte ich den Aufstieg beginnen. Bis zum

Reinhold Messner als Koch im Basislager

Wandfuß ist der Weg so leicht, daß Ursula allein zurück ins Basislager findet.
»Wann gehen wir morgen los?« fragt Ursula am Abend.
»Es reicht, wenn wir am frühen Nachmittag aufbrechen, es sind maximal zwei Stunden bis zum Wandfuß.«

Wieder und wieder nehme ich am nächsten Tag den schweren Rucksack auf, wiege ihn in der Hand. »Gut 15 Kilogramm«, sage ich abschätzend. Es ist ein wolkiger Tag. Im Westen sieht es nach Regen aus. Nicht nach schlechtem Wetter. Vielleicht werden wir ein oder zwei Stunden Graupel und Regen haben. Trotzdem Aufbruch. Zuerst über die Moräne, dann über Schutt und zwischen Büßerschnee geht es zum Einstieg. Ich schaue die Wand entlang hinauf, kann aber den Gipfel nicht sehen. Aufmerksam achte ich auf die Richtungsänderung der Winde, die Farbtöne der Luft. Noch bevor es wirklich

Erstes Biwak am Wandfuß

regnet, spüre ich die Feuchtigkeit in der Lunge, dränge zur Eile. Ursula ist am toten Gletscher zurückgeblieben.
»Beeil dich, es regnet gleich«, rufe ich ihr zu.
»Wie willst du das wissen?«
»Es gibt Dinge, die ich einfach weiß.«
Ich darf nicht naß werden. Wie sollte ich weiter oben meine Kleidung trocknen? Wenig später fallen die ersten Tropfen. Die losen Steine, die auf dem Eis liegen, sind naßschwarz. Immer öfter rutschen die Schuhe. Wenn ich zu große Schritte mache, riskiere ich, das Gleichgewicht zu verlieren.
Am Wandfuß wird biwakiert. Unter einem überhängenden Felsen. Es wäre kraftraubend, am Morgen den Diamirgletscher zu queren. Mit dem ersten Tageslicht muß ich in der Wand sein und noch bevor die Sonne kommt, müssen die gefährlichsten Passagen unter mir liegen. Ich bin ohne Taschenlampe unterwegs. Neben Pickel und

Steigeisen habe ich ein Seilstück von einem Meter Länge dabei. Dazu kommen der Höhenmesser, Gletscherbrillen, eine Eisschraube und ein Felshaken. Nahrungsmittel und Gas für zehn Tage, weil ich oben Schnee schmelzen muß. Dann ein Zelt, das wenig mehr als ein Kilo wiegt; ein Schlafsack, gefüllt mit feinen Daunen. Alles ist im Rucksack verstaut. Meine Kleidung habe ich so leicht wie möglich gehalten. Wenn es kalt wird, will ich mich in den Schlafsack buddeln und abwarten, denn jedes Kilo mehr kostet Zeit. Je langsamer ich bin, desto länger brauche ich für den Alleingang. Um so mehr Proviant muß ich schleppen. In einem Kanister hole ich Schmelzwasser aus einem nahen Rinnsal, das zwischen Eis und Steinen dahinschießt. Mein Zelt steht geschützt. Man weiß ja nie, wo nachts die Lawinen herunterkommen; auch von Steinsalven will ich nicht erschlagen werden. Ursula taucht auf. Sie ist durchnäßt und ziemlich müde. Ich sage nichts mehr. So konzentriert bin ich. Ich kann nicht Hände und Mund gleichzeitig bewegen. Im Zelt ist es warm. Mein regennasses Hemd trocknet auf der Haut. Wir essen nicht viel. Als wir eine Stunde später noch mal aus dem Zelt schauen, regnet es nicht mehr. Und nur noch ein paar Nebel in der Wand. Sie hängen in der Höhe des großen Eisfalls. Die Luft über dem Gletscher ist blaugrün. Regen hängt in Streifen über dem Taleingang wie ein Vorhang. Alles scheint jetzt größer und lauter: das ständige Poltern in der Wand. Steinschlag? Wir schlafen gut. Aber am nächsten Morgen müssen wir wegen schlechtem Wetter zurück. Wieder habe ich einen Versuch abgebrochen. Gescheitert bin ich nicht. Noch nicht. Wir sind keine Stunde im Basislager und schon beschäftige ich mich mit dem nächsten Versuch. Ich brauche nur noch gutes Wetter. Eine Woche lang gutes Wetter. Nur Nichtstun ist gefährlich. Je weniger ich tue, desto anfälliger bin ich für die Angst. Dieses Bedürfnis tief durchzuatmen! Diese Lust das Äußerste zu wagen!

Am 6. August, kurz nach Mittag, verlasse ich das Basislager. Zum letzten Versuch. Es gibt kein Zögern, kein Wenn und Aber mehr. Mein ganzes Wesen ist darauf eingestellt, zu überleben, sich durchzuschlagen. Ich weiß, dieser Aufstieg ist riskant, und er wird mich an die Grenze meiner Möglichkeiten führen.

Die weiße Einsamkeit

Seit zwei Stunden klettere ich über Eis steil aufwärts. Ich gehe nicht schnell, aber stetig. Ohne zu rasten. Es ist kurz nach sieben Uhr. Ich muß mich rechts halten, um die Eiskaskade zu erreichen, die zwischen dem Großen Eisfall und der Mazenowand eingelagert ist. Ohne jede Sicherung, nur mit Steigeisen und Eispickel, überwinde ich eine etwa 15 Meter hohe, fast senkrechte Eiswand in der zentralen Lawinenbahn. »Wie soll ich da wieder hinunterkommen?« Trotzdem muß ich aus dem Eisschlauch heraus. Wieder steht ein Eiswulst vor mir. Er ist mindestens 100 Meter lang und hängt stellenweise über. Wie eine Böschungsmauer riegelt er die Wand über mir ab. Und ich kann nicht darüber hinwegsehen. Also weiß ich nicht, ob es oben weitergeht.
»Left hand«, höre ich mich selbst sagen und mit »O.K.« antworten. Ich erschrecke über meine eigene Stimme. War da jemand? Nein, aber links scheint es wirklich besser zu gehen. Also steige ich »left hand« an. Als wüßte ich, daß diese eine rechte hat.
Die Beine weit gespreizt, klettere ich höher. Angst? Dafür ist kein Platz. Das Steigen verlangt meine ganze Konzentration. Ich habe nur noch Zeit, um zu handeln. Nicht aber, um darüber nachzudenken, was ich tue oder wo ich gerade bin. Ein Zustand des Schwebens also.

Reinhold Messner auf dem Gletscher. Unterwegs zum ersten Biwak

Im Gletscherkessel am Wandfuß

Plötzlich leuchtet das Eisfeld in einem warmen Ton. Soviel Licht über mir. Die ersten Sonnenstrahlen streifen mich. Den Strahlenpunkt sehe ich nicht, wohl aber die Spiegelung über dem Großen Eisfall. Das Sonnenlicht trifft bald jeden Winkel der Diamirwand. Sonnenaufgang! Wie goldener Flugsand hängt die Luft unterm Himmel. Der Schattenriß des Nanga Parbat am Firmament projiziert.

Ich lasse mich weiter nach oben treiben. Hinein in diese Welt, die nichts Verwirrendes an sich hat. Ich schaue kurz Richtung Basislager, versuche unsere Zelte auszumachen. Ich kann sie nicht mehr erkennen.

Abwechselnd stoße ich die Frontalzacken des Steigeisens in die spröde Eisfläche. Drei kurze Schritte, die Beine leicht gegrätscht, dann erst löse ich den Blick von den Füßen und schaue wieder nach oben. Ich setze jetzt den kurzen Eispickel etwa 80 Zentimeter über mir ein, um

wieder drei kurze Schritte weiterzusteigen. Ich habe meinen Rhythmus gefunden.
Plötzlich rutscht ein Steigeisen ab. »Aufpassen«, sage ich laut. Rede ich mit mir selbst?
Ich bin nun schon auf der Höhe des großen Sérac. Das Wetter ist nicht schön. Auch nicht schlecht. Trotzdem quere ich nach links. Nein, es ist nicht einfach, sich in dieser Wand zu orientieren. Rechts der Mummery-Rippe glänzt blankes Eis. Der große Sérac neben mir ist mehr als einen Kilometer breit und bis zu 200 Meter hoch. Über ihm bin ich einigermaßen sicher. Ganz sicher kann ich nirgends sein. Ich muß mindestens 6000 Meter hoch kommen. Dort muß ich das Zelt aufstellen. Tiefer gibt es keinen sicheren Biwakplatz. Dieser Tag ist also entscheidend für mich.
Wenig nach acht Uhr bin ich über der Gefahrenzone. Am liebsten würde ich aufschreien vor Glück. Weil ich so schnell bin. Habe ich doch pro Stunde 500 Höhenmeter geschafft. Ja, ich bin übermütig. Vielleicht sehen mich Terry und Ursula durch das Fernglas. Zehn Tage lang sollen sie im Basislager warten, habe ich vor dem Aufbruch gesagt.
»Wenn ich in zehn Tagen, maximal zwölf, nicht zurück bin, könnt ihr nach Hause fahren.« Eine Suche wäre sinnlos. Und ich will nicht, daß man nach mir sucht, wenn ich selbst vom Berg nicht herunterkomme. Es wäre auch zwecklos. Nein, niemand soll sein Leben aufs Spiel setzen, um mich aus der Wand zu holen. Ich habe diesen Alleingang bewußt so angelegt, daß mir, einmal in der Wand, niemand helfen kann. Deshalb habe ich auch vor dieser Expedition meine weltlichen Angelegenheiten geregelt.
Immer wieder fotografiere ich mich aus Augenhöhe. Auch in den steilen Eispassagen. Ich habe ein Weitwinkelobjektiv auf meine Kleinbildkamera geschraubt, um mich aus kurzer Entfernung selbst aufnehmen zu können.

Manchmal dient der Eispickel als Stativ. Noch hält der Firn. Ich hinterlasse kaum Fußstapfen, bin jetzt 6200 Meter hoch. Wenn es irgendwo in der Diamirwand kracht, schaue ich nach links. Wo immer Eis abbricht, es stört mich nicht. Die Gefahrenzone ist überwunden. Eine weitere Stunde steige ich über griffigen Firn empor. Das Licht blendet, wird abgestrahlt von einer blauen Firnfläche. Im Winkel unter einem senkrecht aufragenden Eis-Sérac ist dieses Blau besonders intensiv. Hier will ich bleiben. Der ideale Standort für mein Biwak. Zuerst setze ich mich auf meinen Rucksack. Das Wissen, an der richtigen Stelle zu sein, tut gut. Ich strecke mich, sehe die Wolken im Westen am Horizont und weiß, daß das Wetter noch hält.
Ich bin nie ausgezogen, um Berge zu erobern. Auch nicht, um als Held zurückzukehren. Ich will mit dem Fürchten die Welt kennenlernen, und ich muß mich stark fühlen können. Wie verschieden doch das Alleinsein ist! Einmal frustrierendes Getrenntsein, dann zu Bewußtsein gewordene Freiheit. Ja, die Angst, allein zu sein, ist abhanden gekommen, nicht da. Nicht einmal in meiner Vorstellung. Meine Einsamkeit ist also keine Katastrophe mehr!
Erstmals im Leben das Gefühl von Einsamkeit als Kraft. Nicht als Furcht. Die weiße Einsamkeit als Kraft!

Unter dem überhängenden Eiswulst trete ich einen Platz fest, groß genug für das Zelt. Ich muß unter diesem Vorsprung schlafen, wenn ich schlafen will. In der Diamirwand bin ich sonst nirgends sicher. Sogar hier könnte ich von einer Lawine aus der Wand gezogen werden. Also muß ich mein Zelt fixieren.
Die flache Welt der Gletscherströme unter mir scheint weiter weg zu sein als der Gipfel. Weil ich gefühlsmäßig mehr nach oben oder nach unten tendiere? Wer weiß? Im Moment bin ich jedenfalls völlig ruhig. Eingebettet in der Wand. Auch als dichte Wolken und Nebel sich im Tal

Unter dem Eisüberhang der zweite Biwakplatz

breitmachen, bleibe ich zuversichtlich, drehe die eine Eisschraube in die Wand über dem Zelt und verankere meine winzige Behausung. Als die Sonne im Zenit steht, lege ich mich hin. Nur mein Körper, der Rucksack und der Kocher finden darin Platz. Im Zeltsack, von der Sonne erwärmt, schmilzt Schnee. Das Tropfwasser fange ich in einem kleinen Kochtopf auf und daraus bereite ich Tee oder Suppe, trinke. Ich muß vor allem viel trinken.
Nein, wichtig ist der Partner nicht. Wie lange glaubte ich, ohne ein menschliches Gegenüber, ohne Partner als Spiegelbild, ohne ein anderes Gesicht käme ich nicht aus? Mein Leben lang. Es geht dabei oft nicht um ein Gespräch. Es reicht schon, wenn jemand da ist. Niemand sagt etwas und doch wissen beide, was der jeweils andere denkt. Habe ich jetzt den Partner in mir gefunden? Vielleicht, denn es tauchen immer wieder Gestalten vor mir auf. Imaginäre Freunde. Ja, ich unterhalte mich. Mit je-

Vor dem Biwakzelt, 6400 Meter hoch

mandem, der ständig neben mir sitzt. Ein Mensch? Nein, kein anderer, aber mit meiner Anwesenheit ist noch jemand anwesend. Es sind nicht nur Stimmen um mich herum, es ist etwas Körperliches da. Ganz in meiner Nähe. Nicht greifbar, aber da.

Fremde Stimmen

In kleinen Schlucken trinke ich heiße Suppe aus meinem Kochgeschirr, das kaum größer ist als eine Teetasse. Mein Rachen fühlt sich rauh und wund an. So als wäre jemand mit einem Reibeisen darübergefahren. Trotzdem zwinge ich mich, ein Stück kaltes Corned beef aus der Büchse hinunterzuzwängen.

Das ist ein Fehler. Ich muß brechen. Aus dem winzigen Zelt, in dem ich kauere, in den Schnee hinaus. Dabei kotze ich auch die Hälfte der Flüssigkeit aus, die ich im Laufe des Tages mühsam zu mir genommen habe. Und ohne genügend Flüssigkeit im Leib bin ich hier oben verloren.

Seit sechs Stunden sitze ich im Zelt, 6400 Meter hoch. In der Mitte der fast vier Kilometer hohen Nord-Westwand des Nanga Parbat. Es ist jämmerlich heiß. Ich kann das Zelt aber nicht abdecken, weil ich Schnee schmelze. Mit Sonnenenergie. Der Zeltsack, 40 Zentimeter hoch und so dick wie meine Beine, hängt am Zeltfirst. Das Ganze sieht aus wie eine dicke Wurst. Unten tropft es. So kann ich Brennstoff sparen und im Notfall länger überleben. Knapp vor Sonnenuntergang ist der Topf zum dritten Mal voll. Wieder koche ich Suppe. Ich muß viel Flüssigkeit zu mir nehmen. Also zwinge ich mich, auch diesen Topf leerzutrinken. Essen kann ich vorläufig nichts mehr.

Beim Aufstieg heute früh habe ich mich verausgabt: 1600 Höhenmeter in sechs Stunden. Mit 15 Kilogramm auf dem Rücken. Das war zuviel. Und alles ohne Sicherung.

Einen solchen Alleingang hat noch niemand gewagt. Nicht nur wegen der Schinderei, auch für die riskante Kletterei ohne Sicherung in dieser endlosen, senkrechten Eiswüste gibt es keinen Vergleich. Dergleichen macht man nur einmal im Leben. Ich komme mir trotzdem nicht verwegen vor. Wenn ich aber an den Abstieg denke, die schwierigsten Passagen vor mir sehe, kommen mir Zweifel. Er bedrückt mich. Wie soll ich da wieder hinunterkommen? Ich will nicht daran denken, nicht weiterdenken. Ich darf das Angefangene jetzt nicht zu Ende denken. Ich muß Schnee schmelzen und rasten. Während in regelmäßigen Abständen Schmelzwasser aus dem Zeltsack in den Kochtopf tropft, massiere ich meine Beine und den rechten Unterarm, der sich in Krämpfen zusammenzieht. Den ganzen Morgen über habe ich mit der Eisaxt Stufen geschlagen,

Griffe ausgekratzt, mich über Spaltenränder gezogen. Jede Bewegung mußte sitzen. Ein einziger nicht geschaffter Klimmzug hätte das Scheitern bedeutet. Oder den Tod.
Die Strümpfe sind inzwischen trocken. Die doppelschichtigen Schalenschuhe, die ich in die Sonne vor das Zelt gestellt habe, auch. Ich hole sie herein. Der Feuerball im Westen taucht zwischen atompilzartige Haufenwolken ab. Wenig später geht er unter. Sofort wird es kalt. Ehe das Schmelzwasser in der jähen Kälte wieder einfriert, gieße ich es vorsichtig in den kleinen Kochtopf und balanciere ihn auf der Gasflamme. Ich muß immer weiter trinken, die ausgespiene Flüssigkeit ersetzen. Und ich darf nicht wieder erbrechen. Damit mein Blut nicht dick wird. Während es Nacht wird, sinkt die Temperatur auf minus 15 Grad. Ich trinke den letzten Rest Flüssigkeit. In kleinen Schlucken. Noch einmal kotzen – und ich muß umkehren, wenn ich überleben will.

Alleingang

Nur wenige haben vor mir ernstlich versucht, einen Achttausender allein zu besteigen. Maurice Wilson, der 1934 auf den Mount Everest wollte, kam niemals wieder. Zwei Jahre später fand man seine Leiche in 6400 Meter Höhe. Andere, die es am gleichen Berg oder am »Kantsch« allein versucht haben, kamen nicht viel höher.
Die nächsten Menschen sind jetzt 2400 Höhenmeter unter mir. In einem winzigen Basislager. Terry, der sich aus purer Neugier freiwillig als Expeditionsbegleiter gemeldet hat, besitzt keinerlei Bergerfahrung. Auch Ursula kann mir in Bergnot nicht helfen. Sie könnte nicht einmal Hilfe holen. Wenn ich mit Leuchtraketen oder über einen Sprechfunk zu erkennen gäbe, daß ich mich in Gefahr be-

finde, wo sollte sie hin? Es gibt in diesen Bergtälern keinen Rettungsdienst. Also habe ich weder Sprechfunk noch Raketen noch sonst ein Notsignal dabei. Es wäre sinnlos. Der nächste Ort mit gelegentlicher Verbindung zur Außenwelt – Babusar – ist vier Tagesmärsche entfernt. Dort gibt es ein Kurbeltelefon, das manchmal funktioniert. Um Gewicht zu sparen, habe ich nicht einmal eine Taschenlampe mitgenommen. Die Gasflamme ist meine einzige Lichtquelle. Bis ich genug getrunken habe und mich zum Schlafen einrolle. Nachts kann hier nichts passieren, denn mein Minizelt steht geschützt unter einem Eisüberhang. Ich habe es mit einem Seilrest an eine ins Eis gedrehte Eisschraube gebunden. Selbst dem Sog einer Lawine, die in der Nähe abgeht, würde es standhalten. Müßte.

Die Hügelketten im Westen sind in graues Licht getaucht, als ich ein einziges Mal aus dem Zelt schaue. Die Sonne ist schon seit einer Weile untergegangen. Regenwolken, die sich an den Hängen gebildet haben, wachsen rasch. Diese Stille. Großartig. Nur der leichte Wind, der Nebel im Tal herantreibt, zischt in den Zeltstangen.

Ich bin ziemlich erschöpft, lasse meinen Kopf zurücksinken auf den Anorak, den ich als Kissen auf die Matte gelegt habe. Plötzlich das Gefühl zu schweben. Nein, keine Angst zu fallen. Ein Gefühl wie beim Aufwachen. Verschwommen höre ich Stimmen. Dann liege ich wieder erschöpft da. Wechsel zwischen Müdigkeit und Selbstauflösung. Ja, wieder rede ich mit jemandem. Nein, nicht nur mit mir selbst. Ich bin überzeugt, aus den Augenwinkeln dieses andere sehen zu können. Nein, das sind keine Halluzinationen. Die habe ich 1970 erlebt. Als ich vom Nanga Parbat herunterkam.

Wenn zwischen mir und den Menschen Wüste läge, wüßte ich, daß ich zurückkomme. Aber hier? In einer so gefährlichen Wand! Ich weiß nicht, wie weit es bis zur Sicherheit ist. Entfernung und Zeit, die zwischen mir und

Mit Terry und Ursula, die im Basislager warten

jedem anderen Menschen liegen, werden unermeßlich groß. Im Biwak kommen die Probleme. Die Einsamkeit, die eingesperrt, vielleicht freiwillig in ein Zimmer eingesperrt, erlebt wird, und die Einsamkeit, die ich jetzt erlebe, sind wie zwei Welten. Ich warte nicht auf etwas anderes; mit jedem Schritt, den ich nach oben steige, mache ich zwei Schritte weg von den nächsten Menschen, von Sicherheit und Trost. Gleichzeitig wird jeder Schritt anstrengender, je höher ich komme. Und die Einsamkeit wächst. Solange sie uns trägt, gut, wenn sie zuviel wird, werde ich verrückt. Das Alleinsein ist ein Problem, mit dem der Mensch nie fertig wird.
Ich verkrieche mich tiefer in den Schlafsack. Der halbgefüllte Kochtopf steht noch auf der Gasflamme. Das geschmolzene Wasser soll nicht zu Eis werden. Es ist schwierig genug, alles allein zu machen. Noch schwieriger, dieses Ausgesetztsein allein zu ertragen. Inzwischen

kocht das Wasser. Mit der linken Hand halte ich den Griff des Kochtopfs, so daß er nicht umkippen kann. Mit der rechten schütte ich das Suppenkonzentrat aus der Alufolie in das dampfende Wasser.
Später fällt mir noch ein, daß mein linkes Steigeisen kaputtgegangen ist. Ich muß es flicken. Mit einem kaputten Steigeisen komme ich weder vor noch zurück. Mit dem Taschenmesser repariere ich die Bindung. Beruhigt, als es bei der Anprobe auf die Schuhsohle paßt, lege ich mich wieder hin.
Was ist nur los mit mir? Die Finger sind sofort nach Sonnenuntergang klamm geworden; dauernd schlafen mir Arme und Beine ein. Ob ich so in zwei Tagen den Gipfel erreichen kann? In diesem Zustand! Jedenfalls schlafe ich aus Sicherheitsgründen ohne Schlaftabletten.

Geborgen im Eis

Am Morgen des 8. August herrscht im Basislager große Aufregung. Ursula hat mir Tage danach erzählt, wie es war: Um 5.15 Uhr hört sie Terry laut schreien. Sie liegt im Zelt. Halb schlafend. Terrys aufgeregte, atemlose Stimme reißt sie sofort in die Gegenwart: Nanga Parbat, Basislager, Reinhold seit drei Tagen in der Wand.
»Ursula, an earthquake and an avalanche right in the wall!« Lawine! Erdbeben! »Wie? Wo?« Sie ist sofort hellwach, nein, eigentlich noch verschlafen. Die Augen wollen nicht offen bleiben. Sie verheddert sich im Schlafsack, wirft die Schüssel mit den Lebensmitteln und den Kocher am Zelteingang um, bleibt irgendwo am Zeltgestänge hängen, findet den Ausgang nicht. Nie hat sie Terrys Stimme so aufgeregt gehört. Noch während sie am Reißverschluß herumfummelt, ruft sie hinaus: »Can you

see him?« Terry ist inzwischen vor Ursulas Zelt angelangt, unser einziges Fernglas in der Hand. Mit den Beinen immer noch im Schlafsack krabbelt Ursula so weit aus dem Zelt, daß sie am kleinen Vordach vorbei die Nanga-Wand sehen kann. Die Lawine hat den Wandfuß erreicht. Schnell zieht sie eine Hose an, läuft über reifiges Gras barfuß zu Terry, nimmt das Fernglas. Sie sucht »den Punkt«, den sie seit mehr als sechzig Stunden verfolgt. Plötzlich kommt starker Wind auf. Es wird dunkel, es schneit. Ursulas Haare wirbeln um ihren Kopf, Eiskörner schlagen ihr ins Gesicht. Den rechten Arm vor das Gesicht gepreßt, dreht sie sich um, bückt sich, kauert sich hin. Ein kurzer Blick auf den Himmel und sie glaubt, verrückt geworden zu sein.

Ursula hat sonst keine Schwierigkeiten, Träume von der Wirklichkeit zu unterscheiden. Was aber ist jetzt real? Als sie nochmals zum blauen Himmel emporsieht und gleichzeitig vom Luftdruck weggedreht wird, weiß sie alles: Eine Staublawine fegt über sie hinweg. Eiskristalle tun weh. Im Gesicht, in den Augen. Sie wendet sich ab. Für kurze Zeit ist sie erleichtert. Aber nein, das ist kein schlimmer Traum. Der Schneesturm, der über sie hinweggefegt ist die Folge einer Lawine. Also kein Widerspruch zum blauen Himmel. Was aber wirklich passiert ist, wird ihr erst bewußt, als Terry sie aufklärt: Aus der Wandmitte sind viele Millionen Tonnen Eis abgebrochen, und die Vorstellung eines fallenden Körpers erfaßt Ursula.

»He is there«, schreit Terry plötzlich.

Er hat »den Punkt« in der Wand ausgemacht, einen Punkt, der sich bewegt. Ursula atmet auf. Sicher ist sie sich nicht. Sie zweifelt schon seit gestern, kann »den Punkt« nicht identifizieren. Sie kann sich nicht vorstellen, daß ich am ersten Tag so hoch gekommen bin.

Für ihre Vorstellungen ist »der Punkt« zu hoch in der Wand. »Gesetzt den Fall, sein Biwakplatz wäre tiefer gelegen, hätte ihn die Lawine weggefegt«, denkt sie. Als

Im Eislabyrinth (Bildmitte) steht das Biwakzelt

Verdrängungskünstlerin akzeptiert sie aber Terrys Feststellung. Am liebsten würde sie Terry um den Hals fallen. Die Lawine ist unterhalb des Biwakplatzes abgegangen. Beim Gedanken, ich hätte, wie schon einmal, meinen Start um nur einen Tag verschoben haben können, zittert sie. Erst als sie durch das Fernglas und »den Punkt« an eben jener Stelle sieht, wo gestern mein Zelt stand, weiß sie, daß ich lebe. »Der Punkt« bewegt sich auf den Gipfel zu.

Terry erzählt Ursula später von einem Erdbeben am Nanga Parbat. Vor mehr als einem Jahrhundert soll es gewesen sein. »Eis- und Erdrutsche verursachten damals eine landesweite Katastrophe. Um die Jahreswende 1840/41 ist die Westflanke des Licharkammes ins Tal gestürzt. Gor gegenüber. Bei einem Erdbeben. Im Industal, in der Enge, wo später die Rakhiotbrücke erbaut wurde, lagen 200 Millionen Kubikmeter Geröll. Eine Staumauer aus

Wandmitte. Im Eishang (unterer Bildrand) sieht mich Terry auftauchen

Steinen und Erdreich. 300 Meter hoch. Das Flußbett geschlossen. Im April 1841 warnte Jabbar Khan, der Amtmann in Astor, die Regierung in Kaschmir. Der Wall würde brechen. Der Stausee war 60 Kilometer lang. Zugleich sandte Raja Karim Khan Warnungen aus Gilgit. Auf Birkenrinde hatte er seine Bedenken schreiben und durch das Industal zu den Verantwortlichen schicken lassen. Er wurde nicht ernst genommen. Als der Damm brach, kam der Fluß. Alle trockenen Kanäle füllten sich mit Wasser. Voraus eine Mauer aus Schlamm, raste das Unheil daher. Ein gigantischer Schwall: Bäume, Erdreich, aufgewühltes Wasser, Leichen, Kamele, Zelte, Maultiere, Esel und Haushaltsgegenstände. Wer nicht floh, war verloren. Viele retteten sich auf Felsen. Umsonst. Alles wurde überflutet. Nur wenige entkamen. Wie man mit einem nassen Handtuch eine Legion Ameisen wegwischt, hatte der Fluß die Menschen weggewischt.«

Während Ursula und Terry im Basislager ihr Frühstück bereiten, bin ich hoch oben am Nanga schon wieder unterwegs. Ein pakistanischer Bauer bringt später die Nachricht vom Erdbeben. Er hat im Radio davon gehört. Im Indusknie soll der Kern des Bebens gewesen sein. Stärke acht. Ich weiß nichts von alldem. Ich habe nur beobachtet, wie die Welt um mich herum barst. Und wie die Eiswand unter mir in Riesenschollen abbrach.
An diesem Dienstag, dem 8. August, wachte ich um fünf Uhr morgens auf. Mein Höhenmesser zeigte 50 Meter mehr als am Vorabend. Ich war nicht im Schlaf emporgeschwebt – der Luftdruck war gefallen. Kein gutes Zeichen. Im Kochtopf machte ich Wasser heiß und hängte einen Teebeutel hinein. Nach dem Tee gab es Suppe und ein in Alufolie verpacktes Konzentrat. In der eisigen Stille des Tagesanbruchs plötzlich ein Geräusch! Wie ein gewaltiger, ferner Wasserfall. Ich horchte. Oder war das die Brandung? War ich irgendwo am Meer?
Ich riß den vereisten Zelteingang auf, steckte den Kopf hinaus. Unter mir mußten große Teile der Eiswand abgebrochen sein. Alles schien in Bewegung. Links tosten Eislawinen wie Sturzbäche zu Tal. Unter mir wälzte sich eine breite Lawine wie eine Flutwelle hinab zum Bergfuß. Sie bestand aus dem Eis, über das ich gestern hinaufgeklettert war und überrollte den Biwakplatz, von dem aus ich 24 Stunden vorher aufgebrochen war. Gebannt schaute ich dem Ende zu, das mich hätte ereilen können, wenn ich einen Tag später aufgestiegen wäre. Wenn. Keine Panik, obwohl mir das Blut in den Schläfen pochte. Ich sagte mir nur: Sie ist dahin, deine Abstiegsroute. Da kommst du nicht mehr runter. Für den Heimweg mußt du dir etwas anderes einfallen lassen.
Als in allen Winkeln der Diamirflanke Lawinen abgingen – unter mir, links von mir, rechts von mir –, dachte ich im ersten Augenblick, das gibt es nicht: Lawinen zu dieser frühen Stunde. Es ist gegen meine Erfahrung. Dann

fand ich mich damit ab. Der Zusammenfluß all dieser Lawinen ist mir in Erinnerung geblieben wie kein anderer Schreck. Nur als ich die Eismassen Richtung Basislager schwimmen sah, Angst. Ich fürchtete, es könnte überspült oder weggefegt werden.
Nicht, daß ich meinte, Glück gehabt zu haben. Ich war einfach hoch genug. Aber welche Kraft hatte mich zur richtigen Zeit durch die gefährlichen unteren Wandzonen geführt? Ist es dieselbe Kraft, die Günther zwang, langsam zu gehen, zu rasten? Unter eine Lawine zu laufen? Zu sterben?
Im kaltblauen Schatten der Wand klappte ich mein Zelt zusammen, verstaute es im Rucksack. Ich nahm auch alle Verpflegung mit: zwei Dosen Corned beef, eine Dose Landleberwurst, eine Pfunddose Streichkäse, zwei harte Südtiroler Fladenbrote, Suppen, Tee, Kaffee. Ursprünglich wollte ich ein kleines Depot am Lagerplatz zurücklassen. Nahrungsmittel für den Abstieg. Aber jetzt, wo es unter mir keinen Abstieg mehr gibt, muß ich alles weitertragen, höher hinauf. Vielleicht klettere ich über die Süd-Westseite ab, denke ich. Die Schell-Route habe ich studiert. Ich spüre, daß ich hinke. Kann mich nicht warmlaufen. Der Schnee ist so ungleich: einmal blankes Eis unter einer Schicht Pulver, einmal Bruchharsch. Meine Füße fühlen sich aber nur sicher, wenn fester Grund unter den Steigeisen knirscht. Ein kalter Wind bläst mir vom Gipfel her ins Gesicht. Der Rucksack drückt.
Ich steige schräg nach links an, einem zerklüfteten Sérac entgegen, an dessen rechter Begrenzung ich eine Schwachstelle erspähe. Zwischen Fels und Eis scheint dort eine Rampe zu sein, die auf den letzten Hängegletscher leitet. Wenn ich dort hinkomme, bin ich im flacheren Gipfelbereich, vorerst also gerettet. Nur das Wetter beunruhigt mich. Im Westen Zirren am Himmel, über dem Nanga-Parbat-Gipfel, wie ein Hut, eine Wolke in den Regenbogenfarben. Ich vermute Schnee.

Rechts der Eiswüste steige ich in die Hänge unter der Merkl-Scharte

Für die ersten 100 Höhenmeter brauche ich länger als am Vortag für 500. Das gibt es doch nicht! Mit dieser Geschwindigkeit komme ich nie zum Gipfel!

Wenn ich beim Klettern zwischen den Beinen hindurchschaue, sehe ich bis zum Wandfuß. Mir fällt dabei auf, daß der gestern noch schmutzige Gletscher wie frisch verschneit aussieht. Sonst hat sich aus meiner Perspektive nichts verändert. Ich bin jetzt so hoch wie der Gipfelkamm der Mazeno Peaks. Also kann ich über die Bergketten des Diamirtals links und rechts hinwegsehen. Es ist mir, als gehörte ich nicht mehr zu dieser Welt. Als könnte ich aus dieser Höhe die Rundung der Erde fühlen. Ich kann stundenlang stehen und schauen. Aber ich muß weiter. Ich steige aufwärts.

Zwischen neun und zehn Uhr streift mich erstmals die Sonne. Es wird warm und später unangenehm heiß. Ich habe die 7000-Meter-Marke überklettert und nähere mich jenem trapezförmigen Gipfelaufbau aus Fels, an dessen Fuß ich einen sicheren Lagerplatz zu finden hoffe. Grundlos der Schnee in den Mulden! Teilweise einen hüfthohen Graben wühlend, nähere ich mich den Felsen Schritt für Schritt. Fünf Schritte, Verschnaufpause, wieder fünf Schritte.

Im gleißenden Licht trage ich stark absorbierende Sonnenbrillen. Es ist schwierig, das Gelände abzuschätzen, einen geschützten Lagerplatz auszumachen. Außerdem haben mich Hitze und der schwere Rucksack zermürbt. Nirgends ein überhängender Felsen, unter dem ich mein Biwak aufschlagen könnte. Und dieser grundlose Pulverschnee! Hätte ich doch einen Partner, der mich bei der Spurarbeit ablöst. Ich muß alles allein machen: spuren, suchen, schleppen. Niemand, der mir hilft; niemand, der mich aufmuntert.

Die Felsen in dieser Höhe sind schlecht geschichtet. Auch vereist. Nirgends auch nur eine quadratmetergroße ebene Fläche zum Rasten. Zum Schlafen. Ich quere nach rechts zurück, in den Schnee. Dort zwischen zwei Spalten, finde ich einen brauchbaren Lagerplatz. Ich habe keine Kraft mehr, lasse mich in den Schnee fallen. Ich schaffe es zuerst nicht einmal, das Zelt aufzubauen. Zudem bin ich völlig ausgetrocknet. Ich muß trinken. Trinken und rasten. Daß sich das Wetter noch einmal zum Guten gewandt hat, interessiert mich im Moment nicht. Obwohl ich weiß, daß mich niemand hier herausholen kann, beschäftigt mich im Moment nur mein erbärmlicher Zustand. Wenn ich es nicht schaffe, Schnee zu schmelzen, komme ich weder aufwärts noch abwärts.

Nicht einmal ein Hubschrauber könnte mich retten. Zu hoch. Ich hoffe, Terry und Ursula sind nicht im Ungewissen über meine Lage und nicke kurz ein. Wenn ich könnte, würde ich darüber nachdenken, was mich so weit heraufgebracht hat. In dieses Elend. Als ob die Besteigung des Mount Everest ohne Sauerstoffgerät im Mai nicht

Drittes Biwak. Der Schlafsack schützt das Zelt vor der Sonnenglut

schon genug gewesen wäre. Warum muß ich tun, was andere für unmöglich halten?

Während ich so daliege in meiner Müdigkeit – ausgepumpt, ausgebrannt, gedankenlos – plötzlich das Gefühl von Nähe. Hockt da nicht ein Mädchen neben mir? Warum soll ich das Zelt allein aufbauen? Wir können das doch zu zweit machen, sage ich mir. Mein Zelt ist eine einfache Konstruktion: ein Sack in Igluform, der an zwei halbrunden, in sich gekreuzten Duraluminiumstangen aufgehängt wird. Nur schwierig aufzubauen, wenn man allein ist. Weil man die Stäbe spannen muß.

Das Mädchen sieht mir zu, wie ich den Schnee niedertrete. Obwohl ich weiterhin alles allein mache, ist es doch schön, daß sie da ist. Nach einer halben Stunde steht das Zelt. Ich lege den Schlafsack außen drauf, so daß die Sonnenglut nicht durchkommt. Dann räume ich Matten und Rucksack ein, hänge den Schneesack ins Zelt. Nach zwei

Blick aus dem Zelt nach Westen. Links im Bild Schneepickel und Steigeisen

weiteren Stunden erst beginnt es daraus zu tropfen. Ich bin guter Dinge, zuversichtlicher als gestern. Obwohl jetzt ein Nebelmeer unter mir liegt. Im Westen aber steht ein rötlicher Dunststreifen am Horizont. Als ob die Welt dahinter aufhört. Er verspricht gutes Wetter.

Während ich koche und trinke und zwischendurch die Luft in meiner Lunge staue, kehrt die Zuversicht zurück. Ich bin wie eingebettet unterm Firmament. Ich krieche umständlich aus dem Zelt. »Ganz schön weit oben«, sage ich zu mir.

»Morgen kommst du zum Gipfel«, höre ich eine andere Stimme.

»Nur wenn das Wetter so bleibt.«

»Es hält schon.«

Vor dem Zelt bleibe ich stehen, schaue nach Westen. Ringsum nichts als Haufenwolken. Das grelle Licht vom Schnee zurückgeworfen, die warme Luft, blenden mich.

Zwischendurch sehe ich die Sterne am Himmel. Aus dem rechten Augenwinkel glaube ich zu sehen, wie die andere dasteht.
Froh, jetzt allein zu sein, präpariere ich das Lager für die Nacht. Ja, ich fühle mich besser als bei anderen Expeditionen. Gehe ich doch niemandem auf die Nerven und werde von niemandem gestört. Ich steige so schnell ich will und lege mich ins Zelt, wann ich will. Allein bin ich freier, auch wenn ich dabei mit mir selbst oder meinem Schatten spreche. Alles andere ist Spuk. Aber dann sind meine Freunde wieder da, und ich unterhalte mich mit ihnen.
Über dem glitzernden Firn sehe ich die untergehende Sonne. Das Licht wechselt von einem warmen Gelb in ein kühles Rot. Später wird es grünlich und dann violettschwarz. Am Gipfel des Nanga verlischt der letzte Schimmer. Eine Weile schaue ich noch aus dem Zelt ins Tal. Wie ein Tier aus seiner Höhle. Ohne diese Welt noch zurechtdenken zu müssen.
In 7400 Meter Höhe, also knapp 800 Meter unterm Gipfel, richte ich mich für mein drittes Biwak ein. Das eigens für den Nanga-Parbat-Aufstieg gebaute Igluzelt aus Duraluminiumstangen und Gore-Tex-Plane steht auf einer flachen Stelle zwischen zwei Spalten. Ich liege im Zelt, schlafe zwischendurch ein und erlebe dabei sonderbare Begegnungen. Mit unsichtbaren Begleitern. Im Zelt ist gerade genug Platz zum Liegen. Am Fußende verstaut liegt der Rucksack. Kleinigkeiten wie Höhenmesser, Halstuch und Uhr an die Zeltwände gehängt, warte ich bis Sonnenuntergang. Handschuhe und Strümpfe liegen in der Sonne vor dem Zelt zum Trocknen. Die Steigeisen hängen am Pickel, der eine Armlänge vom Zelteingang entfernt im Schnee steckt. Als Kochstelle habe ich den Eingangsbereich gewählt. Immer wieder wärme ich Schmelzwasser auf, trinke.

Nichts sagen können

Als ich am Morgen des 9. Augusts erwache, lastet etwas wie Trägheit auf mir. Es ist, als ob ich meine Augen nicht öffnen könne. Ein Zustand von Wachsein, ohne daß ich aufwachen will. Der Übergang aus dem Halbschlaf in die Realität ist erschreckend. Angst, da zu sein, ich selbst zu sein, überhaupt ein Mensch zu sein. Im Schlaf habe ich vergessen, daß ich allein bin. Die plötzliche Konfrontation mit so viel Einsamkeit löst eine Depression in mir aus, eine Verzweiflung, die von tief unten kommt und sich meines ganzen Wesens bemächtigt. Nach der Trennung von Uschi war es zu Hause beim Aufwachen ähnlich gewesen. Eine Verzweiflung, die von tief unten kommt und mein Wesen befällt.
Vorsichtig öffne ich den Zelteingang, schaue ins Freie. Sofort fühle ich mich besser, beobachte das Spiel dunkler Wolken unter mir. Es ängstigt und fasziniert mich zugleich. Zwischen den steigenden Wolken ab und zu ein Berggipfel. Es ist, als sei ich bei der Schöpfung dabei, als könne ich die Welt von außen sehen. Ein Gefühl, am richtigen Platz zu sein. Als hätten Angst vor Einsamkeit und Sehnsucht nach Einsamkeit sich versöhnt. Die Zerreißprobe ist vorbei. Es ist also doch Freundschaft mit mir selbst möglich.
Die Luft ist sehr kalt, der Morgen noch nicht da. Es wird zwar heller, aber auch die Nacht über ist es nicht völlig dunkel gewesen. Mit dem Tageslicht erwacht die Empfindung von Leben. Noch übrig zu sein, ist wie eine Verpflichtung. Ein starkes Identitätsgefühl mit dem Gipfel kommt dazu. Ich und meine Träume sind eins.
Nur Verwunderung über das schlechte Wetter. Aufzugeben fällt mir gar nicht ein. Nochmals schlafe ich ein und komme erst spät, um sieben Uhr, aus dem Zelt. Die Luft ist trüb. Aber ich kann den Gipfel sehen. Wenn fester

Schnee oder Eis zwischen mir und ihm lägen, wäre ich in zwei, maximal drei Stunden oben. Aber der Schnee, durch den ich mich wühle, ist grundlos und tückisch. Wie Treibsand. Deshalb entscheide ich mich für den direkten Weg zum Ziel, den Aufstieg über die Felsen. Diese Route ist zwar wesentlich schwieriger, aber viel weniger anstrengend als der Anstieg durch die von Trieb- und Lawinenschnee angefüllte Westmulde.
Um zehn Uhr, nach drei Stunden grenzenloser Schinderei, weiß ich: Es wäre im Aufstieg unmöglich, den Gipfel über die Merkl-Scharte zu erreichen. Ich weiß auch, daß ich nicht mehr ins Tal zurückkomme, wenn ich mich noch mehr verausgabe. Aber auch als es um Leben und Tod geht, ist mir das Ziel nicht gleichgültig. Der Gipfel, dessen Anziehungskraft am Morgen noch so groß war, ist jetzt weit, weit weg.
Schritt um Schritt plage ich mich weiter. Unendlich mühsam voran. Ich bin allein. Meine unsichtbaren Begleiter sind nicht da. Manchmal komme ich nicht vom Fleck. Ein Gefühl dabei, gelähmt zu sein. Der Schnee läßt sich nicht zur Seite schieben. Ich muß ihn niedertreten und grabe mit den Händen. Ein Stück weit vorwärts! Eine tiefe Wühlspur bleibt hinter mir offen.
Die Grenze zwischen Aufgeben und Draufgehen ist schmal geworden. Aber einen letzten Versuch will ich mir noch erlauben. Wenn die Felsen über mir kletterbar sind, der Schnee dort nicht lawinengefährlich, habe ich eine kleine Chance.
Die Felskletterei ist von Kindheit an meine Stärke. Im kombinierten Gelände bin ich am besten. Auch in 8000 Meter Höhe? Ich klettere vorsichtig, gehe aber ganz aus mir heraus. Weshalb ich nicht abrutsche? Mit plumpen Doppelschuhen an den Füßen und der schlechten Sicht – ich weiß es nicht. Für mich ist es natürlich. Helfen mir meine Instinkte? Vielleicht. Der Gipfel in greifbarer Nähe, meine Seele dort oben, balanciere ich über handbreite Lei-

sten, wühle ich mich durch eine Schneerinne, klettere ich ohne jede Absicherung. Alle meine Sinne sind hellwach. Letzte Reserven, von denen ich glaubte, daß es sie nicht mehr gäbe, werden mobil. Als geschehe alles ohne mein Zutun.
Wolken ziehen vor der Sonne. Einmal stehe ich im Licht, dann wieder im Schatten. Ab und zu schneit es. Das Tal steckt im Finstern. Aber manchmal leuchtet ein Stück Almlandschaft im Nebelreißen auf. Verschwindend klein. All diese Eindrücke bleiben jenseits aller Beschreibung. Die Stimmung in mir: verwirrt. Als ob der Wahnsinn sich ausbreite. Als würde ich nie mehr ganz dazugehören.
Im Westen der Horizont, weit weg. Unwirklich. Menschen kann ich mir dahinter nicht vorstellen. Ich bin außerhalb jeder wohlgeordneten Welt. Aber nichts von der Genugtuung, auserwählt zu sein. Ich empfinde keinerlei Stolz. Wie bei früheren Expeditionen. Nur die Schrecken am frühen Morgen und die wunderbare Tatsache, da zu sein, haben Frieden in mir geschlossen. Ich will nicht aus dem Industriezeitalter zurück in die Steinzeit, auch bin ich nicht auf der Flucht. Ich bin nur unterwegs nach oben. Zwecklos durch eine senkrechte Eiswüste.
Nur langsam komme ich am Gipfeltrapez voran. Da und dort kann ich Felsbarrieren ausnutzen. Wie oft aber muß ich mich, ohne Höhe zu gewinnen, über Schneebänder und Rinnen mühen. In den Rastpausen schaue ich über die Erde hinweg. Trockene Landstriche im Westen. Alles unter einem transparenten Schleier von Dunst und Wolken. Leer ist diese Welt! Aber schön leer! Dabei das Gefühl, aus der Schwebe gesehen, daß es sie so nicht gibt.
Angst vor dem Absturz habe ich nicht. Nur dann und wann Bedenken, daß mir die Kraft ausgehen könnte. Wenn ich an steilen Passagen die Handschuhe ausziehe, kann ich den rauhen Felsen unter den Fingerkuppen spüren. Trotz Kälte und einer leichten Betäubung in den Fingern. Der Fels ist fest und rauh wie Schmirgelpapier.

Nanga Parbat. Rechts die Diamirflanke

Ich kann nicht abrutschen. Ich atme rasch, hyperventiliere bewußt, um mein Blut mit Sauerstoff vollzupumpen. Wieviel Anstrengung liegt noch zwischen mir und dem Gipfel. Seine Silhouette berührt den Himmel. Das Hinaufschauen ist wie ein Schmerz.

Das Geräusch der Steigeisen am Fels ist ein Knirschen und neben meinem schweren Atmen oft das einzige Geräusch, das mich umfängt. Manchmal jetzt das Gefühl, meine Beine seien nicht mehr richtig aufeinander eingespielt. Ich schiebe mich deshalb jeweils nur zentimeterweise vor. So weit, wie ich es schaffe, um das Gleichgewicht zu halten. Dann kauere ich mich in den Schnee und raste. Wenn ich mich erholt habe, schaue ich nach oben. Dann erst steige ich weiter. Steckt jetzt doch die Überzeugung in mir, daß ich es schaffe. Jeder Meter verlangt viel Selbstüberwindung.

Für den in der sauerstoffarmen Luft ausgelaugten Körper

ist es eine einzige Qual zu steigen, zu atmen, anzukämpfen gegen die Schwerkraft. Doch bei jedem Schritt geht der ganze Körper mit. Dieses Zusammenspiel, obwohl bei vielen Aufstiegen geübt, erlebe ich immer noch intensiv. Müdigkeit macht schwer. Sie läßt mich langsamer und langsamer werden.

Die Luft über dem Gipfelgrat ist rein, der Himmel tiefblau bis schwarz. Ob da oben die Welt aufhört? Obwohl ich nicht schwitze, liegt ein salziger Geschmack auf der Zunge. Wenn ich über die Lippen fahre, klebt alles. Nach einer weiteren halben Stunde erreiche ich einen Felsvorsprung, auf dem ich mit beiden Füßen stehen kann. Ich hocke mich hin, lasse die Beine über dem Abgrund baumeln. Den Oberkörper an die fast senkrechte Wand gelehnt, spüre ich sofort die feuchte Kälte, die durch die Kleider in mir hochkriecht.

Also stehe ich wieder auf, schaue nach oben. Ist der Berg während der Rast gewachsen? Die Entfernung zum Gipfel erscheint verändert. Auch die Wand unter mir ist steiler geworden. Ich würde ins Bodenlose stürzen, wenn ich losließe. Ich hantiere eine Zeitlang mit dem Fotoapparat und hole nach zwei Bildern, die ich aus Augenhöhe von mir selbst gemacht habe, ein Stückchen hartes Brot aus meiner Hosentasche, kaue es langsam.

»Es geht schon.« Ich sage es zu mir selbst wie zu einem anderen. »Hinunter bin ich immer gekommen.« Nein, ich mache mir nichts vor, weiß, daß diese letzten 50 Höhenmeter die anstrengendsten sind, daß ich nicht trödeln darf. Keine Lust dabei, an den Abstieg zu denken.

Die Rast hat mir gutgetan; ich steige jetzt leichter. Ich nehme mich zusammen und lasse mich gehen. Es geht nicht um die Entscheidung, um den Endspurt, ich steige aus Gewohnheit. Das Scheitern kommt nicht in Frage. Nicht mehr. Auch wenn meine Kraft nahezu erschöpft ist. Ich will und ich muß weiter. Ich leide fürchterlich unter Durst. Erst im Zelt werde ich wieder trinken können.

Reinhold Messner am Gipfel des Nanga Parbat

Wenn mein Blick über meine Plastikstiefel in die Tiefe fällt, bis auf die grau schimmernde Gletscherzunge am Wandfuß, klammere ich mich instinktiv an der Wand fest. Wenn ich wieder klettere, mich auf den Fels konzentriere, bin ich wieder ganz Berg. Ein angenehmes Gefühl. Es ist, als würde sich mein Schwerpunkt zum Berg hin verlagern.
Ich spreize eine kleine Verschneidung aufwärts. Plötzlich ein leises, fremdes Geräusch, ein Klimpern: Der Schutzdeckel des Objektivs meiner Kamera ist weggefallen. Er bleibt zehn Meter tiefer liegen. Nein, ich kann nicht mehr zurückgehen. Ich habe nicht die Kraft dazu. Meine Richtung ist eine andere. Ich kann jetzt nur noch aufwärts steigen.
Es ist 16 Uhr, als ich am 9. August den höchsten Punkt des Nanga Parbat erreiche. Ich schraube meinen Fotoapparat auf den Eispickel, den ich in den Schnee gerammt habe, stelle mich vor die Kamera und warte auf

das Klicken des Selbstauslösers. Pickel und Kamera werfen Schatten auf den Schnee. Ringsum Haufenwolken, der Himmel von zerschlissenen Zirren überzogen. Die Schatten werden länger, und zwischendurch wirbelt ein Windstoß Schnee auf. Alles, was ich tue, geschieht wie in Trance.
Ich fotografiere. Zehn Minuten lang. Erst in Farbe. Dann in Schwarzweiß und nochmals in Farbe. Nach Osten zum Silbersattel hin; nach Süden; nach Westen; wieder nach Osten. Der Schnee am Gipfel ist niedergetreten. Die Karakorumberge sind nicht zu erkennen. Eine massive Wolkenbank, die aus dem Industal aufsteigt, verdeckt sie ganz.
Wieder gehe ich im Kreis, schaue mich noch mal um und wieder nach unten. Als wollte ich nicht glauben, daß ich ganz oben bin. Als könnte ich mir, allein wie ich bin, starke Gefühle nicht leisten. Vor acht Jahren habe ich schon einmal hier gestanden. Um dieselbe Tageszeit, mit Günther. Wieder der Silbersattel unter mir. Zum Greifen nahe. Rechts davon das Rupaltal. Himmelhoch die Abbrüche überall.
Ich schüttle mich und setze mich dann auf die Firnschneide, die Füße nach Westen. Ich fühle mich weder großartig noch bedrückt, auch nicht glücklich. Erleichtert vielleicht und ein bißchen stolz. Langsam rutsche ich zu den Felsen, die nur wenige Meter unter der Gipfel-Pyramide aus dem Schnee ragen. Es ist 16.30 Uhr. Ich hole eine Aluminiumhülse aus dem Anorak, schlage den einen Haken in die erste Ritze, die ich von meinem Sitzplatz aus erreichen kann und befestige die Hülse mit einer Schnur daran. Dann fingere ich ein Pergament aus einer der Taschen und kritzle Route, Datum und meinen Namen darauf. Es ist wie ein Ritual. Wie ich es tausendmal auf irgendeinem Alpengipfel auch gemacht habe. Der Gipfel, auf dem ich stehe, wirft blau-graue Schatten nach Osten. Die Welt steht still. Meine Idee und ich sind eine Einheit. Schon schlagen die ersten Nebelschleier über den Grat.

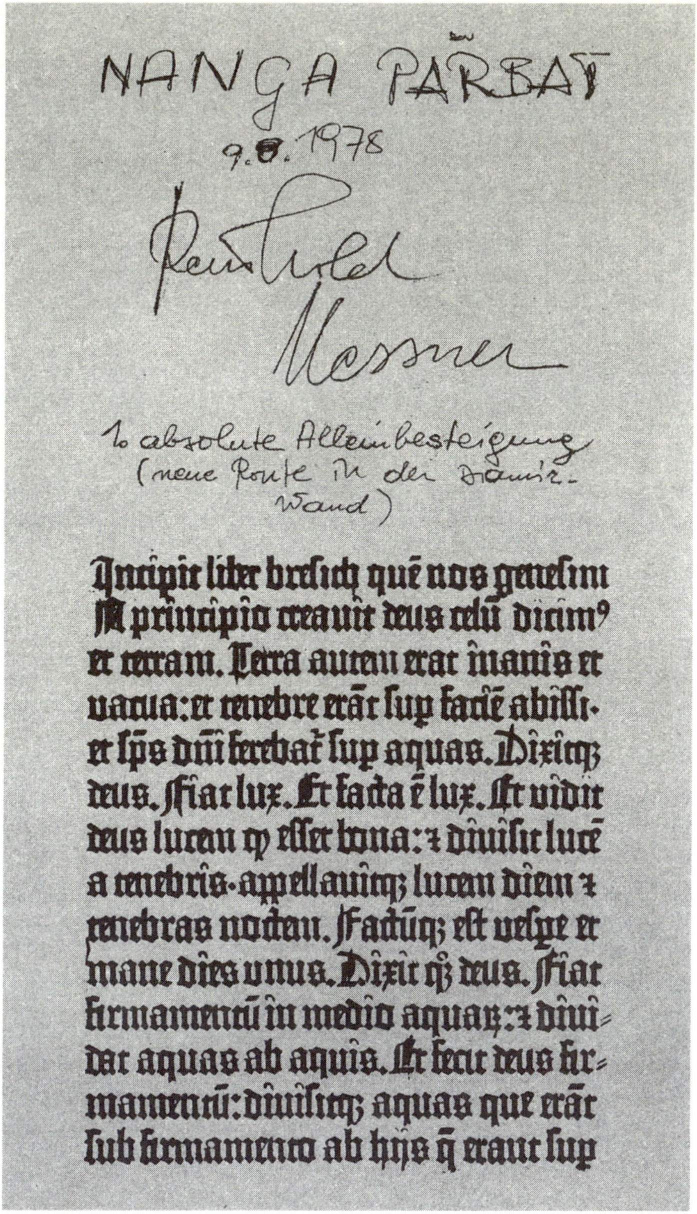

NANGA PARBAT
9.8.1978
Reinhold Messner
1. absolute Alleinbesteigung
(neue Route in der Diamir-
Wand)

Incipit liber bresith quē nos genesim
In principio creauit deus celū dicim9
et terram. Terra autem erat inanis et
vacua: et tenebre erāt sup faciē abissi:
et sp̄s dn̄i ferebat̄ sup aquas. Dixitq;
deus. Fiat lux. Et facta ē lux. Et vidit
deus lucem q̄ esset bona: ⁊ diuisit lucē
a tenebris. appellauitq; lucem diem ⁊
tenebras noctem. Factūq; est vespe et
mane dies unus. Dixit q3 deus. Fiat
firmamentū in medio aquarū: ⁊ diui=
dat aquas ab aquis. Et fecit deus fir=
mamentū: diuisitq; aquas que erāt
sub firmamento ab hijs q̄ erant sup

Mein »Gipfelbuch«, die erste Seite der Gutenberg-Bibel

Aluhülle und Pergament bleiben am Gipfel zurück

Der Wind ist stärker geworden. Er wirbelt Schnee in meine Fußstapfen. Als die Sonne hinter den Wolken verschwindet, weichen auch die Schatten.
Immer noch fasziniert von den massiven Wolkenknäueln, die unter mir über die Berge segeln, zögere ich den Abstieg hinaus. Im Tal breitet sich die Nacht aus. Eine Dunstschicht, die alle Einzelheiten unter mir verschwimmen läßt, verstärkt diesen Effekt. Nur in den höheren Wolken fängt sich noch Sonnenlicht.
Ich kann mich nicht vom Gipfel losreißen.
Über die Felsen will ich nicht hinunter. Zu steil.
Eiskristalle flimmern plötzlich in der Luft! So weit das Auge reicht: Wolken, Firngipfel. Keine Spur von Leben. Du mußt absteigen, denke ich. Dabei erscheint der Abstieg so unwichtig. Ob ich nachts das Zelt wiederfinde? Aber hinausgestiegen aus einem Meer von Einsamkeit in die Geborgenheit des Weltalls, fühle ich mich am Gipfel

wohl. Ich leide nur darunter, daß ich nichts sagen, diese starken Empfindungen mit niemandem teilen kann. Der verschwommene Horizont, die nahen Schlieren am Himmel – das alles ist jenseits der Sprache.
»Ich«, sage ich; aber schon dieser einzige Laut aus meiner Mitte droht mich zu zerreißen. Mein Ich, meine persönliche Geschichte, breitet sich vor mir aus wie der Wind. Die Welt brodelt und wirbelt unter mir. Sie schließt mich ein und spuckt mich aus.
Vor acht Jahren war es anders. Stärkere Gefühle. Günther kam um diese Zeit über die letzte Firnschneide zum Gipfel. Einen Augenblick lang die Vision, uns dabei zuzusehen. Wie wir uns umarmen. Aber ich sehe auch die Verzweiflung über uns. Bald ist klar, daß es unmöglich ist, über die Aufstiegsroute abzuklettern. Kein Mensch würde bei angekündigtem schlechten Wetter ohne Seilsicherungen durch die Merkl-Rinne absteigen. Niemals. Und keiner von uns hatte ein Seil. Der Vorwurf bleibt zwischen uns stehen. Ich kann mich auf ein und denselben Vorgang von zwei Standpunkten aus besinnen. Als hätte ich zwei getrennte Erinnerungen. Wie unerfahren wir waren!
Nach einer Stunde steige ich vom Gipfel ab. Zuerst über den Südgrat, Richtung Merkl-Scharte, dann über Schnee durch die Westmulde. Die Schatten sind lang. Die Spur hinter mir ist dunkel. Die Schneefläche violett. Ich lasse mich Schritt für Schritt nach unten fallen, merke, wie zerschlagen, wie müde ich bin. Oft besteht die Anstrengung allein darin, den Schuh aus der tiefen Spur zu zerren. Als ich merke, daß sich die Rampe, auf der ich gehe, im steilen Felsgemäuer verliert, ist es zu spät. Zurückgehen kann ich nicht. Ich bin dafür zu müde. Ein direkter Abstieg kommt auch nicht in Frage. Senkrechte Felsen liegen zwischen mir und der Westmulde. Meinem Instinkt vertrauend, finde ich zwischen den Abbrüchen und einzelnen Schneefeldern meinen Weg.
Am Biwakplatz angekommen, hocke ich mich hin. Das

Zelt ist klein und vereist. Alle Wände schief. Der Eingang so schmal, daß ich mich nur mit Mühe hineinzwängen kann. Ich ziehe, im Zelt sitzend, die Schuhe aus, die im Freien geblieben sind. Jetzt schlage ich sie gegeneinander, so daß der Schnee abfällt und hole sie herein. Es ist noch so hell, daß ich ohne Taschenlampe auskomme. Ich lege mich auf meinen Schlafsack, der auf einer 50 Zentimeter breiten Matte liegt, und versuche, alle meine Sachen zu ordnen. Dann schließe ich die Augen. Um besser rasten zu können. Die Welt hat einen Sinn. Ich muß hier heraus, denke ich. Dann an den Abstieg. Und bei Schlechtwetter? Abgeschnitten – wie vertraut mir das ist!

Dem Tod begegnen

Schon vor dem Einschlafen weiß ich, daß das Wetter schlecht wird. Zuerst denke ich nur daran, dann ist es wirklich so. Während der Nacht fühle ich, wie Nebel auf das Zelt drücken. Es ist unnatürlich still. Ich ahne auch, daß der Sturm mich festhalten wird.

Später ertönt von allen Scharten und Graten ein Pfeifen. Am Morgen schaue ich als erstes aus dem Zelt. Ich kann nicht sehen, wie stark es schneit. Es ist noch ziemlich düster. Aber alles ist verhangen. Die frischen Flocken mischen sich mit dem schmutzigen Schnee. Links am Zelteingang, überm Grat aber schimmert ein Rest heller Himmel. Vielleicht nur eine Täuschung. Gegen sechs Uhr früh krieche ich ins Freie und schaue in den Nebel. Mit einer Handvoll Schnee reibe ich mein Gesicht wach. Der Höhenmesser ist um 27 Striche gestiegen. Orientierung gleich null. Abstieg unmöglich. Also muß ich abwarten. Jetzt geht es ums Überleben. Zurück im Zelt setze ich den vereisten Gaskocher in Betrieb, fülle den Topf mit Eis.

Schnee rieselt vom Zeltdach. Die Hände sind feucht. Draußen stürmt es.
Ich habe noch für fünf Tage Proviant. Aber am Nanga Parbat kann das Wetter auch zehn Tage lang schlecht bleiben. Also muß ich Gas und Lebensmittel rationieren. Ich will nicht sterben.
Ginge ich jetzt los, ich würde mich unweigerlich verirren. Wie Franz Jäger und Andi Schlick, die beiden Kameraden, die 1972 beim Abstieg vom Manaslu im Schneesturm verschollen sind. Also warte ich ab, döse, kauere im Zelt: ausgedörrt und müde. Bald schon werde ich ungeschickt. Zweimal fällt mir der volle Kochtopf um. Dabei brennt mein Daunenschlafsack an. Aber mein Überlebenswille bleibt ungebremst. Ich muß nur genug trinken, dann kann ich es eine Woche hier aushalten, denke ich.
Schon brausen die ersten Lawinen die Wand hinab. Schneerutsche, die der Wind vor sich herweht. Es ist relativ warm. Eine Zeitlang sehe ich den Wassertropfen zu, die innen über die Zeltplane laufen und stelle mir immer wieder riesige Séracs vor, über die ich mich nicht abseilen kann. Auch das blanke Eis, über das jetzt Lawinen donnern. Ja, der Rückweg ist abgeschnitten. Ich kenne die Diamirwand zwar gut, doch bei Nebel könnte sie auch mir zur Falle werden.
Wie schnell mein Zelt eingeschneit ist! Auch weil es in einer Mulde steht. Trotzdem verbringe ich viel Zeit mit Tagträumen. Trotz all dieser Ausweglosigkeit.
Inzwischen habe ich wieder zu trinken. Das heiße Wasser schlürfe ich andächtig. Ständig steht mir meine Situation vor Augen. In Gedanken fasse ich zusammen. Immer wieder. Der Quergang zur Mazenoscharte und Abstieg über die Rupalwand kommt bei Neuschnee nicht in Frage. Hanns Schell hat mir am Mount Everest von großer Lawinengefahr dort berichtet. Auch der Abstieg über die Aufstiegsroute ist nach dem Erdbeben unmöglich geworden. Die obere Mummery-Rippe ist jetzt sicher vereist. Der ein-

zige Weg, der mir nach unten bleibt, ist die steile Eisrinne im Abstieg links der Mummery-Rippen! Wenn ich es nicht schaffe, dort hinabzuklettern, bin ich verloren.
Zweifellos ist der untere Teil dieser Rinne mit Wassereis überzogen, dort aber sind wenigstens keine Abbrüche, und meine Steigeisen sind noch scharf.

Ursula und Terry hocken im Basislager. Hartnäckig versucht Terry, wenigstens ein Stückchen aus der Gipfelwand in seine Sehfläche zu bekommen. Die Wolkendecke über dem Nanga Parbat senkt sich weiter und weiter herab. Terry kann mich den ganzen Tag über nicht sehen. Trotzdem sucht er mit dem Fernglas die untere Wand ab. Immer wieder. Durch jedes Nebelloch. Zwischendurch steht er auf, um seinen verspannten Rücken zu entkrampfen. Was soll er machen? Auch Ursula weiß, daß oben am Berg Sturm, Neuschnee und eisige Kälte herrschen und alle Felsen mit einer dicken Eisschicht überzogen sind.

Dort, wo ich absteigen will, ist kein Biwakplatz zu finden. Wenn ich auf halbem Weg schlappmache, gibt es keine Rettung.
Als ich meinen Kopf zwischendurch durch den Zelteingang stecke, steht an einem dunklen Himmelsfleck der erste Stern. Es ist also Abend, denke ich. Oder sehe ich zwischen den Wolken die Sterne des Mittags? Unter mir aber, in den Tälern, liegen noch düstere Nebelbänke. Ob sich ein Monsunausläufer von Süden her dem Nanga Parbat nähert?
Wieder brauche ich einen Becher Tee von dem kleinen Gaskocher, der wacklig zwischen der Zeltwand und meinem Schlafsack plaziert ist. Dann versuche ich wieder zu schlafen. Zwischendurch setze ich mich halb auf, den rechten Arm auf den Schlafsack gestützt, um noch einen Schluck zu trinken. Nein, ich trinke nicht mit Genuß, ich trinke, weil ich trinken muß. Mein Blut darf nicht zu dick

Schlechtwetter am Nanga Parbat kann Wochen andauern

werden. Auch das Essen, ein Bissen Käse, dann hartes Brot, ist nur Pflicht. Alles schmeckt klebrig und fade, bleibt an meinem trockenen Gaumen hängen.
Die Untätigkeit zehrt an meinen Nerven. Nur dazuliegen und nichts zu tun, kostet schließlich auch Energie. In der steilen Eiswand unter mir gibt es keine Rastplätze. In solchen Höhen ist alles viel anstrengender als unten.
Aus kleinen Helligkeitsunterschieden erkenne ich, daß es Abend geworden ist. Durch die Zeltwand hindurch. Dann nur noch ein Lichtschimmer: Nacht. Abwechselnd enthüllt und verbirgt sich der Mond. Eine unheimliche Stimmung. Plötzlich wieder absolute Dunkelheit. Auch die Sterne wie ausgelöscht. Das Wetter ist nochmal schlechter geworden.
Ich höre in ein Schweigen hinein, das nur noch die Erinnerung unterbricht. Ich bin genauso hoch wie die Expedition 1934, denke ich, aber kein Lager unter mir, keine

Sherpas in der Nähe, kein festgelegter Fluchtweg nach unten. Allein auf einem fernen Stern, warte ich auf meine Chance und habe das Gefühl, bei der Katastrophe 1934 dabeizusein. Der mögliche Tod erst läßt mir bewußt werden, daß nichts wirklich zählt als das Leben.
Es ist windig draußen. In Wellen anwachsend geht ein Zischen um das Zelt. Habe ich geschlafen oder nur dagelegen?
Ich habe keinen Spiegel dabei. Trotzdem fahre ich mir ab und zu durch die Haare. Sehe ich überhaupt noch aus wie ein Mensch?
Es schneit wieder leicht. Ich kann das Geräusch hören. Auch die Schneerutsche neben dem Zelt. Kommen sie vom Zeltdach oder über die Wand? Diese Geräuschkulisse bleibt in meinem unruhigen Schlaf eine Brücke zwischen mir und der Eiswüste draußen. Ich schlafe wieder ein. In diesem Augenblick grollt der erste Donner. Er erstickt die letzte Hoffnung auf besseres Wetter.
Nachts fahre ich häufig im Schlafsack hoch, schnappe nach Luft. Ich fühle mich beengt. Wie jemand, der erstickt, öffne ich die Augen. Es ist drei Uhr früh. Ich bin völlig verkrampft. Vielleicht nur, weil die Kälte durch Schlafmatte und Schlafsack bis in die Knochen dringt. Immer noch dieses Donnern in der Ferne. Dazu ein Rauschen. Zum Hang hin, gegen Osten, wo der Gipfel des Nanga Parbat aufragt, das Schwarz der Nacht. Aber es tagt. Gegen Westen wird es deutlich heller. Das Düstere aller Zweifel ist im Nu aufgelöst. Undeutlich kann ich durch die transparente Zeltplane den eisüberkrusteten Pickel und die Steigeisen sehen.
Ja, alles noch da. Instinktiv greife ich nach meinen Schuhen und stecke sie, halbgefroren wie sie sind, in den Schlafsack.
Einige Stunden lang muß ich wohl geschlafen haben in dieser zweiten Nacht nach dem Gipfelgang. Jetzt flaut auch der Sturm ab.

Trotz der schneidenden Kälte, die über den Berg hereingebrochen ist, habe ich warme Füße. Ich versuche zu kochen: eine Tasse Wasser. Bevor ich das Zelt aufmache, brauche ich etwas Warmes. Es war ein Fehler, so wenig zu trinken. Mein Blut ist schon eingedickt. Ich spüre es bei jedem Handgriff. Essen kann ich nicht. Als wüßte ich genau, wie ich weiter vorgehen will, suche ich den Reißverschluß am Zelteingang. Ist es klar draußen, nur der Himmel bewölkt, werde ich absteigen; meine Behausung, das Zelt aufgeben und absteigen – an einem Tag bis ins Basislager. Wenn es neblig ist oder schneit, kann ich mich nicht orientieren und werde bleiben. Das vereiste Zelt ist ein perfektes Iglu.
Was ist mit Ursula und Terry, die unten auf mich warten? Vermutlich bin ich für die beiden seit Tagen verschwunden. Keine Ahnung. Hoffentlich ängstigen sie sich nicht allzusehr.

Am Morgen des 11. August schreibt Ursula in ihr Tagebuch:
»Nur ganz selten und zwischendurch, kurzfristig, versuche ich mir vorzustellen, was wäre, wenn der Nanga seine Chance wahrnehmen würde – vielleicht seine letzte, nachdem ihm Reinhold schon einmal knapp durch die Lappen gegangen ist. Mehrmals ertappe ich mich bei dem Gedanken, daß sich die Welt vielleicht einmal für ganz kurze Zeit nach mir umdrehen würde, wenn ich über die letzten Stunden des ›großen Reinhold Messner‹ berichten würde. Ich könnte diesen Auftritt theatralisch und pathetisch gestalten – ungestraft, weil keiner sonst dabei ist! Aber sonst – geht's mir beschissen.
Das erstemal seit 27 Jahren schlucke ich Valium – erfolglos. Habe Käse und Honig (was gut sein soll, speziell für die Nerven) in mich reingestopft, gelesen, geschrieben, nachgedacht, meine Augen hinter dem Fernglas rotgeschaut, das blöde Ding weggeschmissen, weil es mich nur

noch verrückter macht, um es nach kurzer Zeit wieder zu holen und weiterzustarren. Und dann hab ich auf einmal eine Wut gekriegt: mit was für einer Berechtigung steigt er eigentlich da hoch! Seinem ›Natural High‹ nachzujagen, Befriedigung durch den Berg zu suchen und wahrscheinlich auch zu kriegen, während ich, vielleicht auch Terry, hier am Fuße des Nanga, uns verrückt machen, nicht schlafen, Herz- und Daumenspitzen drücken, auch beten. Hast du schon einmal für jemanden gebetet? Ich meine gebetet im weitesten Sinne?
Und geweint habe ich. Eigentlich nicht seinetwegen, allein deshalb, weil es mir hilft, psychischen, emotionalen Streß zu ertragen. Am liebsten würde ich ihn an den Ohren von diesem Drecksberg runterholen. Später kommen die Österreicher, die eine andere Route versuchen, und sie sind sehr nett zu mir, richtig lieb. Sie bieten mir auffällig viele Erklärungen für das Verschwinden ›des Punktes‹ an. Einer schenkt mir einen Bergkristall. Meine Freude darüber ist groß, noch größer meine Verwunderung. Ich weiß damit: die Bergsteigerwelt ist sich einig – dieses war sein letzter Streich!!
Dann packt mich wieder die große Wut. Denkste, sage ich mir, von wegen, jetzt erst recht: Reinhold schafft's! Eine andere Möglichkeit gibt es gar nicht. Und ich habe überhaupt keine Angst mehr, bin fest überzeugt. Er lebt dort oben eine gute, starke, intensive Zeit. Er wird zwar müde, aber heil hier runterkommen. Ich beneide ihn, und ich freue mich für ihn. Wie konnte ich bloß eine Minute an seinem Wieder-heil-Runterkommen zweifeln? Was kann auch schon passieren? – In seine Bergsteigerkunst habe ich grenzenloses Vertrauen, und was hat er auch zu verlieren? – Wenn nicht mit, dann kommt er halt ohne Gipfel zurück. Dann bleibt ihm zumindest ein Traum! Und wenn er auf dem Nanga oben sitzenbleibt oder irgendwo weiter unten? Wer kann schon kurz vor dem Tod ein derartiges Hoch erleben? – Mein Gott, wenn ich an

unsere bundesdeutschen Intensivstationen denke! Eigentlich müßte ich beten für ihn, daß ihm das eine gegönnt sein und das andere erspart bleiben möge. Also – anyway, er ist ein glücklicher Mensch. Was soll deshalb Angst, diese dumme Angst? – Wahnsinnig beneide ich ihn um seine Situation, ohne auf den Gedanken zu kommen, sie ihm nicht zu gönnen. Ich bin glücklich für ihn. Und ich kann mir gut vorstellen, daß sogar ich als Antibergsteigerin erhebliche Strapazen auf mich nehmen würde, um so etwas zu erleben.«

Am Morgen dieses 11. August sehe ich, daß das Wetter zwar nicht gut, aber doch besser geworden ist. Ohne noch viel zu denken, fasse ich den richtigen Entschluß: alles stehen und liegen lassen. Absteigen! Die Ausrüstung – Zelt, Schlafsack, Kocher – werfe ich in eine Spalte. Im Rucksack nur noch einige Filme, die Kamera und Kleinigkeiten wie Höhenmesser und Gletscherbrille.
Es hält mich nichts mehr. Um fünf Uhr bin ich aus dem Zelt; entschlossen, alles auf eine Karte zu setzen. Auch lasse ich sämtliche Vorräte zurück. Die Suppen, den Kocher, alles. Ich muß versuchen, das Basislager in einer einzigen Gewaltetappe zu erreichen. Noch an diesem Tag. 3000 Höhenmeter geradewegs hinab. In der steilsten, direkten Linie. Schaffe ich es nicht, werde ich die kommende Nacht nicht überleben.
Mit diesem Wissen gehe ich los. Als ich den Pickel mit der bloßen Rechten umfasse, bleibt die Hand an der Haue kleben. Sofort Handschuhe anziehen. Weiter! Es ist ein letzter mächtiger Ansporn. Ich gehe schräg zum Hang, verliere kurz das Gleichgewicht, rutsche plötzlich ab. Schon glaube ich zu stürzen, kann das Gleichgewicht nicht wiederfinden. Noch sind es die Steigeisen, auf denen mein Körpergewicht steht, und ich mache einige Sätze, immer darauf bedacht, auf den Steigeisen zu landen. Wie ich nur den Oberkörper wieder in Balance bringen kann!

In Sätzen die steile Wand hinunter! Nach zehn oder 15 Metern, die ich wie ein Schwankender springe, stehe ich fest, zittere am ganzen Körper. Alles Blut ist aus meinem Kopf gewichen. Noch einmal gutgegangen. Diese Unvorsichtigkeit hätte als Sturz enden können! Mit dem Eispickel schlage ich eine größere Stufe, um zu rasten. Ein gestauchter Knöchel, ein gebrochenes Schienbein hätten das Ende bedeutet. Der Schock bringt mich dazu, alle Kräfte zu sammeln, mich zu konzentrieren. Mein Wesen ist jetzt ganz Aufmerksamkeit.

Der Eisschlauch, durch den ich absteigen will, ist die gefährlichste Passage am ganzen Nanga Parbat. Aber ich sage mir: Wenn ich mich noch irgendwo hinretten kann, dann durch diese Hölle.

Ich weiß, daß ich sterbe, wenn ich nicht mit den Kräften haushalte oder nicht durchkomme an diesem einen Tag. Nein, ich habe mich nicht abgeschrieben. Nach den fünf Biwaks bin ich zwar ausgedörrt und deshalb ungeschickt, aber noch fähig zu allem. Instinktiv tue ich, was zu tun ist, wenn man durch schlechten Schnee von oben nach unten steigt. Die Wand ist im oberen Teil nicht steil. Aller Schnee ist liegengeblieben. Wie befürchtet Bruchharsch: die Oberfläche hart, nur mit den Steigeisen zu durchbrechen. Darunter vielfach blankes Eis. Ich muß also mein ganzes Können zusammennehmen, darf keinen Fehler machen. Bei jedem Schritt sackt der eine Fuß ein, der andere bleibt hängen. Ich balanciere und riskiere jedesmal den Verlust des Gleichgewichts. Im Eis ist es schwieriger von oben nach unten zu klettern als von unten nach oben. Zuerst gehe ich vornübergebeugt mit dem Gesicht talwärts, hinunter, trete Stufen. Als es steiler wird und das Eis unberechenbar, ist diese Methode zu unsicher. Ich kann auch nicht die ganze Wand hinab Stufen schlagen. Es gibt also nur noch eine Art des Abstiegs: das freie Abklettern. Gesicht zur Wand wie beim Felsklettern: Pickel in der rechten Hand, in der linken einen Fäustling zum

Abstützen, die Steigeisen an den Schuhen. Ja, so geht es besser. Genau in der Art, wie ich hinaufgeklettert bin, steige ich ab. Wenn ich nach unten sehe, gelingt es nicht, die Dimensionen abzuschätzen. Ich sehe nur durch Wolkenlöcher ins Tal. Wie soll ich mich in dieser Wand auch einordnen? Immer, wenn ich etwa 100 Schritte getan habe – manchmal sind es nur 90 –, keuche ich vor Erschöpfung. Ich lehne mich auf den Pickel gestützt mit dem Oberkörper an die Eiswand und verschnaufe kurz. Die Luft fährt dabei stechend in meine Lungen. Die Arme hängen vom ständigen Gebrauch des Eispickels bleiern schwer, wie gelähmt am Gerät. Beim Rasten tausche ich also eine Qual gegen die andere. Alles ist jetzt anstrengend. Auch in den Rastpausen stauen sich kleine Schneerutsche über Schuhe und Arme, und der Wind trägt Treibschnee heran. Ich bin mit einem Eispanzer überzogen. Die Talsohle liegt noch entmutigend weit unten, so daß ich am Durchkommen zweifle. Nein, es lohnt nicht, Hoffnungen dort festzumachen. Ich konzentriere mich ganz auf das, was jetzt zu geschehen hat.
Bei der nächsten Rast schlage ich eine Stufe ins Eis, um besser Tritt fassen zu können. Immer langsamer komme ich voran, immer öfter muß ich Pausen einlegen. Einmal, als ich mich hinsetzen kann, ist es schwierig, wieder aufzustehen. Mit Tricks gelingt es mir, den Körper wieder auf die Beine zu bringen. Durch falsche Versprechungen zum Beispiel: Es wird bald leichter.
Die feinen Risse, dort, wo die Frontalzacken der Steigeisen wenige Sekunden vorher noch Halt hatten, glänzen, während ich daran vorbeisteige. Schon sind sie aus meinem Blickfeld. Zwischen den riesigen Séracs darf ich nicht mehr rasten. Jede Minute ist jetzt geschenktes Leben.

Auch an diesem Tag schaut Terry in die Wand. Mit dem Fernrohr. Im dunklen Eisschlauch, durch den ich ab-

Terry starrt durch das Fernglas in die Wand

steige, erwartet er mich nicht. Und trotzdem findet er »den Punkt«. Zwischen den Séracs und der Mummery-Rippe. Er weiß, diese Rinne ist nicht nur das steilste Stück der Diamirwand, sondern auch das gefährlichste. Den ganzen Vormittag über bleibt Terry am Fernrohr. Seine Augen brennen. Es ist eine körperliche Qual für ihn, nur zusehen zu können. Zwischendurch zwingt er sich aufzustehen, herumzugehen. Das Fernglas aber ist wie eine Droge. Er muß es haben, er muß schauen.

Je tiefer ich komme, desto langsamer werde ich. Die Wand ist jetzt nicht mehr steil. Zwischendurch gehe ich wieder mit dem Gesicht talwärts. Das Eis ist hart, ich kann nicht einsacken wie höher oben. Beim Losgehen. Eine gute Stunde laufe ich den Gletscher abwärts. Wie auf der Flucht. Als ich in die Nähe des ersten Biwakplatzes komme, weiß ich, daß ich gerettet bin: Das Gefühl von

Sicherheit und das erste Wasser! Wie ein Tier sauge ich es aus einer Schmelzrinne.
Düstere Wolkenbänke ziehen das Diamirtal hinauf. Also weiter! Wenn ich einatme, kommt ein gurgelnder Ton aus mir heraus. Ein Zeichen, daß ich kurz vor dem völligen Zusammenbruch stehe! Ob ich es allein bis ins Grüne schaffe? Die Waden, die Armmuskeln, alles an meinem Körper ist hart, wie verknotet. Trotzdem halte ich den Eispickel in der Hand. Als sei er an mir festgeschweißt. Noch gute zwei Stunden bis ins Basislager, schätze ich. Meine unsichtbaren Begleiter sagen nichts. Höre ich ihnen nicht mehr zu? Einmal noch muß ich über eine Spalte springen. Der Sprung, ein weiter Satz, erfordert Konzentration. Es ist warm, fast heiß. Überall Rinnsale auf dem Eis. Aber ich darf nicht noch mehr trinken. Eiswasser macht müde. Schritt für Schritt steige ich über den Gletscher bergab. Grünblau schimmert es in den Spalten. Die Welt ringsum ist von Séracs verstellt, Lawinenbahnen links und rechts. Aber wenigstens keine Absturzgefahr mehr. Dieser endlose Abgrund liegt über mir. Hier kann ich nur hinfallen, nicht mehr abstürzen. Mein Nacken schmerzt. In meinem Schneckentempo kommen mir die Entfernungen jetzt viel größer vor als beim Aufstieg. Ja, ich bin durch mein langsames Tempo und die Größe des Gletschers verwirrt.
Der weitere Abstieg vollzieht sich wie in Trance. Ich sehe mich selbst über die spiegelglatte Eisfläche torkeln. Oft ist es schwierig, dabei Halt zu finden. Manchmal wenn die Steigeisen einige Millimeter rutschen, bin ich ganz mit ihnen verbunden. Und immer, bevor ich aus dem Gleichgewicht geschleudert werde, haften die Eisen. So als täten sie aus sich heraus das Richtige.

Im Basislager haben sie mich längst gesehen. Über das dunkle Kar zwischen Moräne und Toteisgletscher kommt mir Ursula entgegen. Sie hat meine Turnschuhe in der

Hand. Wir erreichen einander über das Geröll. Ich ziehe meine Klumpfuß-Stiefel aus, werfe sie weg, will sie nicht mehr sehen.
Wie dankbar bin ich Ursula für diese Geste. Und trotzdem: allein zu sein und nur den eigenen Fähigkeiten zu vertrauen, gibt mir ein starkes Identitätsgefühl.

Allein sein

Wenig oberhalb des Basislagers kommt Terry auf mich zu. Er hat nicht geglaubt, daß ich den Abstieg an einem Tag schaffe. Beide haben wir Tränen in den Augen, als wir uns umarmen.
Ursula hat das Empfinden, nicht dazuzugehören, und dieses »Draußenstehen« gibt ihr zu denken. Hat Bergsteigen wirklich mit Machismo zu tun? Sie sagt mir das nicht, deutet es nur an. Jedenfalls kommt sie sich ausgeschlossen vor – ausgeschlossen aus unserer Männerwelt.
»Mein Gott, bin ich froh, daß du alles gut überstanden hast!« gratuliert Terry.
Im Basislager bin ich zuerst euphorisch. Wie aufgedreht, nicht mehr müde. Wir trinken, essen, erzählen. Haben Ursula, Terry und ich doch den Alleingang von verschiedenen Standpunkten aus erlebt.
Plötzlich weiß ich, daß jemand hinter mir steht. Ich drehe mich um. Ein alter, weißhaariger Mann aus dem Diamirtal ist gekommen und streckt mir einen kleinen Blumenstrauß hin. Lauter kleine Astern. Ich freue mich darüber, mehr noch über seine stille Entschuldigung. Er ist derselbe, der beim Anmarsch den Kopf geschüttelt und gemeint hat, ich

Diamirwand mit Auf- und Abstiegsroute ▷

zhin-Scharte
12 m
Nordschulter
Gipfel
8125 m
Südschulter
Merkl-Scharte
Westmulde
B 3 B 4
Bazhin-Mulde
Großer Eisfall
B 2
Mummery-Rippen
B 1

sei ein Narr. »Zwölf, 15, 20 Mann starke Expeditionen sind gekommen«, hatte er gesagt, »und sie haben es nicht geschafft. Allein geht das nie.«
Die nächsten zwei Tage vergehen zwischen Schlafen und Wachsein. Wegen meiner Erfrierungen am rechten Daumen spritzt mir Ursula durchblutungsfördernde Mittel. Außerdem bekomme ich Infusionen. Wenn die Nadel steckt, schlafe ich regelmäßig ein. Aufwachen und wieder einschlafen, zwischendurch trinken, so vergeht meine Zeit. Unterm First des Zeltes hängen Infusionsflaschen, ein Höhenmesser, ein kleiner Blumenkranz, den Terry geflochten hat.
Ich weiß, daß wir talaufwärts einen anderen Weg als beim Anmarsch nehmen müssen. Der normale Weg ist gesperrt. Gewitter und Erdbeben haben im Diamirtal schwere Schäden angerichtet.
»Für den 13. August sind die Träger bestellt. Für den Rückmarsch.«
»Es ist Zeit zu gehen.«

Junge Burschen kommen in diesen Tagen von den umliegenden Hochalmen, um Kochgeschirr, Container und Schaumgummimatten zu holen. Wir brauchen sie nicht mehr, sind froh, den Ballast loszuwerden.
Das Wetter ist wieder schlecht geworden, der Nanga Parbat wolkenverhangen. Am frühen Morgen des 13. August kommen zwei Bauern. Mit zwei Eselchen. Wir bauen die Zelte ab, verbrennen unseren Müll und graben die leeren Konservendosen ein. Wir verlassen den Basislager-Platz so, wie wir ihn Wochen vorher vorgefunden haben. Nur das Gras ist herbstlich verfärbt.

Gunar- und Diamirtal sind verwüstet. Mehrere Häuser und Brücken eingestürzt. Vom Abstieg durch das Diamirtal wird uns abgeraten. Also gehen wir über die rechte Moränenseite nach Zangot und weiter Richtung Bunar im

Den Eispickel vom Nanga Parbat schenkt Reinhold Messner Mohammed Tahir (Terry)

Industal. Wir steigen steil zum Kachal Gali an, einen 4000 Meter hohen Paß zwischen Diamir- und Gunartal. Von der Paßhöhe sehe ich die Diamirwand ein letztes Mal. Das Diamirtal in seiner ganzen Länge unter mir: Ser, Nagaton, die schütteren Wälder und das Gletschertor am unteren Ende des Diamirgletschers. Ein kaffeebrauner Bach quillt heraus. Gegenüber die 3000 Meter hohe Steilwand der Mazeno Peaks. Ganz hinten, im Talabschluß, die Wand meiner Alpträume, die Wand meiner Sehnsucht: die Diamirwand in all ihrer Erhabenheit. So hoch, als könne sie nie wirklich bestiegen werden.

Aber Spuren von Menschen verwischen nie. Mein Wunsch, eine Vision alleine umzusetzen, allein zu Ende zu führen, ist damit befriedigt. Mein Bedürfnis nach Autonomie, ja Autarkie, gestillt.

Als ich Terry meinen Eispickel schenke, freut er sich wie ein kleines Kind.

Wieder kommen Gewitterwolken näher. Über einen steilen Rücken, endloses Geröll, vereinzelte Firnreste kommen wir zu den ersten Almen mit Pferden und Ziegen. Die Hirten geben uns frische Buttermilch. Vorbei an sturmschiefen Birken und Latschen steigen wir zum Waldgürtel ab. In der ersten Siedlung werden wir von Männern mit den ersten Trauben empfangen. Die besten Trauben, die wir je gegessen haben. Die Landschaft verliert nach unten an Reiz. Das Grün tritt zurück, weicht einem eintönigen Grau.
Später regnet es wolkenbruchartig. Wir aber gehen weiter, bis wir in einer baufälligen Hütte Unterschlupf finden. Am Berghang gegenüber stürzt das Wasser in Wildbächen, über Felsen. Nur der Regenvorhang, der vor uns vom Dach fällt, trennt uns von der Landschaft draußen.
Weiter führt uns der Weg. Durch enge Schluchten, über kühn angelegte Steige, an tiefen Abgründen vorbei. Während wir ins wüstenhafte Tal des Indus absteigen, brennt die Abendsonne in unseren Gesichtern. Vereinzelt stehen Aprikosenbäume an den steilen Felshängen. Im Laub Spuren von Herbst. Dörfer sehe ich nicht. Den ganzen Tag und die halbe Nacht wird marschiert. In der Dunkelheit erst sind wir im Industal. In Gumar wollen wir über Nacht bleiben. Für ein paar Stunden bin ich hier daheim. Überall

Während der fünf Tage, in denen ich diesen Alleingang durchgeführt habe, saß unser Begleitoffizier Terry ununterbrochen im Basislager und beobachtete mich durch das Fernglas. Schon vor fünf Uhr früh stand er auf, und erst bei Dunkelheit legte er das Fernglas weg. Er notierte alle meine wesentlichen Verschiebungen in der Wand, soweit ich für ihn sichtbar war und nicht Nebel oder Wolken den Nanga Parbat einhüllten. Dabei entstand die nebenstehende Skizze, die teilweise auf die Minute genau aufzeigt, wann ich mich an der jeweiligen Stelle befand. Terry hat sie mir nach meiner Rückkehr ins Tal geschenkt. Ich habe sie original in dieses Buch aufgenommen. Wie ein Kunstwerk. ▷

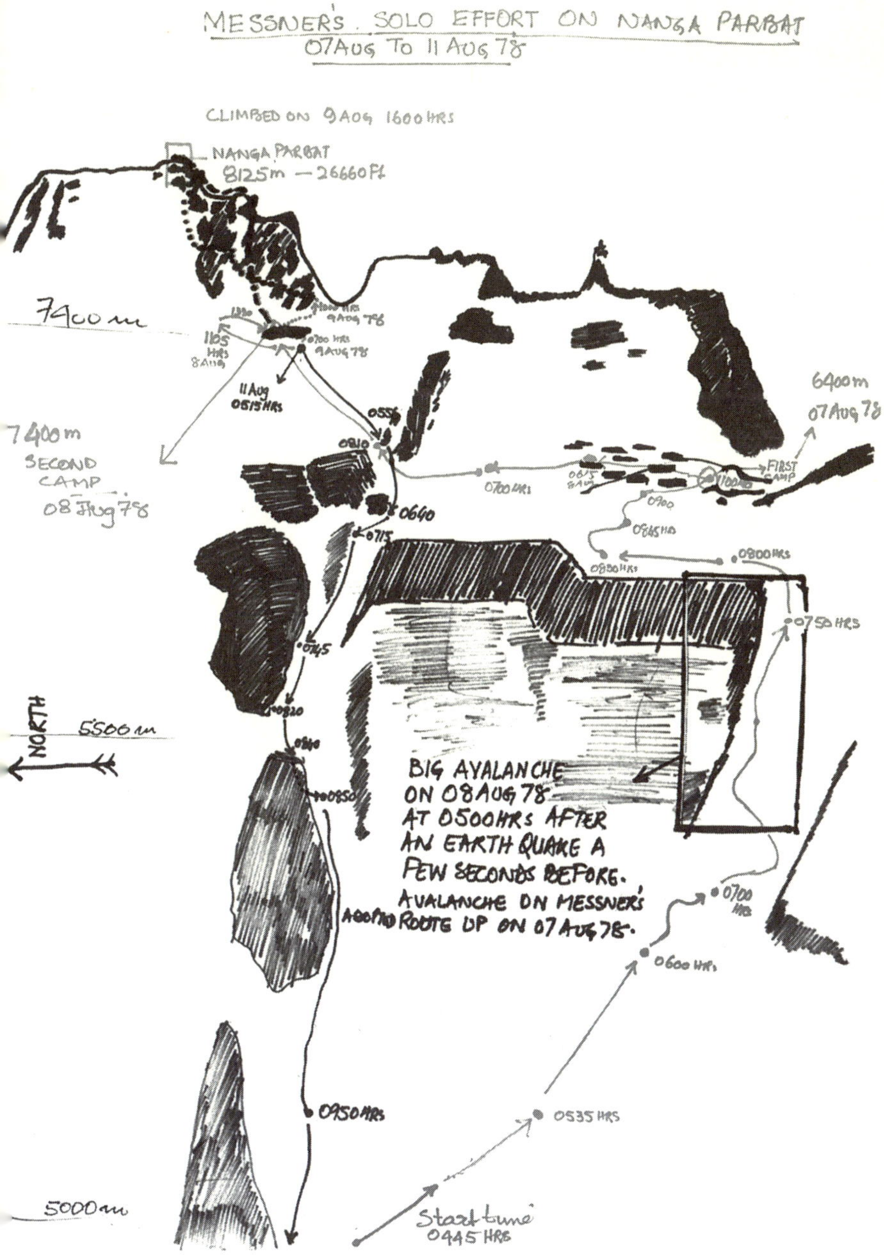

MESSNER'S SOLO EFFORT ON NANGA PARBAT
07AUG TO 11 AUG 78
CLIMBED ON 9AUG 1600 HRS
NANGA PARBAT
8125m — 26660Ft
7400m
7400m
SECOND CAMP
08 Aug 78
11 Aug
0515 HRS
0700 HRS
9AUG 78
6400m
07Aug 78
FIRST CAMP
0700 HRS
0640
0715
0800 HRS
0850 HRS
0750 HRS
0820
5500m
NORTH
0850
BIG AVALANCHE
ON 08AUG 78
AT 0500HRS AFTER
AN EARTH QUAKE A
FEW SECONDS BEFORE.
AVALANCHE ON MESSNER'S
ROUTE UP ON 07 AUG 78.
0700 HRS
0600 HRS
0950 HRS
0535 HRS
5000m
Start time
0445 HRS

und nirgends daheim zu sein, ist wie das Alleinsein. Teil meines Weges. Der Tod gibt ihm die Richtung. Ist dieses Unterwegssein die einzige Möglichkeit, das Leben allein zu ertragen? Für mich ja. Denn das Einssein mit einem selbst gewählten Weg ist die einzige Alternative zum bürgerlichen Feilschen um Dauerzustände, ewige Liebe und Treue, soziale Sicherheit.

Auf dem Dach eines Hauses lassen wir uns nieder. Es gehört einem unserer Träger. Hier dürfen wir schlafen. Eine Zeitlang sitze ich noch da, ohne an etwas Bestimmtes zu denken. Es ist Mitternacht, als wir auf drei Pritschen unsere Schlafsäcke ausrollen. Unzählige Sterne stehen am Himmel. Unter ziehenden Wolken sind im Mondschein unklare Umrisse der Umgebung zu erkennen: eine märchenhafte Heimat für eine Nacht.

Ich weiß nicht, ob ich wach war oder geschlafen habe, als mir jemand an die Schulter faßt. Erschrocken schnelle ich im Schlafsack hoch. Vor mir steht ein Mann. In der Dunkelheit erkenne ich nur seine Umrisse, nicht sein Gesicht. Ein kühler Wind streicht um meine nackte Haut.

Der Mann will wissen, woher wir kommen.

»Nanga«, sage ich.

»Diamir?« fragt er zurück.

»Tike«, sage ich, »Diamir.«

Der Fremde sieht mich schweigend sehr lange an. Als ob er wüßte, daß es die einzige Art ist, über etwas zu sprechen, wofür es keine Worte gibt.

Kapitel IX

Rupal

Nie im Leben habe ich so einen Abgrund gesehen wie diese Südwand des Nanga. *Hermann Buhl*

Der Berg ist eine gefährliche Umgebung. Ich denke, man sollte das niemals vergessen. Es scheint mir ein Teil der Qualitäten des Alpinismus zu sein, daß der Mensch mit den Gefahren der Natur konfrontiert wird.
Nicolas Jaeger

Reinhold Messner nach seiner zweiten Nanga-Parbat-Besteigung

Dieser Messner ist halt ein Besessener, ein Wahnwitziger, ein alpiner Sensationsdarsteller, ein von inneren Dämonen Gehetzter. Vielleicht leidet er an schweren unterbewußten Schuldgefühlen, von denen er sich nur dadurch zeitweise befreien kann, daß er sich in Todesgefahr begibt (solche Fälle kennt die Psychoanalyse ja). Vielleicht ist er die moderne Version eines frommen Eremiten, der sein Fleisch kasteit und sich durch Qual statt Lust in mystische Verzückung steigert.

Wilhelm Bittorf

Die äußerste Grenze des Erreichbaren ist der ideale Ort zum Sterben. *George Bettembourg*

Von Ehrgeiz, Wahn und Glück

Der Nanga gilt in Bergsteiger-Kreisen als Killer-Berg. Seit 1895, als A. H. Mummery, Goman Singh und Ragobir Thapa im Diama-Tal verschwunden sind, hat der »Nackte Berg« mehr als ein halbes Hundert Opfer gefordert. Zuerst an der Rakiot- und Diamirseite.

Nach 1970 wird die Rupalwand zur Todesfalle. Auf unserer Route finden eine Reihe erfolgloser Besteigungsversuche statt. Einige enden tragisch. 1984 sterben drei Mitglieder eines japanischen Teams. Unter der Führung von Tsuneo Hasegawa verschwinden sie auf dem Weg zum Gipfel. In der Merkl-Rinne? Wir wissen es nicht. Sie werden nie gefunden. Die anderen Expeditionsmitglieder lassen einen Sack mit Ausrüstung in der Wand hängen, bevor sie ins Basislager absteigen. Am unteren Ende der Fixseile. Als eine Art Grabbeigabe für die toten Kameraden.

1988 wagt Mark Twight einen Versuch. Er will keine Sensation, aber seine Grenzen überschreiten. Alles Gestrige ist ihm nicht genug. Er will höher und weiter gehen als je zuvor. Also zur Rupalwand am Nanga Parbat. Vielleicht wird er umkommen, vielleicht nicht. Barry Blanchard, Kevin Doyle und Ward Robinson sind seine Partner. Sie haben Mark eingeladen. Twight hat einen exzellenten Ruf als Bergsteiger. Aber er ist niemals mit den anderen geklettert. Mit keinem von ihnen. Ob das gutgehen kann? Der Trip muß doch zum Alptraum werden! Aber die Kletterei in der Wand ist so hart, daß alle Reibereien aufhören. Der Egoismus des einzelnen wird aufs Weiterkommen aller zurückgestuft.

Mark Twight steckt in einer Sackgasse. Sein Klettern ist weder Spiel noch Spaß, sondern Sucht. Aufhören kann er also nicht. Der Gedanke an die Rupalflanke läßt ihn nicht los. Der Ehrgeiz hat die Führung übernommen. Er folgt seinem inneren Zwang, fährt mit drei unbekannten Kameraden nach Pakistan.
Was soll diese Mini-Expedition mit ihrer enormen Problemstellung, der Rupalwand? Die vier, lauter dominante Persönlichkeiten, werden trotzdem ein Team. Denn jeder fühlt sich winzig unter der Riesenwand. Drei von ihnen wagen einen Versuch. An der Schell-Route. Ohne Seil steigen sie bis 7000 Meter Höhe. Akklimatisationstrip. Hast, Nervosität und Erwartungshaltung dominieren das Geschehen. Ward ist nicht dabei.
Seit 1970 sind vier Angriffe an unserer Route in der Rupalflanke gescheitert. Alle im Belagerungsstil. Gut akklimatisiert wollen es nun die vier Freaks versuchen. Sie »bewaffnen« sich: Seile, Haken und Eisschrauben, Biwakausrüstung, Proviant für vier Tage, Brennstoff für sieben Tage. Also alles, was sie für eine extrem schwierige und langwierige Kletterei brauchen. Jeder Rucksack ist 20 Kilo schwer. High-Tech-Kleidung.
Im Glauben, gutes Wetter und gute Schneeverhältnisse vorzufinden, steigen sie in die Wand ein. Jeder klettert für sich allein. Eine schulmäßige Sicherung ist bei diesen Dimensionen nicht möglich. Der untere Wandteil ist ja ein Spaziergang im Verhältnis zur Gipfelwand. Aber überall hartes Wassereis. An flachen Passagen bedecken zehn Zentimeter Schneematsch die Hänge.
Am ersten Tag schaffen sie nur 1000 Höhenmeter. Am zweiten Tag klettern sie 1500 Meter höher. Damit sind sie in der Wandmitte. Es beginnt gefährlich zu werden. Wie ausgesetzt sie sind! Schmerzen, Unsicherheit, Angst. Ahnen sie, daß die Wand keine Fehler verzeiht? Ja, bewußt oder unbewußt. Das Gefühl der eigenen Wichtigkeit schrumpft. Die Ambitionen werden lächerlich. Ir-

Rupalflanke: In der Mitte die Schell-Route. Rechts oben die Merkl-Rinne

gendwann erfährt jeder die Grenze des Erträglichen. Haben sie noch den Willen, sich durchzukämpfen? Kevin, dessen Motivation hochgeschraubt ist, kann den Schmerz besser ertragen als die anderen. Er ist bereit, Kälte und Hunger zu trotzen, alles zu tun. Wenn er dafür kriegt, was er will. Der knappe Proviant macht ihm keine Sorgen. Was sind schon Kalorien?

»Hier geht alles zu Ende!« meint einer.
Doyle: »Und wenn es nur Hirnmasse ist.«
Kevin ist der beste Kletterer der Gruppe. Der beste Alpinist, den Mark Twight je gesehen hat. Ohne Zweifel. Ihm beim Steigen zuzusehen, steigert die Motivation auch der anderen.
Die vier steigen entschlossen nach oben. An sonnengebleichten Fixseilen aufwärts. Sie hängen an alten Eisschrauben, die halb aus der Steilwand geschmolzen sind.

Dann zwei leere Zelte in der Steilflanke! Die Überreste einer japanischen Expedition. Wie Überbleibsel einer untergegangenen Welt flattern die Nylonfetzen im Wind. In 6000 Metern Höhe, im intensiven UV-Licht, verrottet auch das Nichtverrottbare.
Im Welzenbach-Couloir, zwischen 6500 und 7000 Meter Höhe, erstmals schwerer Steinschlag. Mark trägt keinen Helm. Warum auch? Ein großer Steinbrocken würde ihn so und so töten, aus der Wand schlagen.
Aber nicht nur er, alle vier fühlen sich verletzlich. Diese Angst! Wegen der großen Höhe sind sie ungeschickt, langsam, unfähig auszuweichen. Nein, schnell reagieren ist nicht möglich in sauerstoffarmer Luft. So wenig wie rasch vorwärtskommen. Endlich queren sie nach links. Alle vier erreichen ein steiles Schneefeld. Sicher sind sie auch jetzt nicht. Auch wenn sie in Seilschaft weiterklettern. Barry führt.
Dieser Barry ist ein brillanter Geher. Die ideale Mischung aus Verwegenheit und Kontrolle. Mit Ward hat er große Touren gemacht. Im Karakorum und in den Kanadischen Rockies. Sie sind im Alpenstil geklettert, oft auch im Winter. Klettern ist das wichtigste in seinem Leben. Ansonsten hätte er nur kriminell werden können. Oder Sportartikelverkäufer.
In einer Höhe von knapp 7000 Meter klettern sie über einen Sérac. 40 Meter senkrechtes Eis! Darüber steigen sie auf das Merkl-Eisfeld zu schräg nach rechts aufwärts. Windböen! Barry führt weiter. Er meistert die schlimmsten Stellen. Dann abwechselnd vorangehend, steigen sie zur Merkl-Rinne auf. Seillänge für Seillänge. Eine haltlose Flanke! Durch knietiefen Schnee quälen sie sich vorwärts. Wenn der Hang rutscht, sind sie verloren. So viel Gefahr! Und diese Nässe!
Sie hecheln nach Luft, kriechen, stampfen, strampeln. Nein, klettern tun sie nicht mehr. Die dritte Nacht in der Wand verbringen sie schlaflos. Und wieder jammert Ward

über Kopfschmerzen. Pausenlos. Das macht die anderen wahnsinnig. Wer kann sich schon an dieses Stöhnen gewöhnen! Wer selbst leidet, will Schmerzen teilen, aber nicht teilen müssen. Aber Ward fühlt sich besser, wenn er jammert. Nein, den anderen hilft es nicht. Jedes Leid ist jetzt privates Leid. Nur das Ziel ist ein kollektives. Aber Ward, Holzfäller von Beruf, ist härter als Stein. »Da müssen wir durch«, sagt er und tut so, als müsse sein Kopf tumb werden wie Fels.

In 7500 Meter Höhe beginnen die großen Schwierigkeiten. Die Merkl-Rinne gilt als Vorhof zur Hölle. Lawinen, Steinschlag oder Tod haben hier alle Versuche nach 1970 gestoppt. Der Schlund ist steil, 60 bis 90 Grad geneigt, der Schnee lose, Fels und Eis sind brüchig. Die Kletterwerkzeuge prallen daran ab, die Steigeisen rutschen. Dazu Orientierungsprobleme. Alle haben Angst, daß einer stürzt. Dauernd. Ist ihr Versuch, gegen die Hoffnungslosigkeit anzusteigen, lächerlich? Ja, denn ein Sturz ist hier nicht zu überleben! Alle sind fertig. Emotional. Mark, nach zwei Stunden müde und völlig ausgebrannt, übergibt die Führung an Barry. Ward bleibt zurück. Ist er höhenkrank? Nein, nur weniger entschlossen als die anderen. Alle leben jetzt an der Grenze zwischen Leben und Tod.

Sie sind schon tief in der Schlucht. Zuerst bemerkt keiner den Sturm. Nur der Wind trägt Schnee in die Rinne. Sie klettern wie besessen. Bis eine erste Triebschneelawine niedergeht. Dieser Druck! Zurück zum Standplatz! Der Schreck hält an. Alle drei schauen sich an. Wie in die Enge getriebene Tiere. Dann schauen sie nach oben. Keine Kumuluswolken mehr, Schneetreiben. Die Mulde über den Steilstufen ist randvoll mit Neuschnee. Vergeblich versuchen Barry und Kevin, eine Höhle zu graben. Der Schnee rutscht ab. Darunter Eis. Es schimmert matt. Blitze zucken. Kaum Donner. Nur ein klirrendes Geräusch. Als würde Fels zersplittern. Was tun? Die tech-

Abseilen im Schneesturm. Null Sicht

nisch schwierigen Passagen sind doch überwunden. Sie sind in der Todeszone. Aber die leichten Schneehänge unterm Gipfel sind jetzt ein einziges Toben und Rutschen. Kaum Sicht. Sie kehren um! Rette sich, wer kann.
Ward ist inzwischen dabei, langsam zu sterben. Mit seinen vereiterten Lungen hat er in dieser Höhe nur noch Stunden zu leben. Er kämpft nicht mehr. Seine Seele will den Körper verlassen. Also müssen sie ihn hinunterbringen. Sofort! Er ist ein Wrack: Die Augen halbgeschlossen, das Gesicht schmerzverzerrt, sieht er aus wie ein Patient auf der Intensivstation.
Also abseilen! Gerade die Rinne hinab! Barry geht als erster. Er soll Sicherungen und Schlingen für die Abseiler herrichten. Kevin folgt. Um Standplätze auszuhacken und Ward zu sichern. Mark, als leichtester von allen, seilt sich als letzter ab. Er nimmt alle Zwischensicherungen mit. Sie werden alles Material brauchen.

In der zweiten Abseillänge packt Mark ein Schwall Treibschnee. Schwindlig geworden, kippt er nach hinten über, bleibt mit dem Kopf nach unten hängen. Seine Brillen sind weg. Auch die Orientierung. Die Kapuze des Anoraks ist gefüllt mit Schnee und Geröll.
Immer noch fällt Schnee, dichter jetzt. Und dieser Wind! Die Sicht ist auf ein paar Meter beschränkt.
Am Ende der dritten Abseillänge hängen alle vier an einer beschädigten Schlinge. Auch die Verankerung ist schlecht. Gemeinsam ziehen sie die Seile ab. Und wieder kommt ein Schneerutsch von oben. Tonnen von Schnee jagen über sie hinweg. Wie Gespenster. Auch der Tod saust die Rinne herab. Er kommt auf sie zu, gewalttätig, wirft sie aus dem Stand. Wie Hampelmänner hängen sie an den Seilen. Nein, sie können sich nicht mehr wehren. Ob die Verankerung hält? Wie lange wird sie noch halten? Seile, Körper, Eispikkel, acht Stiefel mit Steigeisen, vier Rucksäcke und ungezählte Schnüre wirbeln durcheinander. Grauenhaft. Dazu die Vorstellung, gemeinsam zu stürzen. Nein, so will niemand sterben.

Sex mit dem Tod

Sie atmen stoßweise. Treibschnee in der Luft, der beim Hyperventilieren in die Lungen fährt. Tiefes Schwarz überall. Das wenige Tageslicht ist aufgebraucht.
Einer jammert, Mark brüllt. Als wolle er gegen den Sturm anschreien. Und gegen das Sterben. Dieses tierische Gebrüll schafft Frieden. Ganz plötzlich vollständige Resignation. Alle sind jetzt ganz ruhig. Sie zwingen sich, weiter abzusteigen. Der Stand hält. Also Seil einfädeln, prüfen und ab in die Tiefe, in die Dunkelheit.
Wards Gesicht, mit Rotz verklebt, schaut nach oben. In

den Himmel. Aber seine Augen sind zugefroren. Er sagt etwas, redet tonlos weiter: »Ich war gerade dabei, mich auszuklinken, damit das alles vorbei ist.« Mitten in der Abseillänge wird er bewußtlos. Sein Kopf fällt zurück. Er ist hinüber, denken die anderen. Sie reißen an den Seilen, versuchen, ihn wachzurütteln. »Reiß dich zusammen, Mann«, schreit Mark. Noch einmal wacht er auf, verzieht das Gesicht zu einem Schrei. Nichts. Seine Augen sind leer, aber all seine Gesten bitten um Hilfe. Ein wortloses Wrack! Er will sterben und krächzt: »Ich kann nicht mehr atmen!« Aber er taumelt, hängt, bewegt sich weiter abwärts. Ein Mensch ist das nicht mehr. Kein Mensch kann so lange überleben.

Um neun Uhr abends sind sie im Merkl-Eisfeld. Gerettet? Sie glauben, alles im Griff zu haben. Nur Ward ist am Ende. Hoffnungslos unterkühlt. Mark gräbt einen Standplatz für ihn in den Schnee, bindet ihn an die Wand, steckt ihn in den Schlafsack. Dann zündet er den Kocher an.

Die letzte Abseillänge war zu lang für das Doppelseil. Barry will die ganze Strecke abklettern. Er und Kevin sollen die Seile retten. Sie sind unverzichtbar. Überlebenswichtig! Weil sie befürchten, daß sich Knoten in den Felspartien verklemmen könnten, soll Barry das Seil voraus abwerfen. Im Dunkeln, irgendwo hoch oben in der Wand, schreit Barry: »Kevin, die Seile kommen.« »O.K.«, antwortet Kevin. Aber er läßt die Seilenden los. Hat er falsch reagiert oder falsch verstanden? All diese Fragen sind müßig. Zischend verschwinden die Seile im Nichts.

In diesem Augenblick sind die vier Todgeweihte. Alle sind wie benommen. Haben sie die Übersicht verloren? Nein, keiner bemerkt vorerst den Verlust der Kletterseile, ihrer einzigen Rettungsleinen. Barry und Mark klettern mit den beiden Zelten weiter abwärts. Zum letzten Biwakplatz auf gut 7000 Meter Höhe. Ohne Schutz sind sie jetzt alle verloren. Also weiter. Kevin kümmert sich um

Abstieg über das Merkl-Eisfeld. In der Mitte oben der Ansatz der Merkl-Rinne

Ward. Sie werden nachkommen. Bewegungen passieren jetzt wie in Trance, Schmerzen schlummern wie in Narkose, das Gehirn wie taub.
Als Mark eine der Stangen vom Goretex-Zelt aus den Händen gleitet, verliert er den Halt. Er rudert kurz mit den Armen und schiebt dabei das Zelt von der Kante. Er hört noch, wie das schlaffe Tuch im Abgrund verschwindet. Alles geschieht langsam, dumpf, unkontrolliert. Nein, Mark versucht nicht einmal, das Zelt festzuhalten. In einem Reflex von Hilflosigkeit wirft er die Stange hinterher. Nein, enttäuscht ist er nicht, nur etwas verwirrt. »Wenigstens muß ich das Zeug nicht mehr schleppen.«
Sofort fängt er an, eine Schneehöhle zu graben. Er ist fertig damit, als die anderen eintreffen.
Es stürmt die ganze Nacht lang. Am Morgen flaches Licht und wieder Sturm. Der Himmel schwarz wie Basalt. Sie

essen ihre letzten Vorräte. Wie aber sollen sie weiter absteigen? Im Sturm, ohne Seile, ohne Hochlager, ohne Proviant.
Trotz allem kommt beim Packen Zuversicht auf. Es ist dann Ward, der nach dem gelben Seil fragt, das er im Aufstieg getragen hat. Alle schauen sich an. Das Seil? Der Horror packt sie. Als sie begreifen, was geschehen ist, starren sie in die Tiefe. Vier Bergsteiger hängen in der höchsten Steilwand der Erde. Sie haben kein Seil. Unter ihnen liegen mehr als 3000 Meter Abgrund. Nein, der Tod ist es nicht, der sie schreckt. Es ist das Sterben. Ihre wissenden Augen wie Irrlichter, von Angst gelähmt, schauen sie sich um. Wer wird überleben? Obwohl es keine Hoffnung gibt, beginnen sie mit dem weiteren Abstieg.
Im Welzenbach-Couloir wollen sie alte Fixseile abschneiden, zusammenhängen und mit diesen Seilstücken abseilen. Zu beobachten, wie die vier in ihren Leuchtfarben-Anzügen – blau und gelb – im Sturm verschwinden, ist wie abzählen. Tot, lebendig, tot: russisches Roulette. Sie sind ein Team, aber keine Menschen mehr. Wie versprengte Tiere, jedes für sich, irren sie abwärts. Jeder kämpft ums Überleben. Zum Glück finden sie Fixseile an einer Wechte. Also klettern sie dort ab. Die vier Jahre alten Fixseile können reißen. Und wennschon! Es ist unmöglich, den Weg über die Séracs zu nehmen wie beim Aufstieg. Der Tod ist jetzt so nahe. Immerzu.
Zu erschöpft, um weiterzugehen, fügen sie sich in ihr Schicksal. Nicht der Wille, ein Zufall rettet ihr Leben. Wie ein Schutzengel aus dem Nirgendwo. Sie finden einen zerschlissenen Rucksack, an einen Haken geklinkt. Er hängt in knapp 7000 Meter Höhe. Knapp über dem Welzenbach-Couloir. Ein Wunder? Ohne große Erwartungen schneidet Barry ihn auf. Zwei nagelneue 50-Meter-Seile, 60 Haken, ein Dutzend Eisschrauben, Schokoriegel quellen heraus! Die Schokolade schmeckt zuerst nicht. Zu trocken! Sie essen sie trotzdem. Wie Schwachsinnige grin-

sen sie sich an. Einer ruft: »O.K.« Heiser vor Angst. Nein, gefeiert wird nicht. Zu erschöpft, um ihr Glück zu begreifen, schauen sie nach unten. Was sie hinter sich haben und was sie erwartet: 3000 Höhenmeter Abstieg ist nicht zu ermessen. Benommen taumeln sie weiter abwärts. Sie müssen da durch.
Am nächsten Tag, sechs Uhr morgens, wanken sie ins Basislager. Der Sturm dauert weitere zehn Tage. Sie wären gestorben, wenn sie versucht hätten, das Schlechtwetter auszusitzen. Sicher wären sie auch umgekommen, wenn man den verschollenen Japanern keine Grabbeigabe zurückgelassen hätte. Ist ein Schicksal, das andere zwingt, ihr Schicksal anzunehmen, eine Fügung?
Vertrocknet, verrottend, vergehend kommen sie aus der Wand. Ohne die Angst voreinander zu verbergen. Sogar Enttäuschung und Frust können sie jetzt miteinander teilen. Und endlich trinken, rasten, trinken.
Sonnenaufgang. Das Wetter ist gut. Die Rucksäcke wiegen fast nichts. Sie nehmen nur Proviant für drei Tage und Brennstoff für fünf Tage mit. Kein Zelt. Dazu zwei Seile, sechs Haken, zwei Eisschrauben, zehn Seilschlingen. Sie rennen die Wand hinauf. 3000 Höhenmeter weit, ungesichert. Als ob allein das Tempo entscheidet. 3000 Höhenmeter in eineinhalb Tagen. Diesmal kehrt Ward, wieder krank geworden, rechtzeitig um. Mark, Barry und Kevin erreichen die Basis der Merkl-Rinne. Zum zweiten Mal. Eine linsenförmige Wolke aber hängt über dem Gipfel! Wieder sind sie mit ihren Ängsten konfrontiert, dem möglichen Chaos ausgeliefert. Nichts als Schrecken. Die Angst bremst ihren Elan. Keiner will weiterklettern. Nicht auszudenken, wenn sie noch einmal in einen Sturm gerieten. Also fliehen sie abwärts. 13 Stunden später sind sie wieder im Basislager und vorerst geheilt von Ehrgeiz, Wahn und Angst.
Welche Alternative wäre ihnen ohne den Vorratssack der Japaner geblieben? Wahrscheinlich keine. Sie wissen es.

Sie hätten es nicht geschafft. Sie hätten aber auch beim zweiten Anlauf, im Notfall, den Versuch gemacht, durchzukommen. Wie Günther und ich. Gestorben wird beim Bergsteigen im Widerstand gegen den Tod. Das hat nichts mit Heldenmut oder Ehrgeiz zu tun, es liegt in der Natur des Menschen. Der Mut, den ein Bergsteiger dazu braucht, besteht nur darin, sich seine Angst einzugestehen.

Als sich der Tourismus-Minister bei den vier von der Rupalwand nach ihren Erfahrungen am Nanga erkundigt, sagt Barry ein paar Belanglosigkeiten.
Blanchard zuletzt: »Es war wie Sex mit dem Tod.«
Die Geschichte, die ich hier nacherzähle, hat Mark Twight mit knappen Worten niedergeschrieben. So, als wäre die Todesgefahr den vier Männern in der Rupalwand nicht nahegegangen. Als seien die gewagten Versuche, der Hunger, die Verzweiflung nur noch in weiter Ferne gegenwärtig. Dabei ist ein Wettersturz am oberen Ende der Merkl-Rinne schlimmer als ein Kerker. Es ist ein Ort, wo das Sterben jederzeit möglich ist.
Warum ich 1970 trotz Schlechtwettererwartung zu einem Alleingang aufgebrochen bin? Weil es um den Gipfel ging. Auch mein Selbstvertrauen war stark. Es reichte für das größte Wagnis meines Lebens. Nur warum wir über die Gegenseite des Berges abgestiegen sind, will niemand verstehen. Ich weiß. Ganz einfach aus Furcht. Sie war die Triebfeder. In der ungesicherten Merkl-Rinne in Schlechtwetter zu kommen, bedeutet das Ende. Der Tod ist dann unausweichlich. Sicher, auch der Diamirabstieg war ein Weg in das mögliche Sterben. Ein Ort, wo wir dem Tod ständig nahe waren. Mir geht es heute nicht darum, meine Schuld zu verdrängen. Oder mich zu rechtfertigen – vor wem auch? Ich versuche, mich meinen eigenen Dämonen zu stellen. Dabei ist der Mut wichtiger als der Zustand der Angst. Der Mut, zu meinen Ängsten zu stehen, den Vorurteilen der Rufmörder.

Kapitel X

Rache

Seilschaft. Jürgen Winkler in der Mitte der Rupalwand beim Fotografieren

Max von Kienlin
am Nanga Parbat

Die Kameradschaft ist eine schicksalhafte Gemeinschaft, die man hat – das kann im Krieg sein oder am Berg. *Max von Kienlin*

Wir waren doch alle enge Freunde geworden, ich hatte den Reinhold richtig lieb gewonnen. Wir sahen ja, wie ihn der Schmerz belastete und sagten uns, ein Toter in diesem Drama reicht. Es muß nicht auch er noch in seinem Ruf, in seinem ganzen sozialen Dasein kaputt gemacht werden. *Max von Kienlin*

Ich habe 30 Jahre lang geschwiegen, und ich hätte es ewig getan, doch Reinhold Messner hat uns alle, auch die Toten, verleumdet. *Max von Kienlin*

Das Herrligkoffer-Buch stammt von mir! Herr Messner hat mit dem Text, außer mit dem Vorwort zu diesem Buch, nichts zu tun. *Horst Höfler*

Wo ist Günther?

1991 stirbt Karl Maria Herrligkoffer. Die Erschließung der Achttausender ist abgeschlossen. Eine neue Form des Expeditionsbergsteigens – kommerzielle Reisen bis zum Dach der Welt – wird Mode.

Der Alpinschriftsteller Horst Höfler übernimmt die Aufgabe, eine Biographie über Herrligkoffer zu schreiben. Das Buch soll auch eine Würdigung seiner Mühe sein, drei Generationen von Bergsteigern in den Himalaja geführt zu haben.

1998 erreicht mich ein Brief mit einem Gedicht von Richard Hughes: ohne Adresse, ohne Anhaltspunkt. Die Zeilen decken sich mit Fragen, die ich mir selbst stelle. Seit 28 Jahren!

Remember back to when we were two?

Weißt du noch, wie wir zu zweit waren?
Du warst der ältere und gingst voran.
Sorgsam gab ich acht, dir getreu zu folgen.
Mein Bruder, um deinetwillen ruf ich Gott an.
Mutig und selbstbewußt,
wurdest du von den meisten bewundert.
Du hast mich geführt, beim Lernen wie beim Vergnügen,
und du und deine Stärken waren mein ganzer Stolz.
Daß dein Ende nahte, mit Schmerzen,
hast du mir verschwiegen.
Und als dann dein Tod mich traf,
kam ich mir betrogen vor und hatte Angst, so allein.
Meine Liebe zu dir war so stark wie noch nie.

Ich war ganz leer und verletzt, voller Trauer und Pein.
Jetzt bin ich stark und führe selbst,
folge niemanden irgendwohin.
Es geht mir gut, jetzt, da ich nur noch einer bin.

Das Gedicht ist unterschrieben mit Günther.
2000 reise ich wieder zum Nanga Parbat. Meine Expedition gilt der Frage, ob Mummery 1895 vielleicht doch einen Versuch an der flachen Nordflanke des Nanga Parbat gewagt hat. Aus dem obersten Winkel des Diama-Gletschers aufsteigend, gibt es eine Möglichkeit, zum Gipfel zu kommen.
Zusammen mit meinem Bruder Hubert steige ich zuerst bis auf einen der beiden Diama-Sättel auf. Von dort können wir in die Rakhiot-Seite des Berges schauen. Unter uns die Märchenwiese, der Hauptlagerplatz von 1953, das Industal. Nein, von oben wäre Mummery mit seinen beiden Trägern nicht hinuntergekommen. Dieser Abstieg war 1895 undenkbar.
Und der Aufstieg über die Schneehänge zum Nordgipfel? Gefährlich, aber machbar. Wenn der Sérac-Abbruch am Beginn der Flanke überwindbar ist. Aber vielleicht war dieser Gletscherkessel 1895 höher mit Eis gefüllt. Dann war dieses erste Hindernis nicht vorhanden. Die globale Erwärmung hat auch die Gletscher im Himalaja schrumpfen lassen.
Mit Hans Peter Eisendle und Wolfgang Thomaseth steige ich über die leichteste aller Nanga-Routen bis zu jenem Weg, den tschechische Bergsteiger 1978 geklettert haben, bis zum Baszhin-Grat. Weiter kommen wir nicht. Treibschnee zwingt uns zur Umkehr.
Hubert ist im vorgeschobenen Basislager geblieben, Ralf-Peter Märtin im Basislager. Die beiden sind es, die mir mit ihren Fragen immer wieder klar machen, daß sie den Abstieg von Günther und mir 1970 über die Diamirwand nicht nachvollziehen können. Diese Dimensionen! Die

vielen Lawinenabgänge! So viel Einsamkeit. Zuletzt allein in diesem Hochtal.
Also entschließe ich mich, die Tragödie von 1970 noch einmal niederzuschreiben. Für all jene, die die Zusammenhänge begreifen wollen.
Als mich Horst Höfler, mit dem ich wiederholt zusammengearbeitet habe, bittet, ein Vorwort zu seiner Herrligkoffer-Biographie zu schreiben, sage ich ja. Denn ich kann diesen Besessenen inzwischen begreifen. Vergessen habe ich sein Verhalten nach der Katastrophe 1970 nicht, verziehen ja. Gleichzeitig schreibe ich die Erlebnisse an der Rupalwand so genau, wie es nach 30 Jahren möglich ist, nieder. Meine Erinnerung, untermauert mit Tagebuchnotizen, Briefen und dem verbotenen Buch »Die rote Rakete am Nanga Parbat«, ist nicht getrübt. Jetzt aber brechen Wut, Emotionen und Ängste wieder auf. Besser geht es mir erst, nachdem ich die Verzweiflung wieder und wieder erlebt, niedergeschrieben und für grundlos empfunden habe. Endlich kann ich mit der Tragödie umgehen. Und mit Herrligkoffer habe ich meinen Frieden gefunden. So war er eben.
Am 4. Oktober 2001 wird im AV-Haus auf der Praterinsel in München Höflers Herrligkoffer-Biographie vorgestellt. Ich bin als Diskussionsteilnehmer mit Horst Höfler und Manfred Sturm aufs Podium geladen worden. Ernst Vogt vom Bayerischen Rundfunk leitet die Diskussion.
Zwischen Gesprächen auf dem Podium, dem Vortragen von Passagen aus Höflers Buch und einigen Einwürfen aus dem großen Kreis der Zuhörer, entsteht ein Bild Herrligkoffers, das ich in seiner Summe teilen kann.
Sturm: »Herrligkoffer war kein angenehmer Mensch. War er doch verschlossen, introvertiert. Aber er konnte ein verläßlicher Freund sein, wenn er Vertrauen gefaßt hatte.«
Nur einmal, bei der Frage, wo Herrligkoffer die Unterstellung herhabe, ich hätte die Überschreitung des Nanga

Parbat 1970 konkret geplant, und Günther sei an der Merkl-Scharte gestorben, packt mich die Wut. Und das ist das Stichwort für den Alpinjournalisten Hermann Magerer, um in die Diskussion einzugreifen. Er wirft uns auf dem Podium Scheinheiligkeit vor und erinnert an mein Verhältnis zu Herrligkoffer in den siebziger Jahren. Damit beginnt ein Streit, der die Expedition von 1970 am Nanga Parbat noch einmal in den Mittelpunkt des Interesses spielt. Ohne mein Wollen.
Hermann Magerer: »Reinhold, man weiß, was für ein Drama es für dich war, aber glaubst du nicht, daß es ein Fehler war, daß du den Expeditionsleiter und den stellvertretenden Expeditionsleiter damals wegen fahrlässiger Tötung und unterlassener Hilfeleistung angeklagt hast?«
»Ich habe es später bereut, die Klage unterschrieben zu haben«, antwortete ich. »Heute denke ich, es war nicht ein Fehler von Herrligkoffer, nicht ins Diamirtal zu gehen. Eher ein Fehler der Teilnehmer. Ich verstehe, wenn jemand, 1970, mit der Ausrüstung von damals, dem Wissen von damals, dem Know-how von damals, im Basislager sagt: Es gibt kein Überleben für uns beide. Der Abstieg ist nicht möglich. Also, warum sollen wir über die Berge gehen, wenn die beiden tot sind. Ich habe Herrligkoffer ja nicht zugetraut, daß er die Geographie, das bergsteigerische Wissen, die Erfahrung verinnerlicht hat, den Mazenopaß zu überqueren. Hätte er es getan, wenn er gewußt hätte, daß es gut möglich ist? Die Teilnehmer waren zum Teil sehr jung, und natürlich haben auch sie nicht gewußt, wie weit es ist. Und einige, älter als ich, hatten ja nichts dagegen, daß die beiden Messners nicht mehr auftauchten. Das ist die Tragödie.«
Diese Aussage, gerafft und damit mißverständlich, versetzt Gerhard Baur und Jürgen Winkler, die anwesend sind, in Wut. Zu Recht. Den beiden mache ich zwar keinen Vorwurf, sie sprechen jetzt aber ihre lang gehegten Vorwürfe mir gegenüber aus. Endlich.

Der Kameramann und Bergsteiger Gerhard Baur

Winkler meldet sich zu Wort. Aber zuerst spricht Baur: »Was du sagst, und wie du es sagst, ist schlimm, wirklich schlimm. Weil wir damals alle am Berg waren. Wir haben ja nicht herunterspringen und weglaufen können, um irgendwo in ein anderes Tal zu kommen. Wir haben die Sache erst einmal verdauen müssen. Es war ja so, daß du am übernächsten Tag noch hättest auftauchen können. Dann ist alles sehr schnell gegangen. Was ich immer als sehr schlimm empfunden habe, ist, daß du im Prinzip einen pauschalen Vorwurf erhebst, aber dich dann mit den Details nicht auseinandersetzt. Du hast damals mit diesem Vorwurf gegen Herrligkoffer agiert. Ich war auf deiner Seite. In allen diesen Punkten. Dann aber dieser Vorwurf, wie du ihn jetzt wiederholst. Dieser Vorwurf steht gegen die ganze Gruppe, und dann müssen wir über die Details reden. Viele haben im ersten Moment nicht gewußt, was passiert ist.«

Ich kann Gerhard folgen. Er hat recht: Der Ablauf der Expedition war unmittelbar nach unserem Verschwinden nicht zu entschlüsseln. Es war ja nicht klar, ob Günther und ich über diese oder jene Route, wenn überhaupt, ins Diamirtal kommen würden. Hilfestellung im Diamirtal wäre vor dem 1. Juli gar nicht möglich gewesen.
»Ja, Gerhard, reden wir über die Tatsachen«, antworte ich. »Natürlich müssen sich zuerst alle ums Absteigen kümmern. Dann kommen Kuen und Scholz vom Gipfel zurück und sagen, daß wir vermutlich ›drüben‹ abgestiegen sind. Hundertprozentig können sie unser Verhalten nicht deuten. Aber es gab nur diese eine Möglichkeit.«

Herrligkoffer weiß also spätestens am 30. Juni, daß wir irgendwohin absteigen. Von Scholz und Kuen und von Gerhard Baur. Herrligkoffer ließ ja – und das erkenne ich an – die sogenannte Kinshofer-Route, die ich später Schell-Route nenne, mit dem Fernglas beobachten. Daß Gerhard Baur Herrligkoffer meine Begeisterung für eine Nanga-Parbat-Überschreitung inzwischen mitgeteilt hat, verschweigt er bei dieser Diskussion. Dabei ist es so wichtig und richtig gewesen. Offensichtlich ist diese Aussage vage geblieben. Ein Vielleicht. Wie alle anderen Optionen auch. Sonst hätte man reagiert. Herrligkoffer und Anderl kannten 1970 den Weg über Astor und Bunar ins Diamirtal. Ein Tag hätte vom Rupal-Basislager gereicht, bis nach Diamirai zu kommen.
Und nirgendwo sonst hätten wir herunterkommen können.
»Niemand aber ist in Richtung Diamir gereist«, sage ich. »Weder über den Mazenopaß noch über Bunar. Es war auch nicht vorgesehen, daß einer von der Mannschaft dort nachsieht. Wir waren aufgegeben worden. Es ist so. Es ist auch nicht tragisch. Ich verstehe, warum, kann diese Haltung teilen.«
Baur: »Es ist tragisch, weil alles aus dem Zusammenhang

gerissen wird. Reinhold, du bist intelligent genug, um die Details zu kennen. Ich mache dir jetzt den berechtigten Vorwurf – ich war ja der letzte, der mit dir und deinem Bruder zusammen war –, so kannst du es nicht darstellen. Denk an die Zusammenhänge, den Zeitaufwand. Bis wir unten waren, wir hätten mindestens zwei Tage vorher alles planen müssen. Ohne zu wissen, was möglich ist. Fast gleichzeitig hat Herrligkoffer gesagt, wir gehen außen rum.«

Der Expeditionsleiter hat der Mannschaft gegenüber geäußert, er hätte zwei Leute »rübergeschickt«. Wen und wohin? Nein, die Mannschaft kann nicht wissen, was Herrligkoffer wirklich getan hat, um uns zu finden. Zwischen Fehlinformationen, die Herrligkoffer streut, und der Ahnung, daß Günther und ich tot sein müssen, hoffen die allermeisten trotzdem auf ein Wunder.

Baur: »Noch eins: Niemand kann dich retten, wenn du in der Diamirflanke hängst.«

Damit hat Gerhard vollkommen recht, besteht aber weiterhin darauf, daß ein Marsch ins Diamirtal unmöglich gewesen wäre.

Baur: »Und darum ist das, was du sagst, unfair jedem gegenüber, der dich damals begleitet hat.«

Unfair will ich nicht sein, und gerade deshalb hilft diese Diskussion, die Zusammenhänge zu klären. Ich will auch niemandem einen Vorwurf machen. Ich möchte nur die Abläufe rekonstruieren.

»Wir können die Fakten nicht ändern. Es ist niemand ins Diamirtal gekommen. Die Expedition ist auf der Heimreise nicht nach Bunar, sondern nach Gilgit gefahren. Ich habe nur festgestellt, daß es so war.«

Baur: »Bei den gegebenen Umständen war es für die Begleiter, die am Berg waren, nicht möglich, so oder so zu entscheiden. Wohin sollte man am besten gehen und wo suchen? Wir waren 20, 23 Jahre alt, haben den Berg von der einen Seite gekannt. Keiner von uns hat den Berg von der anderen Seite gesehen.«

Der untere, gefährlichste Teil der Diamirflanke

»Ja, die Leute waren jung. Wer kannte schon die Geographie?« Ich gebe Gerhard Recht. »Ich kannte sie auch nicht. Auch ich wußte nicht, wie weit es vom Rupal- ins Diamirtal ist. Aber es ist doch richtig, daß niemand versucht hat, ins Diamirtal zu schauen. Herrligkoffer hatte die Geographie nicht im Kopf, um schnell reagieren zu können. Auch ich hätte in eurer Situation im Basislager gesagt, wer über die andere Seite vom Berg absteigt, kommt nie unten an.«

Das ist doch auch ein Beweis dafür, daß trotz meiner wiederholten Schwärmereien von einer Nanga-Parbat-Überschreitung niemand daran geglaubt hat, daß ich so etwas konkret umsetzen würde. Um die Stimmung damals geht es. Ich will nur nachfühlen können, warum die Kameraden so und nicht anders reagiert haben.

Baur: »Die Tatsache mußt du in einen Zusammenhang stellen. Wenn ich die Wahrheit sage, ist es plötzlich niemandem mehr recht. Was hat die Gruppe, die damals am Nanga Parbat war, von der Geographie gewußt? Du warst informiert über die Zusammenhänge am Nanga Parbat. Wir nicht. Wir waren junge Bergsteiger, die mit Euphorie mitgegangen sind. Auch wir waren über die Zusammenhänge schockiert, betroffen. Auch wir hatten eine Seele. In unseren Gedanken haben wir uns ständig gefragt, was passiert ist.«

Gerhards Wut macht ihn menschlich, endlich. Trotzdem reden wir aneinander vorbei. Ich verstehe nicht genau, was er will. Bis jener Satz fällt, der wohl der Kern des Streites ist. Von Anfang an.

Baur: »Wenn du sagst, daß die Sache mit der Nanga-Überschreitung, die Herrligkoffer dich unterschreiben lassen wollte – daß Günther in der Merkl-Scharte gestorben ist – in anderen Köpfen entstanden ist …«

»Sicher nicht in der Mannschaft«, unterbreche ich.

Warum reagiert Gerhard verletzt auf diese Feststellung? Ich mache ihm ja keinen Vorwurf. Es war doch richtig von ihm, weil notwendig, Herrligkoffer über meine ausgesprochenen Tagträume einer Nanga-Überschreitung zu informieren. So nur konnten Strategien für eine Suche entwickelt werden.

»Wenn sich aber jemand vorstellt«, fahre ich fort, »daß mir Herrligkoffer später ein Schriftstück vorlegt, in dem steht, mein Bruder sei in der Merkl-Scharte gestorben, ich hätte die Überschreitung des Nanga Parbat im voraus geplant, und ich sei allein abgestiegen, um mit dieser Sensation berühmt zu werden, ist Schluß.«

Tod, auch noch des Bruders, gegen Ruhm! Nicht nur eine Unmöglichkeit! Diese infame Unterstellung, die ich bis zu diesem 4. Oktober 2001 keinem der Nanga-Kameraden zutraue, war doch nur Herrligkoffers Selbstschutz. Er brauchte sie als Propaganda zur Rechtfertigung für sein unmenschliches Verhalten.

»Ich sollte das unterschreiben?« fahre ich fort. »Daß ich

mich von da an zurückzog und sagte, ›mit solchen Leuten will ich nichts zu tun haben‹, müßt ihr verstehen.«
Baur: »Ja, klar.«
»Ich mache niemandem einen Vorwurf«, fahre ich fort. »Auch nicht, daß im Diamirtal nicht gesucht worden ist, Herrligkoffer am wenigsten. Weil er bergsteigerisch keine Ahnung hatte. Ich war damals übrigens auch nicht erfahren. Es war mein erster Achttausender. Und nur weil wir wenig Erfahrung hatten, sind wir in einer so engen Konstellation zum Gipfel gestiegen. Hintereinander und ohne vom Bruder zu wissen. Ich sage ja selbst, daß uns oben niemand helfen konnte. Es war Glück oder ein Wunder, daß ich überlebt habe. Und wenn wir heute im Basislager wären und ganz oben am Berg steckten zwei in der Klemme, wir könnten ihnen nicht helfen. Trotz aller Erfahrung, die wir dazugewonnen haben. Keiner hat geholfen, weil ganz oben keiner helfen konnte.«
Hätte man am Ende aber nicht doch ins Diamirtal fahren können? Statt jene Ausrede zu erfinden, die mir Brudermord unterstellt?
Baur und Winkler schreien durcheinander.
Jürgen Winkler: »Du warst erfahrener, daß du überlebt hast, ist ein Wunder ...«
Hätte der Expeditionsleiter 1970 jemanden ins Diamirtal geschickt, er wäre auch dort zu spät gekommen. Günther war tot, ehe es ein Suchtrupp nach Diamir hätte schaffen können. Im besten aller Fälle. Die Frage ist: Wäre in diesem Fall die Theorie von einer gezielt geplanten Nanga-Parbat-Überschreitung, die nach und nach zur Anklage formuliert wurde, je ausgesprochen worden?
Der erste, der sich nach diesem Diskurs mit schriftlichen Fragen zu Horst Höflers Buch meldet, ist Jürgen Winkler. Er bleibt dabei sachlich und weist auf Fehler hin. Mein Vorwort erwähnt er nicht. Wieder ist darin die »Überschreitung« ein wichtiger Punkt.
Höfler: »Reinhold bat eindringlich, daß sie – sein Bruder

Reinhold Messner 1970 im Diamirtal, zu Tode erschöpft

und Gerhard – unbedingt warten sollten, bis er wieder zurückkäme. Es straft alle Spekulationen, Reinhold Messner hätte eine Nanga-Parbat-Überschreitung vorgehabt, Lügen.«

Winkler: »Von einer Überschreitung wurde gesprochen. Die Idee war drin im Kopf des Reinhold Messner: Es war eine tolle Sache, den Nanga zu überschreiten. Auch vom gesamten Peutereygrat zum Mont Blanc war die Rede – und zwar von einer ersten Winterbegehung.«

Ja, diese habe ich 1972 sogar wagen wollen. Dabei bin ich leider mit Heini Holzer zu spät gekommen. Sind diese Schwärmereien und Pläne ein Beweis dafür, daß ich 1970 den Nanga Parbat überschreiten wollte?

Winkler: »Wir wußten nicht, daß die Brüder in Bergnot geraten sind. Es gab Verärgerung über dieses leichtsinnige Handeln. Wir (zumindest einige) wußten ja von der Erwägung einer Überschreitung. Wir vermuteten, daß die

beiden unter Umständen auf der Rupalseite über den ›Kinshofer-Weg‹ absteigen würden.«
Also muß meine Andeutung einer Nanga-Parbat-Überschreitung mehr als vage gewesen sein. Ja, Jürgen Winkler und alle anderen waren in Sorge um uns gewesen, und es gibt nicht den geringsten Grund, ihnen Vorwürfe zu machen. Was aber treibt sie dazu, mir zu unterstellen, ich hätte den Bruder dem Ehrgeiz geopfert?
Nachdem mir in München klar wird, wie aggressiv Gerhard und Jürgen in Sachen Nanga Parbat reagieren, bitte ich Gerhard Baur bei einem Filmfestival in Polen, zu dem wir beide eingeladen sind, mein Buch über die Rupalwand-Expedition zu lesen. Vor Erscheinen. Er soll seine Sicht des Geschehens einbringen. Gerhard sagt ja. Ich freue mich darüber. Denn er ist der Erfahrenste von allen. Erfolgreich im Beruf und als Bergsteiger steht er über den Dingen, denke ich. In Lódz verspricht mir Gerhard Baur, das Buch »Der Nackte Berg« zu lesen und alles anzustreichen, was nach seiner Erinnerung nicht stimmig ist.

Gerhard Baur und ich sind auch nach der Expedition 1970 noch öfters zusammen auf Reisen gewesen, trafen uns regelmäßig. Wir, die wir an der Rupalwand Komplizen gewesen sind, sitzen damit wieder vor einer gemeinsamen Aufgabe: so genau wie möglich zu rekonstruieren, was an den dramatischen Tagen an der Rupalseite des Nanga Parbat passiert ist. Hatten wir drei – Günther, Gerhard und ich – uns nicht in die Vorstellung verstiegen, in der Wand zu bleiben, sollte Herrligkoffer die Expedition abbrechen? Ja, auf eigene Faust wollten wir weitermachen. Naiv, wie wir waren, glaubten wir ohne Versorgung von unten zurechtzukommen. Mit Resten von Proviant in den Hochlagern, überzeugt, den Gipfel zu erreichen und irgendwie vom Berg herunterzukommen.
Zurück in Südtirol gehen die Fahnen meines Buches sofort ins Allgäu zu Gerhard Baur. Auf Antwort warte ich

allerdings vergebens. Gerhard, denke ich, ist also einverstanden. Mit allem.
Das Buch erscheint. Vorher und gleichzeitig beginnt eine Pressekampagne gegen mich. Eine Flut von Zeitungsartikeln suggeriert einen Skandal. Max von Kienlin, der Ankläger, Baur und Winkler wiederholen all die Vorwürfe, die Herrligkoffer 1970 schon vorgebracht hat. Sonderbar, denke ich mir, hier wird um etwas polemisiert, das außer Gerhard niemand kennt.
Kienlin: »Kameraden haben mich schon vor Erscheinen des Buches aufmerksam gemacht.«
Max von Kienlin hat ein Dossier verfaßt, in dem er sich mit Herrligkoffer überzeugt zeigt, »daß Günther schon beim Biwakieren unterhalb des Gipfels gestorben ist«. Seine Anklage geht an wichtige Zeitungen und Magazine in Österreich und Deutschland.
Max von Kienlin: »Daß Reinhold den toten Günther dort oben verließ in der Erkenntnis, ihm nicht mehr helfen zu können ... der Bruder ist tot, ein Rückstieg ohne Seil riskant ... warum nicht die Unsterblichkeit herausfordern, einen Achttausender überschreiten? Erstmals in der Geschichte der Menschheit.«
Nochmals, wenn Günther dort oben verstorben wäre, warum sollte ich es verschweigen?
Max von Kienlin hat zwei Thesen dazu: »Entweder ist Günther schon in der Biwaknacht nach dem Gipfel gestorben, oder er wurde noch lebend verlassen.«
Beide Thesen sind inzwischen widerlegt. Eindeutig. Denn der Leichnam meines Bruders wäre in der Merkl-Scharte gefunden worden. Wen aber interessiert das schon? Seit Dutzende Journalisten ihre Mutmaßungen verbreiten, steigt die Neugierde. Tatsache bleibt, daß verschiedene Personen widersprüchliche Aussagen zum Tod Günthers machen. Wenn außer mir auch kein direkt Beteiligter.
Max von Kienlin: »Herrligkoffer hat sich die Hypothesen auch nicht aus den Fingern gesogen.«

Nur die Version dazu – »Ist Günther vielleicht lebend oben geblieben und Reinhold alleine nach Diamir abgestiegen?« – ist neu.
Max von Kienlin: »Hilfe schien ja zu nahen, weil der Schönwetteraufstiegsplan in vollem Gang war. Sie hätten Günther zu den Lagern abseilen können.«
Alles falsch. Wie immer, wenn Nichtbergsteiger über extreme Situationen am Berg weissagen. Sie können nur zur Verwirrung beitragen. Wahrscheinlich tun sie es nicht mit Absicht. Aber all diese Mißdeutungen sind zuletzt undurchdringlich wie die Nebel. Als Rechtfertigung für seine Rufmordkampagne wiederholt Max von Kienlin gebetsmühlenhaft, ich habe mit Höflers Buch die Mannschaft beleidigt.
Zu den Schlüsselfragen äußert sich der Alpinjournalist Horst Höfler aus München am 16. April 2002: »Den Text des Buches ›Herrligkoffer – besessen, sieghaft, umstritten‹ habe ich, Horst Höfler, in eigener Verantwortung geschrieben. Reinhold Messner hat lediglich das Kapitel ›Karl Maria Herrligkoffer‹ am Anfang des Buches, als Vorwort, beigetragen. Außerdem habe ich im Kapitel über die ›Siegi-Löw-Gedächtnis-Expedition 1970‹ aufgrund meiner exakten Recherchen einwandfrei belegen können, daß Reinhold Messner keineswegs eine Überschreitung des Nanga Parbat geplant hatte. Im Gegenteil: Anläßlich eines Telefongesprächs, das ich am 16. Juli 2001 mit Gerd Baur/Sulzberg (Allgäu) führte, sagte mir dieser, daß Reinhold Messner vor seinem Aufbruch vom höchstgelegenen Lager in der Rupalwand zum Alleingang durch die Merkl-Rinne in Richtung Gipfel eindringlich darum gebeten hat, daß sie – Günther Messner und Gerd Baur – unbedingt warten sollten, bis er (Reinhold Messner) wieder zum Lager V zurückkäme.«
Am 25. Mai 2002 meldet sich Hans Saler mit einem offenen Brief zu Wort. Auch ihm geht es »um die Wahrheit«. Zuerst aber zum Einsatz in der Rupalwand.

Saler: »Die Wahrheit ist, daß sich damals keiner so sehr in der Wand geschont hat wie du: Das Schleppen der Lasten war deine Sache nicht, und nach einem anstrengenden Einsatz legtest du für dich selbst gerne einen Ruhetag ein. Du schriebst dann dein Tagebuch – schließlich sollte daraus ja schnellstmöglich ein Buch werden! – während die anderen am Berg schufteten.«
Auch er hat seine eigene Theorie zu Günthers Tod. Saler: »Vielleicht hat Reinhold seinem Bruder empfohlen, über den Aufstiegsweg bis zum schwierigen Punkt abzusteigen und dort auf die nachkommenden Kameraden zu warten, während er auf die andere Seite hinunterkletterte. Vielleicht wollten die beiden auf gleicher Höhe, aber auf verschiedenen Bergseiten, biwakieren: Reinhold in der Scharte, Günther in der Rinne.«
Die anderen wären auf meinen Bruder gestoßen, oder er wäre ihnen in die Arme gefallen. Natürlich hätten Kuen und Scholz ihren Gipfelgang unterbrochen.
Saler: »Seit dem Nanga Parbat gehst du mit Steigeisen an den Füßen durch's Leben, da dein höchstes Ziel weniger der Berg an sich als vielmehr der Olymp des Ruhmes ist, mit dessen zunehmender Höhe bei dir Wahrheit und Realitätssinn auf der Strecke bleiben.«
Nein, ich habe seinen Einsatz nicht vergessen. Das Glück, daß die Erstbegehung der Rupalwand Günther und mir zufiel, soll also nicht genug gewesen sein.
Mit welchen Worthülsen operiert Hans Saler?
Saler: »Die Rupalflanke am Nanga Parbat wäre von der Mannschaft auch ohne dich durchstiegen worden!«
Ich habe es nie bestritten und die Mannschaft immer gelobt. Auch zweifelte ich nicht an ihren Idealen.
Saler: »Du wolltest der erste Mensch sein, der einen Achttausender überschreitet. Selbst die Notlage deines erschöpften Bruders konnte dich von deinem ehrgeizigen Ziel nicht abbringen.«
Die erste Überschreitung eines Achttausenders war schon

1963 gelungen, und zwar den Amerikanern Hornbein und Unsoeld am Mount Everest. In einer Notlage denkt überdies niemand an so ein Ziel. Nicht alles, was als Idee vorhanden ist, will umgesetzt werden.

Noch vor wenigen Jahren bat mich Hans Saler, dem ich nach eigener Aussage schon 1970 unsympathisch gewesen war, ein Vorwort für sein Buch zu schreiben. Ein Buch über sein Leben. Und weil ich Hans schätze, habe ich ihm am 16. Dezember 1998 einen Text als Vorwort zu seinem »Winternachtstraum« geschickt. Nach Chile, wo er heute lebt:

»Hans Saler – ein unverbesserlicher Träumer« ist der Text überschrieben. »Es war vor 30 Jahren, als ich Hans Saler kennenlernte, und es war am Nanga Parbat in Pakistan. Damals war Hans Saler ein junger Bergsteiger aus München, introvertiert und still, aber einsatzfreudiger als die anderen Expeditionsteilnehmer.

Dieser Hans Saler, dem die Schule ein Gefängnis gewesen war, hatte sich früh aus den Zwängen der abendländischen Kultur befreit – sein Onkel Vivian Fuchs führte gerade eine Commonwealth-Expedition quer durch die Antarktis. Er war damit über alle Mauern, die sein Leben beengt hatten, geklettert und einfach unterwegs – für immer.

Auf der Suche nach seinem Glück hinter dem sich weitenden Horizont bereiste er Asien, lebte in Bolivien, heiratete eine gleichgepolte Frau und verbrachte über acht Jahre auf einem kleinen, selbstgebauten Segelboot auf den Weltmeeren.

Hans Salers Unterwegssein ist ein Zustand des Gehens, Staunens und Sehens, kein Abenteurerleben wie viele andere, er kommt nie an. Weil seine Erwartungen nie draußen liegen, mag er den Tag, an dem er nach seinem Gold auszog, nie verflucht haben. Wie viele von unseresgleichen ›kamen nie an, gaben vorzeitig auf oder erfroren, stürzten ab, ertranken, verfielen in Wahnsinn, starben an Erschöpfung oder durch Krankheiten‹?

Der Gipfel des Nanga Parbat. Er läßt uns alle nicht mehr los

Ich bin inzwischen ein moderner Halbnomade geworden, ein Ruheloser zwischen Wildnis und Heimat. Hans Saler ist immer noch unterwegs, ohne Ambitionen, für sich, ganz langsam. Sein Reisen ist die Kunst des Wegsuchens, des Spurenlesens, des Freundetreffens. Er weiß, ›ein Tag, ohne einen Baum gesehen zu haben, ist ein trauriger Tag‹. Wie die Indianer lebt er nicht für das Tun, Werden und Verändern, er schöpft aus dem Sein und Erhalten. Wohl deshalb ist dieser ›Winternachtstraum‹ weder Botschaft noch Weisheit – er zeigt ein Stück seines Lebens, seines Weges.

Nein, nicht wir haben diese Welt erobert oder die ersten Wege gezogen: weder nach Westen, noch nach oben oder nach Norden. Selbst frühere Kulturen waren nur ausgetretenen Pfaden gefolgt. Die ursprünglichen Wegbereiter sind seit jeher die Pflanzen, die Wildtiere, die Wolken und Wasser. Hans Saler, dieser unverbesserliche Träumer, folgt ih-

nen weiter, mit all seiner Aufmerksamkeit und, wie ich ihn kenne, bis zu seinem Lebensende.«
Schade, auch dieser Hans Saler hat seinen Frieden nicht gefunden.

Am 27. und 28. Oktober 2002 habe ich erneut Gelegenheit, mit Gerhard Baur zu sprechen. In Banff in Kanada, wieder bei einem Festival.
Baur besteht auf seinem Standpunkt: »Du hast die Nanga-Parbat-Überschreitung geplant.« Und dies, obwohl er gleichzeitig meine Bitte, im Lager V auf mich zu warten, bestätigen kann.
Baur: »In der Nacht nach der roten Rakete war ich mir noch sicher, daß Reinhold einen schnellen Soloaufstieg versucht und dann zurückkommt. Als ich aber am Morgen das herrliche Wetter sah, war für mich klar: Der steigt über die Diamirwand ab.«
Was für ein Schluß? Bei schlechtem Wetter hätte ich erst gar nicht losgehen können. Und jeder Abstieg über die andere Seite – ob gewollt oder erzwungen – hätte für uns eine Notlage bedeutet. Hilfe hätte uns nur noch im Diamirtal erreichen können.
Baur: »Ich bin entsetzt. Wie kann er nur der Mannschaft vorwerfen, nicht ins Diamirtal gekommen zu sein, um zu helfen. Er weiß doch genau, daß wir von der Notlage nichts wissen konnten. Als Günther bereits tot war, waren wir noch auf 7000 Meter Höhe.«
Nein, es geht bei diesem Streit nicht mehr um die Wahrheitsfindung. Es geht um Rechthaberei, Verurteilung, Rache. Rache aber wofür?
Weil ich mit Herrligkoffer meinen Frieden gefunden habe? Weil ich mich dafür einsetze, daß seine Stiftung weiterbesteht? Sie soll in Zukunft weniger Expeditionen als vielmehr kulturelle und soziale Einrichtungen fördern. Vielleicht eine Schule im Rupaltal finanzieren, nachdem ich mein Schulprojekt in Ser im Diamirtal abgeschlossen habe.

Heran Peak, von den »Unfolgsamen« erstbestiegen

Der Nanga Parbat ist mehr als eine Episode in meinem Leben geblieben. Er hat mich geprägt. Ich habe viel auf dem Weg dorthin gelernt. Auch von den Kameraden. Warum das Gelernte nicht einbringen, neue Ideen umsetzen, weitere Visionen entwickeln, dem Alter entsprechend handeln.

Vielleicht brauchen die Kameraden mich als Antipoden? Als den Bösen! Um sich selbst zu erhöhen! Oder mißbrauchen sie mein Schicksal, weil sie nicht zu ihrem stehen? Deshalb die Beschuldigungen? Tröstet die Kränkung des Erfolgreichen über versäumtes Leben hinweg? Je nachhaltiger der Erfolg, um so umfassender der Vergleich, dem sich allzuviele aussetzen. Ohne es zu müssen. Ich weiß, ich bin als Grenzgänger anderen Grenzgängern Konkurrent. Nur wenige können mich leiden. Also auch Neid. Was gehört nicht zur Natur des Menschen? Wer die höchste Wand der Welt durchstiegen hat, muß als Bergsteiger also die meiste Niedertracht ertragen. Es ist wie ein Gesetz! Auch ihr Gesetz?

In seinem Anruf vom 20. April 2002 sagt Jürgen Winkler, er stehe *nicht* zum Dossier von Max von Kienlin. Aber er will der Medienkampagne auch nicht widersprechen.

Es ist richtig, Winkler hat immer über den Parteien gestanden. Auch in der Auseinandersetzung Messner – Herrligkoffer. Jetzt aber hat auch er sein Problem mit mir.

Ich erinnere mich: Schon vor der Buchpräsentation in München hat Jürgen auf mich eingeredet. Vielleicht war ich dabei unwirsch, weil ich mir all seine Vorhaltungen selbst mache. Ich möge doch zugeben, daß ich nur mit Glück überlebt hätte! Ja, sagte ich, ja. Auch am Ende der Diskussion zum Höfler-Buch über Herrligkoffer kam er wieder und wieder darauf zurück. Schier atemlos wiederholte er diese eine Behauptung.

Winkler: »Gib doch zu, daß du Glück gehabt hast.«

Als ob mein Leben unverdient wäre. Als ob ich mich für das Glück, überlebt zu haben, pausenlos entschuldigen müßte.

Kapitel XI

Historie

Im Gletscherbruch am Nanga Parbat

Die Geschichte des Diamir, des Königs der Berge, wie der Nanga Parbat mit seinem zweiten Namen noch benannt wird, begann, als Mummery 1895 erstmals nach diesem eisverbrämten Göttersitz griff.

Karl M. Herrligkoffer

Ein einzelner Bergsteiger, nur von zwei Trägern unterstützt, ist einem Achttausender nicht gewachsen.

Günther Oskar Dyrenfurth

Merkl handelt zunehmend wie ein Diktator, der keine Kritik zuläßt. Er scheint wirklich zu glauben, daß eine feste und kompromißlose Haltung seine Autorität festigen und seinen Minderwertigkeitskomplex, den er als Emporkömmling offensichtlich fühlt, unterdrücken könnte. Mit Balbo verloren wir eine wirksame Unterstützung im Kampf gegen Willys Anfälle von Größen- und Verfolgungswahn. Er ist seiner Führerrolle seelisch nicht gewachsen. *Willo Welzenbach*

Man kann nicht einen Verein von zehn bis zwölf Leuten auf einen Achttausender bringen wollen. Dann kommt eben keiner hinauf. *Willo Welzenbach*

Unser Unternehmen mußte auf einer Art militärischer Disziplin und bedingungslosem Gehorsam beruhen. Ein Beschluß wurde natürlich nicht gefaßt. Bei uns wurde gesprochen, dann entschieden und – angeordnet. Mit Abstimmungen kommt man über keine Schwierigkeiten weg. Neben der engen Kameradschaft war die Unterordnung die Vorbedingung des »Vorwärtskommens«.

Paul Bauer

Dr. Seyss-Inquart ließ durchblicken, daß er die Teilnahme Harrers begrüßen würde. *Peter Aufschnaiter*

1932–1939: Die großen Tragödien

Mit dem Nanga Parbat hat die Eroberung der Achttausender begonnen. Mit 8125 Meter Höhe steht er in der Liste der 14 Achttausender an achter Stelle.
Die Geschichte dieses Berges ist dramatisch. Der Nanga Parbat, der Nackte Berg, mit anderem, schönerem Namen Diamir, also König der Berge, bildet als gewaltiger Bergstock den westlichen Eckpfeiler des Himalaja. An ihm nimmt der bis dahin von Ost nach West fließende Indus – einer der großen, heiligen Ströme Asiens – seinen Lauf nach Süden. Rund 7000 Meter beträgt der Höhenunterschied zwischen Flußbett und Gipfel.
Die ersten Nachrichten und das erste Bild des Berges, eine Panoramazeichnung von Norden, stammt von dem Münchner Forscher Adolf Schlagintweit. Er hat die Ansicht des Berges um den 20. September 1856 gezeichnet.
Der erste Bergsteiger, der einen Angriff versucht, ist Albert Frederic Mummery. Er erreicht im August 1895 die nach ihm benannte, mächtige Felsrippe in der Diamirflanke. Bonington: »Seine Zielsetzung war von Einfachheit gekennzeichnet. Kein Gedanke an Sauerstoff, Kolonnen von Sherpas, Fixseile oder Lager.«
Er ist nicht nur einer der kühnsten und erfolgreichsten britischen Bergsteiger, seine Prinzipien haben bis heute Geltung. Sie setzen Maßstäbe im modernen Alpinismus, der mit ihm beginnt. Während seine Freunde Collie und Hastings – Bruce ist vorher schon abgereist – »außen herum« um den Nanga Parbat wandern, versucht Mummery, von zwei Gurkhas begleitet, den direkten Übergang vom Diamir- ins Rakhiottal. Dabei bleibt er verschollen.

Die Brüder Schlagintweit. Von links Robert, Hermann und Adolf. Adolf stieß bis zum Nanga Parbat vor

35 Jahre nach Mummerys Bergsteigertod nimmt Anfang der dreißiger Jahre der Münchner Stadtbaurat Dr. Willo Welzenbach, »der erfolgreichste Bergsteiger zwischen den beiden Weltkriegen« (Franz Graßler), den Gedanken einer Nanga-Parbat-Besteigung wieder auf. Verpflichtungen verhindern die Ausführung. Er gibt seine Pläne, seine gesamten Unterlagen an den Freund und Gefährten Willy Merkl weiter. Willy Merkl bringt Mittel und Mannschaft zusammen. Es ist die erste deutsch-amerikanische Expedition, denn Geld kommt auch aus den USA.
Obwohl von Pech verfolgt, erreichen Merkl, Bechtold und Wießner am Nanga Parbat den Rakhiotgrat (ca. 6900 m). Aschenbrenner und Kunigk ersteigen sogar den Rakhiot Peak (7070 m). Doch anhaltend schlechtes Wetter zwingt sie zum Abbruch des Unternehmens.
Der amerikanische Bergsteiger Rand Heron stürzt auf der

Heimreise von der Cheopspyramide in Ägypten. Er stirbt an den Verletzungen.
Willy Merkl bringt vom Berg die Überzeugung mit, »den einzig möglichen Anstieg zum Gipfel« (Graßler) gefunden und eröffnet zu haben. Dazu kommt der feste Wille wiederzukommen. Dabei ist sein Anstiegsweg gefährlich, lang und unübersichtlich. Von der großen Moräne am Wandfuß durch Gletscherbrüche und weitere Firnfelder zur Rakhiot-Eiswand, dann über Silbersattel, Silberplateau, Vorgipfel, Bazhinscharte zur Schulter und zum Gipfel! Es ist die längste aller Anstiegsrouten auf einen der Achttausender. Höhenunterschied: 4625 Meter, Horizontaldistanz: 18 Kilometer.
In unermüdlichem Einsatz und mit beredter, ja geradezu mitreißender Werbung, besonders im Kreis seiner Arbeitskameraden und in den Sportvereinen der Deutschen Reichsbahn, gelingt es Willy Merkl, die Mittel für die zweite Expedition aufzubringen. Welzenbach läßt Merkl die Führung. Die besten Bergsteiger aus Österreich und Deutschland sind im Team. Der »Kampf« um den Nanga Parbat wird in Deutschland und Österreich populär. Nationaler Ehrgeiz – welche Nation erkämpft als erste einen Achttausender – steht im Mittelpunkt. Das große Ansehen im In- und Ausland, das sich die Bergsteiger der beiden Expeditionen Paul Bauers zum Kangchendzönga, dem »Kantsch«, 1920 und 1931 erworben haben und die großartigen Bilder der Merkl-Expedition 1932, die um die Welt gehen, tragen »den Kampf um die Weltberge« zu den Massen.
Zu Willy Merkls Mannschaft 1934 gehört ein Kreis erstklassiger Bergsteiger. Einige haben Expeditionserfahrung. Die Teilnehmer: Peter Aschenbrenner, Fritz Bechtold, Willy Bernhard, Alfred Drexel, Willy Merkl, Peter Müllritter, Erwin Schneider, Willo Welzenbach, Uli Wieland und Hanns Hieronimus als Lagerverwalter.
Dazu gehört auch eine Gruppe von Wissenschaftlern, die

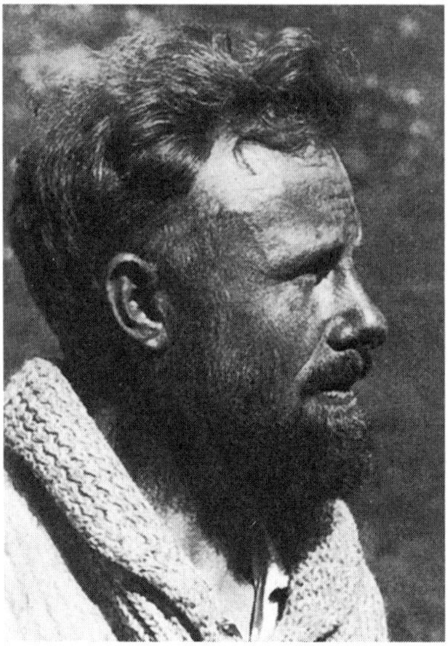

Willy Merkl

von der Notgemeinschaft der deutschen Wissenschaft und dem DuOeAV finanziert wurde: Prof. Richard Finsterwalder, Walter Raechl, Peter Misch. Zum ersten Mal verpflichtet man als Hochträger 35 Sherpas.
Drei Wochen nach dem Abmarsch von Srinager wird auf der großen Moräne das Hauptlager eingerichtet. Zügig erfolgt der Aufbau der Lagerkette bis Lager IV. Da erkrankt in Lager II Alfred Drexel. Er stirbt am 8. Juni. An einem Lungenödem (damals Lungenentzündung!). Zur Beisetzung kehren alle Teilnehmer ins Hauptlager zurück. Kostbare Tage verstreichen. Am 25. Juni wird Lager IV (6185 m), »das obere Hochlager«, wieder besetzt. Dann schiebt die Expedition ihre Lagerkette bis über den Silbersattel vor: Lager V (6690 m) vor der Rakhiot-Eiswand; die Lager VI und VII (7050 m) auf dem Rakhiotgrat bzw. unter dem Silbersattel: Lager VIII wird am 6. Juli in 7480 Meter Höhe auf dem Silberplateau »hin-

Willo Welzenbach und Alfred Drexel

ter« dem Sattel erstellt. An diesem Tag sind Peter Aschenbrenner und Erwin Schneider über das riesige Firnfeld bis knapp unter den Vorgipfel (7850 m) gestiegen. Den schwierigen Grat zur Schulter sehen sie nicht. Damit beginnt die Tragödie.

Im letzten Lager herrscht Sturm. Die Männer sind verwirrt. Ihre Kleider sind vereist. In den Schlafsäcken tauen sie durch die Körperwärme kurz auf. Der Sturm weht riesige Schneefahnen über die Grate. Er fällt über das Lager her. Merkl und Welzenbach haben in den Alpen viele Gefahren überlebt. Sie und ihre Kameraden kennen den Unterschied zwischen einem Sturm in den Alpen und einem Orkan im Himalaja. Der 7. Juli ist ein Sturmtag. Das Sonnenlicht erstickt. Im Wirbel der Schneeböen kaum Sicht. Merkl, Schneider, Welzenbach und Wieland beraten. Was ist zu tun? Abwarten! sagt Merkl. Sahibs und Träger liegen dumpf in den Schlafsäcken. Der Orkan vereitelt jeg-

Blick vom Lager VI (6600 m) auf den Chongra Peak und Karakorum

liches Kochen. Die zweite Nacht kommt, eine Nacht der sinkenden Hoffnung. Zeltstangen knicken, Schneestaub sprüht durch alle Ritzen und Nähte. Immer rasender tobt der Sturm. Am Morgen des 8. Juli sind alle überzeugt, sofort absteigen zu müssen. Das Leben von fünf Bergsteigern und einem Dutzend Trägern steht auf dem Spiel. Merkl ordnet an, daß Aschenbrenner und Schneider mit drei Trägern vorausspuren sollen. Auch alle anderen rüsten zum Abstieg. Die Spitzengruppe kämpft sich tiefer. Als sie zum Silbersattel kommt, steigert sich der Sturm. Sie gehen mit größter Vorsicht. Der Abstieg durch die Steilflanke ist gefährlich. 100 Meter unterm Sattel wird Nima Dorje, ein Sherpa, vom Sturm aus den Stufen gerissen. Es gelingt, ihn zu halten. Im tobenden Sturm wirbeln die Schneefahnen. Die Männer können keine zehn Meter weit sehen. Nur einmal, als der Sturm die Wolken auseinanderreißt, sehen sie die zweite Partie am Silbersattel.

Um sieben Uhr abends sind Aschenbrenner und Schneider im Lager IV. Völlig vereist. Sie warten auf die anderen. Den ganzen Abend lang, die ganze Nacht hindurch. Willy Merkl und seine Mannschaft kommen nicht. Unterhalb des Silbersattels haben sie ein Zwischenlager aufgeschlagen. Welzenbach ist ohne Schlafsack. Kein Essen. Ein Sherpa stirbt. Merkls rechte Hand erfriert. Bei Wieland sind es beide Hände.
Am anderen Tag, beim weiteren Abstieg, brechen drei Sherpas zusammen. Sie bleiben im Zelt liegen, in den Seilen hängen. Tot. Am 9. Juli reißen die schweren Schneewolken auseinander. Für kurze Zeit. Von unten sehen sie für wenige Minuten hinauf zum Grat: Unterm Silbersattel ist eine größere Partie im Abstieg. Warum sind die Kameraden nicht weiter? Weit hinter der Gruppe ein einzelner Punkt. Es ist Uli Wieland, der wenig später in seiner Erschöpfung einschläft und stirbt.
In der Nacht fällt wiederum ein halber Meter Neuschnee. Vom Silbersattel peitschen Schneefahnen waagrecht über die Rakhiotseite. 100 Meter lang. Vier Männer waten durch den Schnee ins Lager IV, einen mannstiefen Graben hinter sich offen lassend. Es sind vier Sherpas! Restlos erschöpft, die Hände erfroren, kommen sie an. Einer ist schneeblind.
Sie bringen eine letzte Botschaft von Welzenbach.
Welzenbach: »Lager VII, 10. Juli. An die Sahibs zwischen Lager VI und IV. Wir liegen seit gestern hier, nachdem wir Uli im Abstieg verloren. Sind beide krank. Ein Versuch, nach Lager VI vorzudringen, mißlang wegen allgemeiner Schwäche. Ich, Willo, habe vermutlich Bronchitis, Angina und Influenza. Bara Sahib allgemeines Schwächegefühl und Erfrierungen an Händen und Füßen. Wir haben seit sechs Tagen nichts Warmes gegessen und fast nichts getrunken. Bitte helft uns bald hier in Lager VII. Willo und Willy.«
In der Nacht zum 13. Juli stirbt auch Welzenbach. Er

bleibt im Lager VII. Am Morgen raffen sich nur noch zwei Sherpas und Merkl auf. Auf zwei Eispickel gestützt, steigt Merkl abwärts, den Grat entlang. Wenn die Nebel aufreißen, kann er unter sich die Zelte von Lager IV sehen. Für Momente nur. Aber Rettung von dort ist ausgeschlossen. Der Schnee liegt zu hoch. Merkl bleibt liegen. Er schafft die Gegensteigung am Mohrenkopf nicht. Nicht mehr. Er versucht es zwar immer wieder, aber er bricht zusammen. Zwei Sherpas sind noch bei ihm. Die drei Übriggebliebenen graben sich eine kleine Schneehöhle. Mit seinem Sherpa Gay-Lay wickelt sich Merkl in eine Decke. Als Unterlage benutzen sie eine Schaumgummimatte. Sie reicht für zwei. Angtsering muß sich mit einer Decke begnügen. So verbringen sie die Nacht. In Kälte, Stürmen und Delirium.
Am 13. Juli sieht man von unten drei Leute von Lager VII absteigen. Auf halbem Wege zu Lager VI, in der Senke vor der Gegensteigung zum Mohrenkopf, tritt einer vor und winkt. Wieder rafft sich Merkl auf. Er zwingt sich weiterzugehen. Die Sherpas stützen ihn. Aber Merkl und Gay-Lay kommen nur drei Meter weit, dann kann Merkl nicht mehr. Mühselig schleppen sie sich zur Höhle zurück. Nur Angtsering hat noch die Kraft, die Gegensteigung zu überwinden. Ein furchtbares Ende!

Noch einmal die Daten

In der Nacht vom 6. zum 7. Juli bricht »ein gewaltiger Monsun-Schneesturm« los.
Dyhrenfurth: »Ein böser Tag, eine noch bösere zweite Nacht, und am 8. Juli früh wird der Rückzug beschlossen.« Auf Merkls Wunsch übernehmen Schneider und Aschenbrenner die Aufgabe, die Route im tiefen Schnee

Der Nanga Parbat in Kaschmir, Himalaja, mit der Aufstiegsroute von 1934

zu finden, den Weg zu bahnen. Die anderen sollen dicht aufgeschlossen folgen. Die beiden Tiroler schaffen es mit drei Trägern, sich in die unteren Lager durchzuschlagen. Um 19 Uhr sind sie im Lager IV. Im Glauben, die anderen, drei Sahibs und elf Sherpas, seien dicht hinter ihnen, haben sie sich in Sicherheit gebracht.
Dyhrenfurth: »Im rasenden Schneesturm gibt es keine Sicht, und Warten ist unmöglich.«
Die anderen aber haben nicht zu folgen vermocht.
Als erster stirbt Uli Wieland. In der Nacht zum 13. Juli Willo Welzenbach, und offenbar bei einem allerletzten Versuch, weiter abzusteigen, Willy Merkl mit seinem Träger beim Mohrenkopf. Als einziger der Sherpas, die bei ihren Sahibs bis zuletzt ausgeharrt haben, erreicht der Träger Angtsering »wie ein Bote aus dem Jenseits« das Lager IV. Er meldet das Ende der Elite des deutschen

Bergsteigens. Beschreibt, was geschehen ist. Die Tragödie einer Expedition. Seitdem wird der Nanga als »Schicksalsberg« bezeichnet. In Zukunft gilt seine Ersteigung als »Vermächtnis der Toten«.
Von nun an ist die Deutsche Himalaja-Stiftung, geleitet von Paul Bauer, Träger aller weiteren Expeditionen. Bauer ist nicht nur ein erfahrener Bergsteiger, er ist Teil des NS-Systems. Die Mannschaft von 1937 bilden: Dr. Karlo Wien als Leiter, Pert Fankhausen, Adolf Göttner, Dr. Hans Hartmann, Dr. Günther Hepp, Peter Müllritter und Arnold Pfeffer. Dazu die Wissenschaftler Prof. Carl Troll und Uli Luft. Was für ein Team! Anfangs geht alles glatt. Nach Plan. Bis Lager IV in 6180 Meter Höhe kommt man gut voran. Doch dann verzögern Sturmtage das Unternehmen. Beim erneuten Vordringen sind am Abend des 14. Juni alle sieben Bergsteiger und neun Sherpas in Lager IV versammelt, und in dieser Nacht begräbt eine riesige Lawine aus der Nordflanke des Nanga Parbat die 16 friedlich in den Zelten schlafenden Menschen. Graßler: »Die schlimmste Katastrophe, die sich in der wechselvollen Geschichte des Himalaja-Bergsteigens ereignet hat.« Vom 14. auf den 15. Juni 1937 müssen die »Deutschen am Nanga Parbat« die zweite Katastrophe hinnehmen. Am 18. Juni entdeckt der beunruhigte, mit einigen Trägern aufgestiegene Uli Luft, was geschehen war.
Dank großzügiger Hilfe der Engländer ist es drei der erfahrensten Himalaja-Leute – Paul Bauer, Fritz Bechtold und Karl von Kraus – möglich, zum Nanga Parbat zu reisen. In unvorstellbar kurzer Zeit erreichen sie den Berg und die Stätte des Unglücks! Vier Wochen nach der Katastrophe können sie, bis auf ein Zelt, die Todesstätte finden, freilegen und die Kameraden bergen. Aufschlußreiche Dokumente werden geborgen.
Schon ein Jahr später führt Paul Bauer die nächste Expedition zum Nanga. Mit ihm sind Fritz Bechtold, Uli Luft, Rolf von Chlingsberg, Hias Rebitsch, Hans Herbert Ruths,

Luftbild. Der Nanga Parbat von Nordwesten her gesehen

Ludwig Schmaderer, Stefan Zuck und der Arzt Dr. Bruno Balke unterwegs. Ernst Udet hat der Expedition ein Flugzeug zur Verfügung gestellt: eine JU 52. Die Crew bilden Alexander Thoenes (Bergsteiger bei der Kantsch-Expedition 1929), Rudolf Mense als Funker und Otto Spengler als Bordmonteur. Alfred Ebermann hält vom Basislager Verbindung zur JU. Zum ersten Mal versucht man an den Achttausendern eine Versorgung aus der Luft. Zudem kann vom Flugzeug aus wertvollstes Bildmaterial aufgenommen werden. Auch dieser Expedition bleibt der Gipfelerfolg versagt: viel Schlechtwetter, Stürme, immer wieder Schneefälle. Am 22. Juli entdecken Bauer, Bechtold, Luft und Zuck am Mohrenkopf die vom Frost konservierten Leichen Willy Merkls und seines Trägers Gay-Lay. In den Taschen Merkls finden sie die letzte Botschaft Welzenbachs, »eines der erschütterndsten Dokumente in der Geschichte des Alpinismus«.

Der untere Teil der Diamirflanke

Nach all den vergeblichen Versuchen und Tragödien an der Rakhiotseite des Nanga Parbat wendet man sich 1939 zum ersten Mal seit Mummery wieder der Diamirseite des Berges zu. Eine kleine Erkundungsexpedition, geführt von Peter Aufschnaiter, mit Heinrich Harrer, Hans Lobenhoffer und Lutz Chicken als Teilnehmer, sucht nach Aufstiegsmöglichkeiten über den mächtigen Felspfeiler links der Mummery-Rippe. Sie erreichen eine Höhe von 6100 Meter. Bei Kriegsausbruch werden die Bergsteiger in Indien interniert. Harrer und Aufschnaiter erreichen nach einer abenteuerlichen Flucht und einem entbehrungsreichen Marsch Lhasa. Chicken und Lobenhoffer können Jahre nach dem Krieg heimkehren.
Im November 1950 wollen drei junge Briten – Crace, Marsh und Thornley – unterstützt von vier Sherpas den Nanga Parbat angehen. Auch Tensing Norgay ist dabei: eine Winterbesteigung also. Gegen seinen Rat steigen die

Bergsteiger über den Rakhiotgletscher auf, Marsh gibt wegen Erfrierungen auf, die anderen beiden verschwinden. In einer Höhe von etwa 5500 Meter werden sie am 1. Dezember zuletzt gesehen. Nach einem Schneesturm bleibt keine Spur von den beiden.

Kritischer Rückblick

1895: erste Nanga-Parbat-Expedition. Eine kleine Gruppe berühmter britischer Alpinisten – A. F. Mummery, G. Hastings und J. Norman Collie, zu denen für einige Zeit C. G. Bruce (damals Major) stößt – kommt von Süden (Rupaltal). Das Massiv – die höchste Wand der Welt, 4500 Meter Höhendifferenz, die oberen 2000 Meter durchschnittlich 51 Grad steil, mit Strebpfeilern, Wandstufen und Hängegletschern – ist von dieser Seite unmöglich zu besteigen.
Zehn Kilometer westlich des Hauptgipfels wird der Mazenopaß (5358 m) überschritten und die NW-Flanke erkundet. Hier scheint Erfolg denkbar. Das Basislager wird zum Diamirgletscher verlegt. Verschiedene Rekognoszierungen. Im August verschlechtert sich das Wetter. Bruce, dessen Urlaub zu Ende ist, muß abreisen. Hastings geht nach Astor, um für Proviantnachschub zu sorgen; Collie ist schlecht in Form.
Mummery versucht den Aufstieg von zwei, dann von einem Gurkha begleitet. Es fehlt ihm an jeglicher Himalaja-Erfahrung, und er geht mit der Taktik vor, die er in den Aiguilles von Chamonix so erfolgreich angewendet hat. Über steile Felsrippen kommen sie mit großen Schwierigkeiten bis etwa 6100 Meter. Das Schlimmste, die Todeszone, hat er noch vor sich, als Ragobir, der Gurkha, bergkrank wird. Mummery ist zum Rückzug gezwungen.

Trotz der Enttäuschung soll nun die Nordseite des Massivs erkundet werden. Über die Diama-Scharte (6100 m), eine Einsenkung im Nordgrat des Nanga Parbat, will Mummery mit den beiden Gurkhas ins Rakhiottal gelangen. Am 24. August 1895 werden die drei zum letzten Mal gesehen. Collie und Hastings, die »unten« herumgegangen sind, warten im Rakhiottal vergebens auf Mummery.

Der Abstieg von einer der beiden Diama-Scharten nach Rakhiot wäre damals nicht möglich gewesen. Die Wand unter den Diama-Scharten bricht in steilen Wänden ab.

Das tragische Ende des großen englischen Bergsteigers hat ebensoviel Aufsehen erregt wie drei Jahrzehnte später das Verschwinden von Mallory und Irvine am Everest. Nur ist die Mummery-Tragödie nie aufgeklärt worden.

1895 glaubte Mummery, er sei dem Sieg ganz nahe gewesen und hätte am nächsten Tag den Gipfel erreichen können. Heute wissen wir, daß er trotz seines Könnens und seiner Schnelligkeit keinerlei Chancen hatte.

1932 kommt Merkl aus dem Rakhiottal. Der Versuch scheitert. Kein einziger Teilnehmer hat Himalaja-Erfahrung, und die Schwierigkeiten mit den Trägern lähmen das Unternehmen. Die einheimischen Baltis und Hunzas sind für die Arbeit in den Hochlagern noch nicht geschult.

1934 sind alle Voraussetzungen günstig. Wieder ist Merkl der Leiter der Expedition. Das Wetter ist gut, am 7. Juni wird Lager IV bezogen. Am 8. Juni aber stirbt Drexel in Lager II. Die Expedition kommt zum Stillstand. 17 Tage gehen verloren. Erst am 25. Juni wird Lager IV neuerdings bezogen. Keine Eile. Am 4. Juli beginnt der eigentliche »Gipfelangriff«. Aber zu viele Bergsteiger wollen gleichzeitig nach oben, in die Todeszone vorstoßen. Ab Lager VII sind es fünf. Diese Taktik erfordert einen viel zu großen Aufwand an Trägern und Ausrüstung. Wäre es also vernünftiger gewesen, von Lager VI aus in Zweier-

Erwin Schneider, der erfahrenste Höhenbergsteiger seiner Zeit

gruppen vorzugehen? Vielleicht. Trotzdem wäre der erste Achttausender damals nicht erstiegen worden. Der Grat zur Schulter war zu schwierig für das Können von 1934. Der Berg wird unterschätzt. Schließlich setzt ein Schneesturm dem Gipfeltraum ein Ende. Einen Tag vor dem erhofften »Sieg«.

Warum Merkl, Welzenbach und Wieland der Spurergruppe Aschenbrenner-Schneider beim Abstieg von Lager VIII nicht folgen können und nach zwei Stunden – noch oberhalb von Lager VII – liegenbleiben? Sie sind höhenkrank. Der Mensch kann in Höhen über 7500 Meter nur kurze Zeit ohne Sauerstoffatmung und ohne Flüssigkeitszufuhr ausharren. Der Verlust der Leistungsfähigkeit ist sonst enorm. Bei schlechten Verhältnissen geht der Kräftezerfall in großen Höhen so rapide, daß der Rückweg plötzlich wie abgeschnitten ist. Die kleinste Anstrengung, jede Bewegung, jeder Schritt gehört dann zum Überlebenskampf.

1937 sind die Bergsteiger im Lager IV, die Verhältnisse schlecht. Das Lager steht an der falschen Stelle! Auf einer Fläche von mehreren Quadratkilometern haben sie den gefährlichsten Platz ausgesucht. Wie oft nach Wochen am Berg werden die Gefahren unterschätzt.
1938. Bauer ist nach den schrecklichen Tragödien von 1934 und 1937 alles daran gelegen, ohne Verluste heimzukommen. Er will und darf kein Wagnis eingehen. Die Expedition ist vom Wetterpech verfolgt, und sie setzt zu spät zum »Gipfelsturm« an.
Bei der Expedition 1939 handelt es sich nur um eine Erkundung.
Die Winterexpedition 1950 muß als Verirrung völlig ahnungsloser Außenseiter bewertet werden.

Kapitel XII

Buhl

Banderole von Herrligkoffers Buch von 1953.
Bericht oder Propaganda?

Wenn wir den Gipfel erreichen, dann ist es nur unser eigenes »Verschulden«. *Hermann Buhl*

Die unseriösen Berichte dieses Dr. Karl »Maykoffer« und seine Pflichtvergessenheit als Arzt und Expeditionsleiter waren letzten Endes die Hauptursachen für den eigentlichen »Nanga-Parbat-Skandal«! *Hans Ertl*

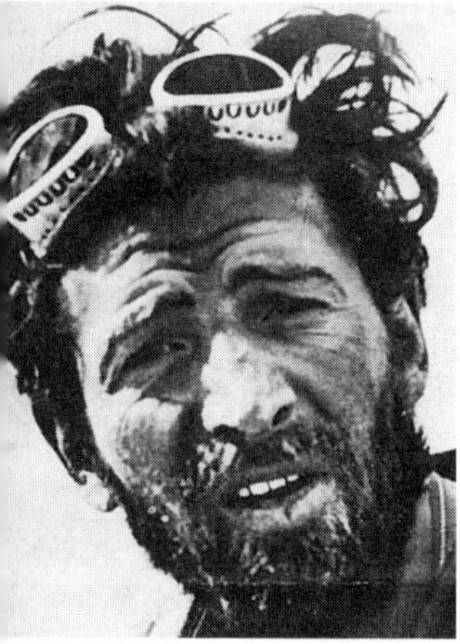

Hermann Buhl

Es ist bereits zwei Uhr nachmittags, noch 300 Meter Höhenunterschied trennen mich vom Hauptgipfel. Was wären bei uns in den Alpen 300 Meter Höhenunterschied, doch hier kommen sie mir vor wie ein Berg für sich. Dazu liegt in diesen 300 Meter noch das schwerste Stück des gesamten Anstiegs. Ein steiler, turmbesetzter Felsgrat, senkrechte, scharfkantige Granitausschwünge mit scharfen Wächten und Schneeauflagen, äußerst ausgesetzt. Wächtengalerien und steile Firnflanken ziehen zur Schulter hinauf. *Hermann Buhl*

Dann hör ich wieder Stimmen, hör deutlich meinen Namen rufen – Halluzinationen. Was ist eigentlich mit Otto, er müßte doch nachsehen, ich kann nicht verstehen, daß mir niemand entgegenkommt, haben sie mich schon aufgegeben? *Hermann Buhl*

Der »Gipfelsieg« 1953

1953, acht Jahre nach Kriegsende, wird der »Kampf um den Nanga Parbat« wieder aufgenommen. Initiator und Expeditionsleiter ist der Münchner Arzt Dr. Karl Herrligkoffer. Seine Legitimation ist das Vermächtnis seines Stiefbruders Willy Merkl. Herrligkoffer, selbst kein Bergsteiger, ist in alpinen Kreisen ein völlig unbekannter Mann. Er bringt keinerlei Expeditionserfahrung mit. Aus vielen Gründen ist er umstritten. Aber er beweist Hartnäckigkeit und Zähigkeit bei der Geldbeschaffung. Die Teilnehmer der Expedition sind: Dr. Herrligkoffer als Leiter und Arzt; Dr. Walter Frauenberger aus St. Johann im Pongau/Salzburg als stellvertretender Expeditionsleiter; Peter Aschenbrenner aus Kufstein/Tirol, Überlebender der Spitzentruppe von 1934, ist als Leiter am Berg eingeteilt; Fritz Aumann aus München, als Lagerverwalter und Funktechniker; Albert Bitterling, Bergführer, Meteorologe; als Bergsteiger Hermann Buhl, Kuno Rainer, beide aus Innsbruck; Otto Kempter und Hermann Köllensperger aus München; Hans Ertl, München und La Paz. Als Filmgestalter verpflichtet, mit großer Expeditions- und Himalaja-Erfahrung, kommt Ertl aus Bolivien. Das Hauptlager bei der großen Rakhiotmoräne (3967 m) wird am 24. Mai eingerichtet. Der Aufbau der Hochlager bei Lager IV (6185 Meter) ist ein langwieriger, durch viele Neuschneefälle und Schwierigkeiten mit den Hunzaträgern belasteter Prozeß. Buhl steigt meist voraus. Kuno Rainer, Hermann Buhls erprobtester Seilgefährte, setzt sich dabei bis zur Erschöpfung ein.

Am 21. Juni erreichen Buhl und Kempter am Rakhiotgrat

Hans Ertl

den Mohrenkopf. Aber Wetter- und Nachschubschwierigkeiten verzögern die Sicherung der Rakhiot-Eiswand. Schlechtwetter zwingt zum Abstieg in Lager III und II. Unter dem Eindruck der hohen Risiken beordert die Expeditionsleitung am 30. Juni die Spitzengruppe Walter Frauenberger, Hans Ertl, Hermann Buhl zurück bis ins Basislager. Herrligkoffer/Aschenbrenner zögern und geben zuletzt Befehl für den Rückzug. Genau an diesem Tag aber klart das Wetter auf. Es wird schön. Buhl sieht darin Anzeichen von Dauer. Die Gruppe im Lager III verweigert also den Befehl. Es ist Ertl, der dem geforderten Abstieg am Funkgerät widerspricht und darauf besteht, die Chance zu nutzen. Sie wollen »den Gipfel« versuchen.
Sie steigen zum Lager IV auf. Die Zelte müssen freigeschaufelt werden. Dann versichern Hans Ertl und Hermann Buhl die Rakhiot-Eiswand. Den ganzen Nachmittag hindurch. Auch die Querung zum Mohrenkopf muß mit Fixseilen und Stufenleitern für die Träger versehen

werden. Eine erneute Rückzugsorder lassen sie unbeantwortet.
Hermann Buhl: »Es war ein anstrengender, aber gelungener Tag.« In der Früh des nächsten Tages (2. Juli) kommt nochmals ein »Abstiegsbefehl« vom Hauptlager.
Buhl: »Läßt man uns jetzt vielleicht gehen?«
Noch immer beharrt Herrligkoffer auf den Rückzug. Nach langem Hin und Her gelingt es Walter Frauenberger, ihm eine halbherzige Zustimmung zum Gipfelgang abzuringen: »In Gottes Namen, dann geht schon, unseren Segen habt ihr!«
Otto Kempter, inzwischen von Lager III nachgerückt, soll mit Hermann Buhl die »Gipfelseilschaft« bilden.
An diesem 2. Juli gelingt es Frauenberger, vier Träger bis zum Mohrenkopf zu führen. In der Einschartung dahinter stellen sie Lager V auf; ein Sturmzelt mit dem Allernötigsten für zwei Mann. Frauenberger und Ertl steigen mit den Trägern wieder ab. Hermann Buhl hat in diesen beiden Tagen unermüdlich gearbeitet. Es ist soweit.
Lager V steht nur 6900 Meter hoch. Die Höhendifferenz zum Gipfel: 1225 Meter. Die horizontale Entfernung: sechs Kilometer. Das Wetter ist herrlich, der Himmel wolkenlos.
In der Nacht vom 2. zum 3. Juli kommt sehr starker Wind auf, der Buhl aus dem Zelt zwingt. Er muß es zusätzlich sichern. Er schläft wenig, so gut wie gar nicht. Zu seiner Bereitschaft, das Äußerste zu geben, ist die Nachricht vom Erfolg Hillarys und Tensing Norgays am Everest gekommen. Ein besonderer Stimulus. Was Hermann Buhl am 3. Juli verwirklicht, ist ohne Vergleich.
Buhl steht um ein Uhr auf und geht um zwei Uhr früh los. Otto Kempter folgt ihm eine gute Stunde später. Stark unter dem Einfluß der großen Höhe leidend, muß Kempter am Silberplateau aufgeben. Hermann Buhl geht von Anfang an allein. Hier geht es nicht mehr um Höhenunterschiede, Distanzen und Zeiten, sondern nur noch um Lei-

Blick von oben auf das Silberplateau

densfähigkeit. In gut fünf Stunden (ca. 7.15 Uhr) mit kurzer Frühstücksrast erreicht Hermann Buhl den Silbersattel (7400 m). 500 Höhenmeter und 1600 Meter Distanz sind geschafft. Der Weg über das Silberplateau, zuerst leicht abwärts, dann stetig ansteigend, schließlich steil zum Vorgipfel hin, mißt gut 2200 Meter in der Entfernung und bringt 500 Höhenmeter. Eine ewig lange Strecke. Der Wind hat den Firn auf der Hochfläche zu halbmeterhohen Windgangeln ausgefräst. Das Gehen ist ungeheuer anstrengend. Nahezu Windstille. Die Hochfläche ist ein Hitzespiegel. Ab 7500 Meter setzt auch Buhl die Höhenluft zu. Immer wieder eine Rast! Er muß all seine Energie aufwenden, um nicht liegenzubleiben. Dort, wo der Anstieg gegen den Vorgipfel steil wird, läßt Buhl seinen Rucksack zurück. Er steckt nur die Wimpel für den Gipfel, Handschuhe und die Flasche mit Kokatee ein, bindet seinen Anorak um. Ohne Rucksack geht es leich-

ter. Keine 100 Meter unter dem Vorgipfel erreicht er mit letztem Energieeinsatz eine Scharte.
Bauer: »Es kann nur die obere Diamirscharte gewesen sein. 7840 Meter hoch.«
Von hier quert er absteigend in die Bazhinscharte. Über steiles Felsgelände, Bänder, Schnee und Eis nähert er sich dem Gipfelaufbau: eine Folge von Kletterstellen, am Ende eine steile Rinne. Gegen 14 Uhr steht er in der Bazhinscharte, 7812 Meter hoch. Zwölf Stunden unterwegs, ist Buhl am Ende seiner Energie. Die Kletterei empfindet er trotzdem als anregend. Das Schneestapfen ist schlimmer. Vor ihm liegt der Gipfel, ein Berg für sich. Gut 300 Höhenmeter und 1000 Meter Horizontalentfernung liegen noch vor ihm. Das schwerste Stück: ein steiler, türmebesetzter Felsgrat, senkrechte Gesteinsaufschwünge, scharfe Wächten. Das Gelände äußerst ausgesetzt. Bis zum Schultergipfel wenige Rastmöglichkeiten. Hermann Buhl fühlt, daß seine Kraft nicht mehr weit reicht. Nach einigem Zögern und Abwägen nimmt er zwei Pervitin-Tabletten. Ein Firngrat bringt ihn zu den Felsen. Er arbeitet sich Stück für Stück voran, »von einem Aufschwung zum anderen«. Wobei ihm jeder neue Absatz ein vorläufiges Ziel bedeutet.
Buhl: »Wenn ich dann wieder weit über mir den Gipfel auftauchen sehe, kann ich es nicht mehr recht begreifen, daß ich da hinauf soll.«
Die Schwierigkeiten dieses Felsgrates stuft Buhl mit IV und V ein. Den Abschluß bildet ein großer Gendarm, ein freistehender Felsturm. Er umgeht ihn auf der Diamirseite mit einer Hangeltraverse und über einen leicht überhängenden Riß. Buhl steht wieder am Grat. Auf einer steilen Firnflanke weiter erreicht er endlich die Schulter (8060 m). Es ist 18 Uhr. Einzelne Erhebungen, teils Fels, teils Eis, markieren den restlichen Anstieg. Buhl trinkt den letzten Schluck Kokatee. Zu essen hat er nichts. Schon lange nicht mehr. Jetzt kämpft er um jeden Meter.

Blick von der Schulter auf das Silberplateau

Mit jedem einzelnen Schritt. Zusehends entgleitet ihm das Bewußtsein, daß es um den Nanga Parbat geht.
Buhl: »Es könnte jeder andere, irgendein Gipfel in unseren heimatlichen Bergen sein.«
Die letzten Meter kriecht er weiter. Den Gipfel erreicht er auf allen vieren. Als er endlich den höchsten Punkt – 8125 Meter – erreicht hat, ist es 19 Uhr. Siebzehn Stunden, nachdem er am Morgen die ersten Schritte von dem Zelt getan hat. Buhl: »Ich bin mir der Bedeutung des Augenblicks nicht bewußt, fühle auch nichts von Siegesfreude, komme mir gar nicht als Sieger vor, ich bin nur froh, daß ich heroben bin und all diese Strapazen vorläufig ein Ende haben; hinunter wird's schon besser gehen.«
Wie lange er im Abendlicht am Gipfel bleibt? Wir wissen es nicht. Er macht ein paar Aufnahmen. Buhl legt sogar einen neuen Film ein. Nur sein Instinkt bewahrt ihn davor, diese einzigartigen Momente am Gipfel auszudeh-

nen. Unter makellos reinem Himmel. Zurück bleiben sein Pickel und zwei Wimpel. Der pakistanische und der seines Innsbrucker Klubs »Die Karwendler«.
Das Absteigen fällt ihm zuerst leicht. Buhl ist wie beschwingt. Irgendwo vor der Schulter nimmt er seine abgelegten Skistöcke wieder auf. Dem schwierigen Grat weicht er instinktiv aus. In die Diamirflanke. In eine Querung gegen die Bazhinscharte hin fällt die Nacht ein. Es geht sehr schnell. Über einige Felsrisse gelangt er zu einem Felsblock, den er zum Standplatz für die Nacht wählt.
Buhl: »Die Wand hatte hier eine Neigung von 45 bis 50 Grad. Hier verbrachte ich in etwa 800 Meter Höhe stehend das Biwak, ohne zweiten Pullover (der war im hinterlassenen Rucksack), ohne Zeltsack, ohne Proviant.«
Er hofft, bei Mondlicht weiter absteigen zu können. Aber die Wand liegt im Mondschatten. Er muß bis vier Uhr morgens aushalten. Diese Stunden kosten sehr viel Ausdauer. Vielleicht auch die Zehen des rechten Fußes.
Der neue Tag, der 4. Juli, ist windstill. Buhl ist erschöpft. Ein Steigeisen muß neu befestigt werden. Immer wieder. Aus der Bazhin-Mulde gilt es zurück an die Nordostseite zu kommen. Der Gegenanstieg zum Vorgipfel ist mühsam. Er verzehrt viel Kraft. Stimmen und Gestalten begleiten Hermann Buhl. Sie narren, beunruhigen ihn. Immer wieder. Eine Qual ist auch die Suche nach dem Rucksack. Buhl hat Hunger. Endlich entdeckt er ihn. Aber von dem Dörrobst, das er darin findet, bringt er nichts hinunter. Schlimmer noch quält ihn der Durst. Ein paar Stücke Dextroenergen schluckt er vermischt mit Schnee. In der wunden Kehle »nur Schleim und Blut«. Schritt für Schritt quält sich Buhl durch die endlos scheinende Weite des Silberplateaus. Mehrfach glaubt er, am Silbersattel Gestalten zu sehen. Er meint, die Gefährten kommen ihm mit Tee entgegen. Aber die Gestalten sind Felsen.
Um 17.30 Uhr, 13 Stunden nach dem Aufbruch am Biwakplatz, steht Buhl am Silbersattel. Er schaut hinunter.

Silberzacken (links), Silberplateau und Gipfel des Nanga Parbat

Aber die Lager, die er sieht, liegen verlassen da. Wie tot. Am Mohrenkopf erkennt er zwei Gestalten. Das belebt ihn wieder. Frischer als irgendwann an diesem Tag steigt er vom Sattel abwärts. Bald darauf (ca. 19 Uhr) liegen sich Hans Ertl und Hermann Buhl in den Armen. Der unglaubliche Gipfelgang ist vollendet.
Buhl: »Hans Ertl, der mir entgegenkommt, verbirgt seine Rührung hinter der Kamera.«
So entsteht das weltberühmte Bild eines in wenigen Tagen um Jahrzehnte gealterten Mannes, eines der großartigsten Porträts in der Geschichte des Bergsteigens. Das Glück der drei Männer – Hermann Buhl, Walter Frauenberger, Hans Ertl – ist in Worten nicht zu fassen. Buhl erzählt noch die halbe Nacht. Er ist endlich geborgen.
Aber ist das Vermächtnis all derer, die am Nanga Parbat ihr Leben verloren haben, damit erfüllt? Nein, der Berg hat zwar bis 1953 mehr Todesopfer gefordert als irgend-

ein anderer Achttausender, aber mit Buhls Gipfelgang hat das nichts zu tun.
Bewunderung, Ruhm und Freude werden nach der Rückkehr »überschattet« durch Streit, Auseinandersetzungen, Prozesse. Die »Dokumentation« der Gipfelbesteigung, die der Expeditionsleiter allein für sich beansprucht, stimmt in den Einzelheiten nicht. Niemand leidet mehr darunter als Hermann Buhl. Damit beginnt eine zweite Tragödie am Nanga Parbat. Erst 50 Jahre später kommt nach und nach Klarheit in das Geschehen. Vielleicht liegt der Entschluß Buhls, nie mehr an einer Großexpedition teilzunehmen, darin begründet. In der kleinen Gruppe mit möglichst kleinem Gepäck und einer geringen Zahl von Trägern sieht er das Erfolgsmodell der Zukunft.
Buhl tut den Schritt zur Kleinexpedition 1957 im Westalpen-Stil am Broad Peak. Nachdem Herbert Tichys Erfolg am Cho Oyu 1954 Buhls Vorstellungen und Überlegungen bestätigt hat, wagt er den nächsten Schritt. In einer Vier-Mann-Expedition – Markus Schmuck, Fritz Wintersteller, Kurt Diemberger, Hermann Buhl – ersteigt er mit dem Broad Peak seinen zweiten Achttausender. Wenig später endet dieses großartige Bergsteigerleben mit seinem Absturz an der Chogolisa.

Nur wer sich das Deutschland der Nachkriegsjahre vorstellt, kann den Erfolg Herrligkoffers verstehen. Die Deutschen waren endlich wieder oben. Am Nanga Parbat. Nicht mehr Nazis. Und in der breiten Öffentlichkeit zählte der »Expeditionsleiter« dieses »Gemeinschaftserfolgs« mehr als der »Gipfelsieger«.
Die Deutschen waren also wieder wer. Wie 1954 nach der Fußballweltmeisterschaft. Das vergaßen Industrie, Medien und Politik Herrligkoffer nie. Ja, er hat den Deutschen durch den »Gipfelsieg« am Nanga Parbat positives Image gebracht. Herrligkoffer war also eine Art Retter in ihren Augen. Verstand er es doch, das Gemeinschaftliche

seiner Expedition in den Vordergrund zu stellen, Buhl durch geschickte Berichterstattung zum egoistischen Außenseiter zu stempeln. 1953 waren die Deutschen »noch der letzte Dreck« gewesen, jetzt endlich hatten sie wieder etwas Positives vorzuweisen: den »Gipfelsieg am Nanga«.

Und deshalb wurde Herrligkoffer weiter unterstützt. Hier liegt der Schlüssel für seine politischen Ambitionen. Hermann Buhl hat Herrligkoffer mit seinem Gipfelgang, den er zu seinem machte, den Schlüssel für eine Erfolgsschaukel in die Hände gespielt, die er bis zu seinem Lebensende zu nutzen verstand. Als Expeditionsorganisator eine Monopolstellung nutzend, konnte er mit dem »Maulkorbvertrag«, mit dem es ihm schon gelungen war, Hermann Buhls Leistung zu relativieren, an seiner Heldenstory basteln. Auch weil diesen Vertrag alle Teilnehmer zukünftiger Expeditionen unterschreiben mußten, kam das deutsche Expeditionsbergsteigen zwei Jahrzehnte nicht aus seiner Sackgasse. Weil Herrligkoffer allein über die Berichterstattung bei seinen Expeditionen bestimmte, konnte er immer wieder aufbegehren. Erst heute, mit der Aufarbeitung des Herrligkofferschen Erbes, wird klar, wie der Nichtbergsteiger Herrligkoffer in den Augen der Öffentlichkeit der erfolgreichste Himalaja-Bergsteiger werden konnte.

Der Nanga Parbat ist 1953 nur bestiegen worden, weil Hermann Buhl dabei war. Dieser Buhl drängt von Anfang an voraus, findet den Weg durch die Eisbrüche, legt die Spur, sichert die Rakhiot-Eiswand mit Seilen. Ende Juni erkennt Walter Frauenberger, daß nur Buhl eine Chance hat, den Gipfel zu erreichen. Er soll sich jetzt schonen. Buhl kümmert sich nicht mehr um Anordnungen aus dem Basislager. Er ist gipfelwärts gepolt.

Frauenberger: »Da die Träger ein Weitertragen nach Lager V verweigerten, wollte ich dem Leistungsfähigsten

Der Nanga Parbat von Osten aus gesehen

von uns, der auch immer noch einen unbändigen Auftrieb zeigte, Hermann Buhl, die Möglichkeit zum Gipfelangriff schaffen. Er wollte auf ein Zelt verzichten und mit einer Schneehöhle vorlieb nehmen. Ich bestimmte daher Hermann Köllensperger und Otto Kempter – womit sich diese kameradschaftlicherweise sofort einverstanden erklärten – selbst zu Lasteseln für Hermann Buhl zu werden, um diesen für den Gipfelangriff zu schonen.«
Herrligkoffer aber und auch Aschenbrenner befehlen vom Basislager aus den Rückzug. Es ist der 30. Juni.
Die Spitzengruppe will oben bleiben und weitermachen. Es kommt zum Streit. Ertl wird zum Rebell im Wortwechsel mit Herrligkoffer und bläst zum Angriff. Nach längerem Hin und Her gibt das Hauptlager den Segen. Es kann losgehen. Die unteren Lager sind leer!
Frauenberger: »Wieder spuren wir, Buhl, Ertl und ich, mit drei Trägern durch ziemlich tiefen Neuschnee zum Lager

IV, von wo aus am selben Nachmittag Buhl und Ertl die Rakiot-Eiswand neuerlich präparieren, indem sie längs des fixen Seiles eine Stufenleiter ins Eis schlagen. Ich ›präpariere‹ zur selben Zeit im Lager IV unsere drei Hochträger und gewinne nach dem Anpassen ihrer Steigeisen und einem guten Abendessen, das ich ihnen bereite, ihre feierliche Zusage, daß sie dem ›guten Sahib‹ – wie sie mich schon immer nannten – am nächsten Tage über die Rakiot-Eiswand folgen werden.«

Auch der 2. Juli ist ein schöner Tag. Inzwischen sind vom Lager III Otto Kempter und ein vierter Träger gekommen. Alle steigen weiter.

Hinter dem Mohrenkopf, in der tiefsten Einsattelung vor dem Silbersattel, zwischen den Lagern VI und VII früherer Expeditionen, errichten sie Lager V. Mit nur einem Zelt. Das »Ausgangslager für den Gipfelangriff« steht. Aschenbrenner ist überzeugt, daß der Hauptgipfel das Nanga Parbat von diesem Lager an einem Tage erreicht werden kann. Hin und zurück. Buhl und Kempter bleiben.

Vom Lager V, gut 6900 Meter hoch, beträgt die Höhendifferenz zum Gipfel 1225 Meter. Horizontale Entfernung: sechs Kilometer.

Nach der Sturmnacht wird das Wetter gut, bleibt den Tag über herrlich. Der Himmel ist wolkenlos.

Otto Kempter folgt Buhl mit einer Stunde Abstand und gibt später am Silberplateau auf.

Hermann Buhl geht von Anfang an als Alleingänger. Was er vorhat, kann nur allein gelingen. Von der Idee besessen, den Gipfel zu erreichen, riskiert er alles. Hermann Buhl erreicht den Silbersattel. Der Weg über das Silberplateau wird eine einzige Qual. Der Wind hat den Schnee auf der Hochfläche zu halbmeterhohen Windgangeln ausgefräst. Die Sonne sticht. Windstille. Die Hochfläche ist ein Hitzespiegel. Vor dem Anstieg zum Vorgipfel läßt Buhl seinen Rucksack zurück. Nur die Drogen Pervitin

und Kokatee nimmt er mit. Gegen 14 Uhr ist er in der Bazhinscharte.
Der Gipfelaufbau ist »wie ein Berg für sich«! Weiter! Jeder Schritt jetzt ein Seufzer, jeder Atemzug ein stiller Schrei. Buhl nimmt zwei Pervitin-Tabletten.
Freistehende Felstürme verstellen den Weiterweg. Um 18 Uhr, 16 Stunden nach dem Aufbruch, erreicht er die Schulter, mehr als 8000 Meter hoch. Er trinkt den letzten Rest Kokatee, hat Hunger. Aber er hat nichts zu essen.
Inzwischen ist Frauenberger wieder im Lager V. Er wartet. Aber nur einer kommt von oben zurück: Otto Kempter. Er erzählt, daß er Buhl aus den Augen verloren hat. Nein, von Buhl nichts mehr zu sehen. Ein Biwak wollte er nicht in Kauf nehmen. Auch die Nacht über bleibt das Wetter ausnehmend schön. Kein Wind. Die Temperatur im Lager V fällt nicht unter minus 20 Grad.
Für Hermann Buhl waren es von der Schulter noch 100 Meter zum Gipfel. Jeder Schritt kostet ihn Überwindung. Auf allen vieren kriecht er zuletzt aufwärts. Er hält auf den höchsten Punkt zu. Endlich. Zwei Meter überragt die Schneeauflage den Fels.
Buhl: »Ich bin auf dem höchsten Punkt, auf dem Nanga Parbat, 8125 Meter.«
Aus dem Anorak holt er die Tiroler Fahne, bindet sie an den Pickel und macht eine Aufnahme. Dasselbe mit der Fahne Pakistans.
Von der Schulter steigt er senkrecht gegen die Bazhin-Mulde ab. Um an Tiefe zu gewinnen. Den Pickel hat er am Gipfel zurückgelassen. Es bleiben nur die beiden Skistöcke als Stütze. Ein schlechter Ersatz. Auch löst sich ein Steigeisen vom Schuh. Der Bindungsriemen ist defekt. Biwak in knapp 8000 Meter Höhe. Im Stehen verbringt Buhl die Nacht.
Die Füße werden gefühllos, die Schuhe sind steifgefroren. Um vier Uhr früh steigt er weiter abwärts.
Buhl: »Eine lange waagrechte Querung führt mich zu den

Hoch über Wolken und Tälern. Der Nanga-Parbat-Gipfel wie ein ferner Stern

ersten Felsen unter der Diamirscharte hinüber. Sie ist sehr anstrengend. Andauernd geht mir das rechte Steigeisen herunter, ich habe es nur mit einem Spagat befestigt und das Anschnallen in dem steilen Gelände ist furchtbar anstrengend.«

Endlich um die Mittagszeit ist er bei den Felsen zwischen Diamir- und Rakhiotseite.

Buhl: »Die Sonne brennt wieder unbarmherzig herab, und bald versinke ich in einen Schlummer. Hunger und Durst wecken mich aber bald wieder. Ich bin vollkommen ausgedörrt und denke nur mehr an etwas Trinkbares. Hie und da höre ich Stimmen ober mir, vielleicht meine Kameraden mit einer Flasche Tee.«

Aber niemand ist da. Nichts. Geplagt von Halluzinationen, am Ende seiner Kräfte schleppt sich Buhl über das Silberplateau abwärts.

Am 4. Juli ist am Silbersattel nichts zu sehen. Frauenberger und Ertl besprechen eine Rettungsaktion.
Buhl, getragen vom Erfolg und Glück, geht seinen Weg. Dieser 4. Juli ist ein so schöner Tag. Halluzinierend – Stimmen und Gestalten begleiten ihn –, wie in Trance wankt er weiter. Durst und dieses Verlassensein! Nochmals nimmt er Pervitin, das gefährliche Aufputschmittel müder Krieger.
Um 17.30 Uhr steht der Tiroler am Silbersattel. Die Lager, die er sieht, liegen verlassen im schrägen Sonnenlicht. Nur am Mohrenkopf erkennt er zwei Gestalten. Um 19 Uhr ist er bei ihnen: Hans Ertl und Walter Frauenberger umarmen den Totgeglaubten schluchzend. Weil er zurück ist. Buhl redet, erzählt die halbe Nacht lang von seinem Gipfelgang. Er ist endlich geborgen.
Nach mehr als 30 Toten – verschüttet, erfroren, verrückt geworden – ist dieser Weg bis zum Gipfel möglich gewesen. 32 Todesseufzer für diesen einen »Sieg«, den Herrligkoffer jetzt Buhl geschenkt haben will. Denn die Verunglückten gehörten für ihn zum Glück der Sieger. Ist nicht der Tote Merkl, eine Mumie irgendwo im Eis, der Grund gewesen, es nochmals zu versuchen?
Die fünfziger Jahre aber bedeuten in Deutschland Vergessen, Neuanfang, Aufbruch. Alles drängt zum Handeln. Als ginge es auch im Himalaja um mehr als um nationales Prestige, bringt in den Augen der breiten Öffentlichkeit vor allem der Expeditionsleiter Hoffnung vom Nanga Parbat mit. Industrie, Politik und Medien sind ihm dankbar dafür. Das alles weiß Herrligkoffer für sich zu nutzen und mehr: Er stilisiert sich zum eigentlichen Hüter des Grals.

Die Teilnehmer der Herrligkoffer-Expedition Hans Ertl, Dr. Walter Frauenberger, Peter Aschenbrenner, Fritz Aumann, Albert Bitterling, Hermann Buhl, Kuno Rainer, Otto Kempter und Hermann Köllensperger kommen zerstritten nach Deutschland zurück. Der Initiator der Expedition, der Münchner Arzt Dr. Karl Herrligkoffer, der seine Legitimation vom Vermächtnis seines Stiefbruders Willy Merkl herleitet, wird zum Helden. Herrligkoffer selbst ist kein Bergsteiger. Unsicher, unerfahren und unter dem Eindruck früherer Katastrophen – ist nicht das Scheitern besser als das Sterben! – hat der Expeditionsleiter die Spitzengruppe Walter Frauenberger, Hans Ertl und Hermann Buhl trotz guten Wetters zurück ins Basislager bestellt. Die drei aber haben den Abstieg verweigert und die Chance genutzt. Der Aufstieg zum Gipfel, von Buhl mit Willenseinsatz, hohem Risiko und viel Glück erzwungen, wird sein Erfolg. Herrligkoffer aber, eifersüchtig darauf bedacht seinen Ruhm zu mehren, besteht auf der Exklusivität der Berichterstattung und provoziert einen Streit, der weder notwendig noch vorteilhaft war.

Interessant in diesem Zusammenhang ist eine Erklärung »zu den Schriftwerken über diese Expedition« am Nanga Parbat – 1953 von Hermann Buhl zusammengestellt –, die Licht hinter die Kulissen des Geschehens wirft. Buhl beklagt, daß »rücksichtslose Geschäftsleute aus dem Nanga Parbat ein Objekt gemacht haben, das für jedes billige Geschäft gut genug ist und mit dem ›Schindluder‹ getrieben wurde«.
Besonders die Berichterstattung in der »Revue« hätte »Schauerromanen« geglichen, und nicht mit Unrecht wurde der Verfasser, Walter Pause, mit dem Ehrentitel »Indischer Märchenerzähler« betitelt. Schlimmer noch die ersten Schriften des Expeditionsleiters.
Buhl: »Mich konnte gar nichts mehr erschüttern!«
Das Ganze »mit den handschriftlichen Signaturen der Teilnehmer – natürlich ohne ihre Einwilligung!«
Später erscheint das Expeditionstagebuch des Dr. K. M. Herrligkoffer. Buhl fragt sich, ob es wirklich sein Tage-

buch war und warum »zwei wichtige Tage, der 5. und 6. Juli fehlen!«
Am meisten ärgert Buhl darin der Vorwurf, sich geschont zu haben.
Buhl: »Beim Durchlesen dieses Büchleins überfiel mich direkt ein Gefühl von Scham. Meinen Kameraden gegenüber mußte ich mir unwillkürlich den Vorwurf machen, mich während der ganzen Expedition – so wie es Herrligkoffer auch in einem Rundschreiben vom 21.VII.53 in Karachi aussprach – geschont zu haben, denn andauernd, insbesondere aber die erste Zeit, bin ich im Hauptlager vorzufinden, markiere den Kranken und lasse die anderen schuften! Kein Wunder, wenn ausgerechnet mir dann der Gipfel zufiel, wo ich doch am meisten ausgeruht war! – Nur gut, dass man selbst noch ein Gewissen und ein gutes Gedächtnis hat!!! Das Buch ist *nicht* authentisch, das kann ich jederzeit beweisen!«
Buhl findet darin nicht nur eine Reihe von Widersprüchen und falschen Zeitangaben, er erkennt Herrligkoffers Trick, sich als Berichterstatter aus dem Basislager in die Gipfelregion zu schreiben.
Buhl: »Man liest aus dem ganzen Buch, daß der Verfasser gewaltsam versucht, sich überall vorzudrängen.«
Mehr noch stört ihn die Sprache Herrligkoffers.
Buhl: »Vorstoßen, angreifen, stürmen, Generalstabschef, Hauptlagerkommandant ...«
Ausdrücke, die man sonst nur auf Schlachtfeldern, im Kriege oder auf Kasernenhöfen hört!
Buhl: »Herrligkoffer benennt allzugerne Berge, markante Punkte und Gräber um!«
Herrligkoffer ist auch ein Meister der Intrige.
Buhl: »Er räumt dem einen Leistungen ein, die er gar nicht ausgeführt hat, dafür muß der andere wieder etwas einbüßen, denn ausgeglichen muß sein.«
Warum wohl? So erkauft er sich die Sympathie der »Wasserträger«.

Aus den kritischen Tagen, der Zeit vom 29. Juni bis zum 7. Juli, zitiert Herrligkoffer aus den Tagebüchern anderer. In diesem Zusammenhang kommen auch Tagebuchauszüge von Buhl vor.
Buhl: »Herrligkoffer aber hat in mein Tagebuch keinen Einblick genommen.«
Er hat nur Buhls »Gipfelbericht« bekommen. Die »Auszüge« aller sollen Buhls »Gipfelbericht« Originalität geben. Buhl: »Es ist aber nicht der Original-Gipfelbericht.« Sogar diese Schilderungen benutzt Herrligkoffer nach Gutdünken.
Einen wichtigen Punkt will Buhl am Ende richtigstellen: Herrligkoffer behauptet in seinen Büchern, daß er sich nach der Rückkehr vom Gipfel bei ihm bedankte. Aus Lager V soll er ihm erklärt haben, es seien die glücklichsten Stunden seines Lebens, und er würde sich für die Teilnahme an der Expedition bedanken.
Buhl: »Dies, wie auch vieles andere, ist unwahr!«

Kapitel XIII

Kinshofer

Unterschriften auf einer Grußkarte vom Nanga Parbat 1961

Toni Kinshofer

An Dr. Karl Maria Herrligkoffer wurde immer viel Kritik geübt, aber zu dessen Ehrenrettung möchte ich doch gerne daran erinnern, daß gerade dieser beharrliche und eigensinnige Mann in Dutzenden von Jahren zahlreichen jungen, talentierten, deutschsprachigen Bergsteigern die Chance gab, sich auf einem hohen Niveau zu bewähren. Daß es bei Herrligkoffers Expeditionen, bei denen es vorrangig ums Überleben ging, zu Zwischenfällen kam, war zu erwarten. Und ebenso auch, daß dabei unterschiedliche Charaktere aufeinanderprallten. *Ruald Naar*

Die Einhaltung abgeschlossener Verträge erwartet man normalerweise von jedem Menschen, der nicht gerade auf der alleruntersten Entwicklungsstufe steht. Herr Messner wurde weder gezwungen, an der Expedition teilzunehmen noch den Vertrag zu unterschreiben. Eines ohne das andere war allerdings leider nicht möglich. Verträge dieser Art sind bei allen expeditionsfördernden Instituten üblich. Auch die Deutsche Himalaja-Stiftung – die vor dem Kriege die meisten deutschen Expeditionen ausrüstete – bediente sich solcher Verträge. *Harry Rost*

Ein alter Bauer brachte uns seine stehengebliebene Armbanduhr und zeigte auf den Stand der Sonne. Reinhold zog die Uhr auf, stellte die Zeit ein und gab sie zurück. Der Bauer lachte und dann sagte er auf bayrisch: »Oans, zwoa, drei, viere, fünfe – Siegi Sahib« Vor unseren Augen tauchte die deutsche Expedition von 1962 auf. *Ursula Demeter*

Erfolg an der Diamirflanke

Die Ersteigung des Nanga Parbat über die Diamirseite, wo Mummery 1895 seinen Versuch angesetzt hat, ist – und bleibt – untrennbar mit dem Namen Toni Kinshofer verbunden.

1961 führt Dr. Karl M. Herrligkoffer seine zweite Expedition zum Nanga Parbat. Träger des Unternehmens ist das von Herrligkoffer neu gegründete und von ihm geleitete »Deutsche Institut für Auslandsforschung«, eine gemeinnützige Stiftung (ab 1955 in Nachfolge der »Gesellschaft zur Förderung deutscher Forschung im Ausland e. V.«). Die Mannschaft bestehend aus zehn Personen: Dr. Herrligkoffer als Expeditionsleiter; Rudl Marek als Stellvertreter; Ludwig Delp als Lagerverwalter; Gerhard Wagner als Kartograph; Michl Anderl und Toni Messner (mit mehrfacher Expeditionserfahrung) sowie als Himalaja-Neulinge Toni Kinshofer, Jörg Lehne, Siegi Löw und Harry Rost. Löw und Lehne sind als erstklassige Seilschaft im Fels international anerkannt. Toni Kinshofer, 27, gilt im »inneren Kreis« der Szene seit Jahren als einer der besten Bergsteiger in Europa. Wenige Monate vorher ist ihm die erste Winterdurchsteigung der Eiger-Nordwand gelungen.

Die Expedition errichtet ihr Hauptlager auf zirka 4100 Meter Höhe. Auf der rechten Moränenseite des Diamirgletschers im Juni steht Lager I auf 5000 Meter. Es ist am Beginn einer 45 bis 50 Grad steilen Schnee- und Eisrinne lawinensicher angelegt. Die Bergsteiger haben eine Routenführung als erfolgversprechend erkannt, die zwischen Mummery-Rippe (1895) und Aufschnaiter-Rippe (1939) hinaufführt. Am Ende der Rinne, die sich zuletzt bis 56

Grad aufsteilt, finden sie einen Depotplatz, »Adlerhorst« benannt. Etwas oberhalb davon wird auf 6000 Meter Lager II aufgebaut. Die folgenden 600 Höhenmeter führen über eine schwierige Felswand. Man braucht hier 1400 Meter Fixseil, Stahlseile, Strickleitern.

Am 20. Juni steigen Kinshofer, Löw und Lehne bis 7150 Meter auf. Dieses Stück, oberhalb von Lager III, führt über steiles Eis (Kinshofer-Eisfeld). Damit ist die Bazhinmulde erreicht, der Weg zum Gipfel frei. Die Bergsteiger finden in der Fallinie des Vorgipfels einen Biwakplatz (7910 m). Aber sie unterschätzen die Entfernung zum Gipfelaufbau. Die drei, Neulinge im Himalaja, hoffen trotzdem, am nächsten Tag den Gipfel zu erreichen. In der Nacht schlägt das Wetter um. Sturm und Schnee. Die Spitzengruppe muß zurück. Es gibt keine Chance mehr. Das Ergebnis der Expedition: eine neue Route gefunden und teilweise gesichert. Noch gibt es keine Zweitroute an einem Achttausender.

1962, also im folgenden Jahr soll eine zweite Diamir-Expedition vollenden, was 1961 so vielversprechend begonnen hat. Die Teilnehmer unter Dr. Herrligkoffers Leitung sind: Michl Anderl, Toni Kinshofer, Siegi Löw, Anderl Mannhardt (Kinshofers Seilgefährte bei der ersten Winterbegehung der Eiger-Nordwand), Rudl Marek, Hubert Schmidbauer, Manfred Sturm, als medizinisch-technische Assistentin Sieglinde Ulbrich.

Am 24. Mai erreicht die Expedition den Hauptlagerplatz. Man verliert keine Zeit! Basislager und Lager I werden fast gleichzeitig errichtet.

Die steilen Stellen bis zum »Adlerhorst« werden mit Stahlseilen versichert (mehr als 400 m), und zum ersten Mal wird als Lastenaufzug eine »Seilbahn« installiert, deren Tragseil 300 Meter lang ist. Die Teilstrecke von Lager II zu Lager III wird von Toni Kinshofer gegenüber dem Vorjahr geringfügig verändert. Bis zum 19. Juni ist Lager III (6600 m, zwei Zelte) eingerichtet. Am 20. Juni

Lager II (Adlerhorst) an der Kinshofer-Route (Heute meist Lager I)

erfolgt der erste Aufstieg zur Bazhinmulde. »In einer Art Schneekolk unter einem Eiswandl« (Herrligkoffer) wird der Platz für Lager IV (7100 m) gefunden. »Um das Zelt herum gibt es viele Spalten«, lautet eine weitere Notiz Herrligkoffers, der diese Stelle selbst nie erreicht.
Am nächsten Morgen vereitelt ein Wettereinbruch den Aufstieg: stürmischer Wind, Schneefall, dichter Nebel. Die Bergsteiger bleiben im Zelt. In der Nacht zum 22. Juni herrscht klares Wetter, vertrauenerweckend. Kinshofer zögert nicht. Löw will unbedingt mit.
Gegen ein Uhr ist allgemeiner Aufbruch. Der 47jährige Michl Anderl muß auf zirka 7200 Meter erkennen, daß er seine Leistungsgrenze erreicht hat. Er kehrt allein um. Nach vier Stunden muß auch Manfred Sturm, von Rükkenschmerzen gepeinigt und zunehmend durch die Höhe beeinträchtigt, aufgeben. Im Laufe des Tages steigen Anderl und Sturm bis in Lager III ab.

Strickleiter an der Schlüsselstelle unterhalb Lager II

Sturm: »Wir haben 1962 ziemlich alles falsch gemacht. Zu enge Schuhe, auch haben wir zu wenig getrunken.«
Toni Kinshofer, Anderl Mannhardt und Siegi Löw erreichten die Bazhinscharte. Gegen neun Uhr früh sind sie 600 Höhenmeter über Lager IV. Siegi Löw, bei dem sich Energieverbrauch und Höheneinfluß am stärksten auswirken (er leidet auch an Erfrierungen, die er sich an den Vortagen zugezogen hat), bricht einmal durch eine Schneebrücke. Die sichernden Kameraden müssen ihn wieder heraufziehen.
Die drei treffen hier auf den Weg Hermann Buhls und klettern (wie Buhl neun Jahre zuvor) über den türmereichen Felsgrat zur Nordschulter weiter. Diese großen Gendarmen am Ende! Der Fels ist vereist, brüchig, gefährlich. Zwei Seillängen Schwierigkeitsgrad V. Die scharfe Schneide fällt gegen die Rupalseite 4500 Meter

Aufstieg in die Bazhinmulde, Tiefblick ins Diamirtal

ab. Erst gegen 16 Uhr, nach sieben Stunden am Grat, wird die 8070 Meter hohe Schulter erreicht. Sie stehen am Gipfelgrat.

Knapp nach 17 Uhr stehen sie oben. »Den Zapf'n ham ma jetzt a«, sind Toni Kinshofers erste Worte auf dem Gipfel. Die drei ersten deutschen Bergsteiger auf dem Gipfel des Nanga Parbat. Aber Wolken umhüllen sie. Keine Sicht. Knapp unterhalb des Gipfels entdecken sie das am Abend des 3. Juli 1953 von Hermann Buhl errichtete »Steinmandl«. Sie kommen gar nicht auf die Idee, es zu vergrößern.

Mit sinkender Sonne wird es bitterkalt. In 8080 Meter Höhe richten sich die drei in einer winzigen Schneehöhle, um die sie noch eine kleine Windschutzmauer aus Schnee und Steinen bauen, zum Biwak ein. Sie haben nichts bei sich, außer dem, was sie am Leibe tragen. Siegi Löws Füße sind erfroren. Schon in dieser Nacht erleidet er einen

Nebel über der Bazhinmulde. Gleich ist Nacht

◁ *Abendlicht am Gipfel. Im Schatten ist es bitterkalt*

Schwächeanfall. Während der Nacht werden auch Kinshofers und Mannhardts Füße gefühllos.

Gegen sechs Uhr am nächsten Morgen – es ist der 23. Juni – brechen sie auf. Sie entdecken ebenso wie Buhl einen direkten Abstieg unterhalb der Schulter. Eine Steilrinne führt in die Bazhinmulde. Es weht ein scharfer Wind, der ihnen ununterbrochen Schneestaub ins Gesicht peitscht. Sie sind erschöpft. Um rascher vorwärts zu kommen, legen sie das Seil ab. Kinshofer und Mannhardt bleiben beieinander. Siegi Löw fällt über die Länge des Abstiegs bis zirka 200 Meter zurück. Sie halten Rufverbindung.

Wo die Abstiegsrinne in die Bazhinmulde mündet, ruft Kinshofer nach Löw, Siegi Löw antwortet: »Kommt rauf!« Der Schrei klingt ängstlich. Ist Löw unsicher? Toni Kinshofer steigt zu ihm hinauf.

Lager II in der Diamirflanke des Nanga Parbat

Herrligkoffer: »Noch keine 30 Meter hoch gestiegen, fährt ein Schatten an ihm vorüber: Siegi Löw stürzt ab! Mit weit von sich gestreckten Gliedern saust er auf dem Rücken in die Tiefe, ohne einen Laut von sich zu geben. Am Ende der Eisrinne wird der Stürzende über eine Bodenwelle geworfen und trifft so unglücklich mit dem Kopf auf, daß er sich tödliche Verletzungen zuzieht.«
Soweit der Bericht aus zweiter Hand: Der Absturz endet tödlich.
Toni Kinshofer bleibt bei Siegi Löw, der nicht mehr zu Bewußtsein kommt. Zwischen 19 und 20 Uhr stirbt er.
Nur langsam findet Toni Kinshofer in seiner Trauer und Erschöpfung – auch er schon höhenkrank – zu sich selbst zurück. Er bricht auf, steigt abwärts. Es ist etwa 20.30 Uhr. Er geht die ganze Nacht hindurch: wie ein Schlafwandler, zurück ins Leben. Jede »Rast«, jedes Nie-

dersetzen steigert die Erschöpfung. Er setzt sich wieder auf. Weiter! Halluzinationen begleiten ihn. Einmal ist ihm, als ginge er zwischen Tabakplantagen. Um neun Uhr am anderen Morgen, es ist der 24. Juni, trifft er auf die Kameraden, die ihm vom Lager III entgegenkommen. Er ist gerettet. Seit dem Aufbruch um ein Uhr am 22. Juni sind 56 Stunden vergangen. Eine unglaubliche Leistung! Die erste Zweitroute an einem Achttausender ist gefunden. Dieser »Kinshofer-Weg« soll 15 Jahre später zum »Normalweg« werden.

Was weiß man 1962 schon vom Höhenbergsteigen. Die Expedition schafft zu wenig Brennstoff, zu wenig Proviant in die Hochlager. Löw putscht sich wie Buhl mit Pervitin auf. Die Faustregel »oben arbeiten, im Basislager schlafen« ist noch ein Geheimtip. Dreieinhalb Wochen verbringt die Spitzengruppe in Höhen über 6000 Meter.

Es ist müßig, nach dem Tod von Siegi Löw nach Fehlern zu suchen. Jeder der Gipfelmänner war für sich selbst verantwortlich. Sicher »Herrligkoffer hatte vom Bergsteigen zu wenig Ahnung« (Manfred Sturm), aber er war auch nicht mit oben.

Kapitel XIV

Fakten

Der zentrale Teil der Rupalwand. Gipfelregion

Wir waren keine Flaschen, haben die Drecksarbeit gemacht, während er sich schonte. *Max von Kienlin*

Eine Woche nach Verlassen des sternennahen Hochlagers an der Rupalwand ist der Verlorengeglaubte, wie von einem fremden Stern kommend, wieder in die Welt der Menschen zurückgekehrt. *Hias Rebitsch*

Zwischen Reinhold und Felix hatte sich zuvor erkennbar ein Konkurrenzdenken entwickelt. Herrligkoffer sah dies wegen des gegenseitigen Anspornes gar nicht so ungern. Felix stand dem Expeditionsleiter viel unkritischer gegenüber, akzeptierte dessen Pläne weitgehend unwidersprochen und war stets einer der Anwärter für den Gipfel aufgrund seiner Erfahrung und Kondition. Er war nicht der lustige Kumpel wie Peter Scholz oder auch Werner Haim. Eher in sich gekehrt, wirkte er ernst und fast etwas melancholisch. *Max von Kienlin*

Es ist fraglich, ob die Messners überhaupt den Gipfel erreicht haben. Es gibt keinen Beweis dafür. *Felix Kuen*

Ich stehe 50:50 zwischen zwei Thesen. Also entweder ist Günther schon in der Biwaknacht nach dem Gipfel gestorben, oder er wurde noch lebend verlassen.
Max von Kienlin

Hilmar Sturm (verunglückt 1982), Robert Schauer, Siegfrid Gimpl und ich waren zwei Mal beim Ausstieg der Merkl-Rinne, von wo aus Reinhold in die Wand zum aufsteigenden Duo Kuen und Scholz gerufen hat. Weder hier noch beim weiteren Aufstieg zum Gipfel (der obersten Abstiegsroute der Messnerbrüder) haben wir irgendwo Anzeichen bemerkt, die darauf hinweisen hätten können, daß Günther Messner zurückgeblieben wäre. *Hanns Schell*

Drei Versuche und zwei Erfolge an der Rupalwand

Neue Erfahrungen und der Erfolg in der Diamirflanke geben den Anstoß, nunmehr auch die Rupalseite des Nanga Parbat zu erkunden. Der Motor des Unternehmens ist Karl Herrligkoffer. Zwischen Südwestgrat und dem ihn rechts begrenzenden Südostpfeiler ragt in Gipfelfallinie der Südgipfel auf. Ein in sich geschlossener Wandabbruch: die Rupalwand. Mit 4500 Meter Höhe die höchste Wand der Erde. Am 10. Juni 1963 steht ein kleines Lager unter der Wand. Auf einer Weide bei Shaigiri (3600 m). Unter der Leitung Herrligkoffers bilden Toni Kinshofer, Gerhard Haller und Klaus Scheck den Erkundungstrupp. Kinshofers schwere Erfrierungen von 1962 haben an beiden Füßen zu Amputationen geführt. Die Verletzungen sind aber über den Winter soweit abgeheilt, daß er gehen kann und leichte Bergtouren unternimmt.
Toni Kinshofer entdeckt links der Rupalwand, in den Fluchten des Mazeno Peak, eine Route zum Westgrat, die gangbar scheint. Später wird sie von einer Grazer Mannschaft unter Hanns Schell erstbegangen. Als Routenfinder der Extreme tut sich Herrligkoffer hervor.
Die Kundschafter, außer Kinshofer, bringen die Überzeugung mit, daß die Rupalwand in »Direttissima« ersteigbar sei. Karl Herrligkoffer »tauft« Abschnitte der Wand mit den Namen der Pioniere, Opfern der Rakhiotseite: Wieland-Gletscher, Welzenbach-Eisfeld, Merkl-Rinne.
Die erste Großexpedition zur Rupalwand startet als Winter-Expedition. Am 31. Januar 1964 Abreise in München. Die Gründe? Weniger objektive Gefahren als im Früh- oder Hochsommer? Nein, in der ungeheuren Südwand

soll der Erfolg ins Frühjahr fallen. Denn im Herbst 1964 soll unter Herrligkoffers Leitung ein seit Jahren geplantes Antarktisunternehmen starten. Für die Vorbereitung benötigt er noch viele Monate Zeit.

Was für eine Dummheit!

Die neunköpfige Expeditionsmannschaft bilden: Dr. K. M. Herrligkoffer, R. Hang, E. Hofmann, G. Lapp, P. Müller, R. Obster, G. Plangger, K. Reinhold, W. Schloz. Am 28. Februar wird das Hauptlager errichtet. Lager I steht auf 4700 Meter, Lager III auf 5800 Meter, 250 Meter über einer Eiswand am oberen Ende des Wieland-Gletschers. Während der ersten fünf Wochen am Berg hat die Expedition zehn Schönwettertage. Im Anstieg zu Lager II werden sechs Bergsteiger von einer Lawine »eine mehr als 500 Meter lange Steilrinne« hinuntergefegt. Wie durch ein Wunder kommen sie alle mit leichten Blessuren davon.

Durch Falschmeldungen des Begleitoffiziers – die Expedition befinde sich auf nicht genehmigter Aufstiegsroute – wird die Expedition durch Entzug des Permits Ende März zum vorzeitigen Abbruch gezwungen. Lager II kann nicht mehr erreicht und geräumt werden. Die Wand ist damit bis in halber Höhe erkundet, alle Schwierigkeiten und »neuralgischen« Teilstücke bis dorthin sind erkannt, die Lagepositionen festgelegt. Mit der Gewißheit, »daß auch winterliche Verhältnisse kein unüberwindliches Hindernis darstellen«, kommt Herrligkoffer zurück nach Deutschland. Aus den Antarktis-Plänen wird nichts.

Als Toni-Kinshofer-Gedächtnis-Expedition – Kinshofer ist 1964 im Battert abgestürzt – wird 1968 die dritte Rupal-Expedition gestartet. Mit einer sehr starken Mannschaft. Die Teilnehmer sind: Wilhelm Dirmhirn, Karl Golikow, Siegi Hupfauer, Rolf Rosenzopf, Günther Schnaidt (stellv. Expeditionsleiter), Peter Scholz, Günter Strobel, Wolfgang Theurer, Roland Votteler, Wilhelm Schloz. Die stärkste Mannschaft, die jemals am Nanga Parbat war.

◁ *Die obere Hälfte der Rupalwand*

Als Bildreporter geht Karl Breyer (bis 4700 m) mit und als medizinisch-wissenschaftliche Hilfskraft Beatrice Kaltenbach. Sechs Bergsteiger (Golikow, Hupfauer, Posenzopf, Schnaidt, Strobel und Votteler) waren Teilnehmer des spektakulären Unternehmens Eiger-Direttissima im Winter 1966.
Die Expedition erreicht mit ihren fünf Tonnen Gepäck (17 Jeeps, 230 Träger) am 7. Juni das Hauptlager. Vier Tage später steht Lager II (5800 m). Mitte Juni ist das Bollwerk der 250 Meter hohen Eiswand genommen. Darüber wird eine »Materialseilbahn« montiert. Mit der Seilwinde werden Lasten bis zu 50 Kilogramm in flaschenähnlichen Kunststoff-Containern hochgezogen. Es dauert mehr als zwei Stunden, bis eine Last oben ist. Drei Aufzüge am Tag sind möglich.
Lager III (5900 m) wird als Akklimatisationslager ausgebaut. Als Scholz, Strobel und Golikow am 25. Juni das 600 Meter hohe Welzenbach-Eiscouloir präparieren, stoppt sie ein Wettersturz. Vier Tage anhaltender Schneefall. Alle steigen ab. Rückzug bis ins Basislager. In den ersten Julitagen kommt der neue Angriff in Gang. Lager IV (6600 Meter) wird eingerichtet. Höhendifferenz zum Gipfel: 1525 Meter. Am 19. Juli brechen um 18.30 Uhr Wilhelm Schloz und Peter Scholz zum ersten Vorstoß in Richtung Merkl-Rinne auf. Um Mitternacht erreichen sie den Mittelteil des Merkl-Eisfelds. Es wird viel nachts gegangen, weil Strahlungshitze untertags den Schnee aufweicht. In der Höhe von knapp 7100 Meter, wo sich »eine Eisspalte quer durch das Eisfeld zieht, liegt die letzte Randkluft vor der felsigen Merkl-Rinne, die 300 Meter höher beginnt« (Herrligkoffer). In der Spalte biwakieren die beiden Bergsteiger. Anderntags kehren sie nach Lager IV zurück. Es bleibt bis 1970 der höchste in der Wand erreichte Punkt.
Günter Strobel zieht sich beim Sprung über die vier Meter hohe Randkluft beim Lager II einen komplizierten Bein-

Lager II in der Rupalwand

bruch zu. Für den schwierigen Abtransport des Verletzten werden alle Bergsteiger gebraucht. 3500 Meter der Rupalwand sind durchstiegen. Der schwierigste Teil ist nicht betreten worden. Die vierte Expedition zur Rupalwand bringt 1970, im siebten Jahr nach der Erkundung, die Entscheidung.

Die Mannschaft umfaßt bei der Abreise 18 Mitglieder. Dr. Herrligkoffer hat sich wieder die Leitung genommen. Er ist 54 Jahre alt. Mit dabei sind: Michl Anderl, Gerhard Baur, Wolf-Dietrich Bitterling, Werner Haim, Günther Kroh, Felix Kuen, Dr. Hermann Kühn, Gerd Mändl, Günther Messner, Reinhold Messner, Elmar Raab, Hans Saler, Peter Scholz, Peter Vogler, Jürgen Winkler, als medizinisch-wissenschaftliche Hilfskraft die Apothekerin Alice von Hobe und als Expeditionsgast Max von Kienlin. Die Expedition hat Herrligkoffer dem Gedächtnis Siegi Löws gewidmet.

Aufstieg zum Welzenbach-Couloir

Mit Start am 8. April wird das Expeditionsgut in drei großen Lastwagen über 7500 Kilometer nach Pakistan befördert, wo am 26. April in Rawalpindi alle zusammentreffen. Der Flug nach Gilgit verzögert sich bis zum 7./9. Mai. Mitte Mai wird das Hauptlager am alten Platz bei der Tap-Hochweide errichtet. Am 21. Mai wird die Wieland-Eiswand abgesichert. Am 26. Mai wird über der Eiswand die Seilwinde von 1968 gefunden und freigelegt. Am neuen Platz, einer sicheren Eishöhle, ist Ende Mai Lager III (6000 m) ausgebaut. Bis zum 3. Juni ist die Route über das Welzenbach-Eisfeld mit dem Steilcouloir (60 Grad) durchstiegen und mit Fixseilen versehen.
Mit Datum 15. Juni schreibt Günther Messner: »Seit dem 3. Juni schneit und stürmt es praktisch ununterbrochen. Das erste Mal ... sind Reinhold und ich zehn volle Tage im Lager III geblieben und haben auf schöneres Wetter gewartet. Am 10. Juni war dann ein einigermaßen sonniger

und windstiller Tag ... und die übrige Mannschaft ... stieg wieder in die Lager ... Am 11. Juni wollten Reinhold und ich zum Lager IV aufsteigen, um endlich einen guten Platz am unteren Rand des Merkl-Eisfeldes ausfindig zu machen und ein Zelt einzurichten ... Doch morgens empfing uns ein Graupelschauer, und eine schwarze Wolke umschloß wie ein Ring den Nanga ... Um acht Uhr war dann wieder die Hölle los. Wir waren sauer. Erstens waren wir bald volle 14 Tage auf Lager III in 6000 Meter Höhe, zweitens fühlten wir, daß wir Bewegung unbedingt nötig hatten ... Am 13. Juni [Anm., also zwei Tage später] sind wir dann am Nachmittag dank guter Akklimatisation in wenigen Stunden bis ins Basislager hinuntergestiegen ...«

Am 18. beginnt der letzte Versuch. Die Zeit läuft ab. Am 25. Juni haben Günther und ich das Merkl-Eisfeld unter der Merkl-Rinne und den Platz für das Lager V, das Sturmlager, erkundet. Am nächsten Tag tragen Felix Kuen und Peter Scholz das Notwendigste hinauf. Das Zelt dieses Sturmlagers steht später »unter einem Felssporn nahe dem Eingang zur Merkl-Rinne« (Herrligkoffer) auf 7350 Meter. Scholz und Kuen kehren nach IV zurück. Gerhard Baur, Günther und ich beziehen am 26. Juni das Sturmlager. Bevor ich aufsteige, habe ich in Lager IV ein Funkgespräch mit Dr. Herrligkoffer geführt und einen Notplan vorgeschlagen für den Fall, daß schlechtes Wetter angekündigt wird. Für die Übermittlung der abendlichen Wetternachricht werden Zeichen vereinbart. Raketen mit Signalcharakter: rot = schlecht, blau = gut.

Der um 17.30 Uhr im Basislager aufgenommene Wetterbericht aus Islamabad besagt für den 27. Juni »weather fair«.

Um 20 Uhr feuert Michl Anderl eine Leuchtpatrone mit blauer Banderole ab. Sie schießt rot.

Eilige Nachschau ergibt, daß keine andersfarbigen Leuchtpatronen im Hauptlager vorhanden sind. Die Entscheidung ist eingeleitet. Alle wissen, daß ich einen Ver-

Tiefblick aus dem Merkl-Eisfeld ins Rupaltal

such unternehmen werde, allein zum Gipfel zu kommen. Im letzten Augenblick, und wenn es das Wetter zuläßt. So ist es verabredet.

Ich stehe um drei Uhr – 27. Juni – auf, peile das Wetter und beschließe den Blitzversuch zum Gipfel. Günther folgt mir und holt mich am Ende der Merkl-Rinne ein. Wir gehen gemeinsam weiter. Um 17 Uhr umarmen wir uns auf dem Gipfel. Nach einer Stunde, beim Abstieg am Südgipfel, zeigt Günther Erscheinungen von Höhenkrankheit.

Am Morgen des 28. Juni kommt es zu einer Rufverbindung zwischen mir und Felix Kuen. Entfernung 80 bis 100 Meter! Es gibt Mißverständnisse. Peter Scholz mischt sich nicht ein.

Kuen und Scholz erreichen am Nachmittag (16 bzw. 17.30 Uhr) den Gipfel, biwakieren »an der Südspitze« und sind am 29. Juni nachmittags in Lager IV zurück. Am 30. Juni um 16 Uhr erreicht Felix Kuen das Hauptlager.

Rechts des Gipfels die Merkl-Scharte. In Fallinie darunter der Abstiegsweg

Günther und ich wagen, da uns kein anderer Ausweg bleibt, den Abstieg über die Diamirflanke. Günther muß schnell aus der Todeszone, möglichst bis 5000 Meter hinunter.
Im untersten Teil der Diamirflanke fällt Günther zurück. Er bleibt verschollen. Er kann nur durch eine Eislawine ums Leben gekommen sein.

Nachspiel

Wieder erlaubt es Herrligkoffer nicht allen Teilnehmern, ihre Geschichte zu erzählen. Mein Buch wird verboten. Im Film zur Expedition werden Bilder von Günther und mir herausgeschnitten. Trotzdem verdanke ich Herrligkoffer

Blick von oben ins Diamirtal

meine erste Himalaja-Expedition. Aber kein Know-how. Die Erfahrung in großer Höhe ist 1970 noch begrenzt, die Ausrüstung schwer und primitiv. Die Teilnehmer sind zum Teil sehr jung.

Alle Grenzsituationen, die ich später auszustehen hatte – ein Spaltensturz am Mt. Everest ohne Seil; einen Jet-Stream – Sturm am Gipfelgrat des Kangchendzönga, nachdem das Zelt gerissen ist; eine unter mir reißende Schneebrücke am Rand des grönländischen Inlandeises oder das Auseinanderbrechen des arktischen Packeises vor Sibirien – dauerten Stunden, nicht Tage. Das Überleben fordert alle Kraft, alle Instinkte. Es gibt dabei weder Zeit noch Raum zu verzweifeln. Durchkommen ist alles. Nach dem Abstieg vom Nanga Parbat aber brauchte ich Hilfe, und ich wußte, daß die Mannschaft im Basislager zurück war. Nicht die Angst, Herrligkoffer würde die Heimreise antreten, ohne nach Günther und mir suchen zu lassen, die Ahnung, ohne medizinische und psychische Betreuung bald zu sterben, ließ mich einen letzten Hilfeschrei auf Papier kritzeln.

Es ist richtig, Günther hat sich mit seinem Alleingang nicht an die Absprache der Expedition gehalten. Auch ist der Gipfelgang zu zweit und so spät am Abend ein zu hohes Risiko gewesen. Ja, unseren Gipfelgang und alle daraus folgenden Grenzsituationen sowie Günthers Tod haben wir allein zu verantworten.

Warum aber erfindet Herrligkoffer, der Ende Juni 1970 Baurs rechtzeitig übermittelter Aussage, ich hätte während der Expedition wiederholt von einer Überschreitung des Nanga Parbat mit Abstieg über die Diamirflanke geschwärmt, offensichtlich keinen Glauben schenkt, das Szenario vom Tod meines Bruders an der Merkl-Scharte? Allerdings erst, nachdem ich zufällig mit dem heimreisenden Expeditionsleiter zusammentreffe? Und warum übernehmen jene Expeditionskameraden, die meine Position verteidigt haben, mehr als 30 Jahre später diese Version, die Herrligkoffer offensichtlich als Ausrede formuliert hat? Ohne je ins Diamirtal gereist zu sein, ohne die geographischen Gegebenheiten zu kennen, stellen sie die verwegensten Theorien auf.

Ich kehre im Sommer 2000 zum Nanga Parbat zurück, kann mit Hans Peter Eisendle und Wolgang Thomasett die Nordflanke – bis zur Tschechen-Route – erstmals durchsteigen und mit meinem Bruder Hubert die Diama-Scharte erreichen. Zum Gipfel kommen wir nicht. Beim Abstieg durch das Diamirtal verspreche ich den Leuten von Ser, eine Schule zu finanzieren, denn nach Diamirai ist es für Kinder zu weit. Die Einheimischen, vielfach die Kinder der Männer, die mich 1970 zuletzt gerettet haben, weisen mir einen Platz zu. Wir einigen uns auf die Bauweise, und ich zeichne einen Plan, garantiere die Bereitstellung der Geldmittel. Alles minimalistisch und unbürokratisch. Fünf Jahre will ich für den Schulbetrieb zahlen.

Die neu errichtete Schule in Ser im Diamirtal

Im Herbst 2002 steht der Bau, 2003 nimmt die Schule ihren Betrieb auf. Wegen des Afghanistan-Kriegs und des Kashmir-Konflikts ist der Tourismus inzwischen eingebrochen. Auch kommen viel weniger Expeditionen als früher. Die Menschen in diesem Tal sind wieder bitterarm.

Aber auch im mittleren und oberen Rupaltal gibt es keine Schule und Kinder, die, weil nicht für alle genug zu essen da ist, in die Täler und Städte absteigen müssen. In einer globalisierten Welt haben sie nur eine Chance, wenn sie wenigstens lesen, schreiben und rechnen lernen. Also gilt es auch dort, eine Schule zu bauen. Herrligkoffers Stiftung, das Deutsche Institut für Auslandsforschung, hat damit eine neue, zusätzliche Aufgabe und wir alle, die wir den »Nackten Berg« gesehen, umwandert oder bestiegen haben, die Möglichkeit, das Überleben am Fuße des großen Berges weiter zu ermöglichen.

Das Glück der späten Jahre

1975 kehrt Herrligkoffer zum Nanga Parbat zurück. Drei Routen sollen erkundet werden. Am Südwestgrat (die linke Kante der Rupalwand) kommt man am weitesten, scheitert aber auf 7550 Meter Höhe. Im folgenden Jahr wird diese Route von einem Vierer-Team gemeistert. Hanns Schell ist der Leiter. Zusammen mit Siegi Gimpel, Robert Schauer und Hilmar Sturm schafft er es zum Gipfel. Das Team stellt drei Lager auf, wird aber von einem Sturm zum Rückzug gezwungen. Beim zweiten Anlauf stellt Schell ein viertes Lager in 7450 Meter Höhe auf. Dort starten am 9. August alle vier. Sie biwakieren in 7700 Meter Höhe und nochmals 8020 Meter hoch. Am 11. August erreichen sie den Gipfel und steigen zum Lager IV ab. Eine hervorragende Leistung!
1977 werden zwei Amerikaner bei einem Versuch, die Diamirflanke zu erklettern, getötet. Ein polnisches Team scheitert beim Versuch, die Schell-Route zu wiederholen.
1978 kehre ich zum Nanga Parbat zurück. Wage in der Diamirflanke einen Alleingang.
Im August 1978 gelingt einem österreichischen Sechs-Mann-Team die Zweitbegehung der Diamirflanke über die Kinshofer-Route. Fünf von sechs Bergsteigern erreichen den Gipfel. 1981 geht ein italienisches Team eine Variante an der Kinshofer-Route an der Diamirflanke, die damit zum Normalaufstieg wird.
Ein niederländisches Team – Ger Friele, Bas Gresnigt, Roland Naar und Gerard van Strang – erreicht über die Schell-Route den Südwestgrat (Mazeno-Grat) und entscheidet sich, die Diamirflanke zu queren. Um den Gipfel zu erreichen, biwakieren sie in 7516 Meter und 7550 Meter Höhe. Gresnigt steigt ab, dann ist Friele zu krank, um weiterzumachen. Die beiden anderen kommen bis 7800 Meter Höhe, wo van Strang aufgibt. Naar steigt allein zum

Aufstieg durch die Eisrinne in der Diamirwand

Gipfel! 1982 beabsichtigt Herrligkoffer, den Südostpfeiler erklettern zu lassen. Rechts der Rupalwand-Route von 1970 glaubt er einen relativ lawinensicheren Weg gesehen zu haben. Im Mai 1982 hat ein starkes Team unter der Führung von Yannick Seigneur dort aufgeben müssen, nachdem ein Träger abgestürzt und Seigneur von einer Lawine überrollt worden ist. Herrligkoffers Team erreicht in 7100 Meter Höhe Seigneurs Umkehrpunkt und Mitte August Lager V, 7500 Meter hoch. Am 16. August starten vier Bergsteiger gipfelwärts. Drei treten den Rückzug an. Der Schweizer Ueli Bühler macht allein weiter, biwakiert und erreicht am 17. August den Südgipfel (8042 m) und steigt, nicht mehr fähig zum Hauptgipfel zu gehen, ab. Bühlers Zehen sind erfroren.

1985 wird die Route vollendet. Jerzy Kukuczka und Carlos Carsolio erreichen zusammen mit Zygmunt Heinrich und Slavomir Lobodzinski den Hauptgipfel.

Reinhold Messner nach seinem gelungenen Alleingang im Basislager

Tsuneo Hasegawa, der im Sommer 1984 an der Schell-Route gescheitert ist, kehrt im Oktober zum Nanga zurück, um die erste Winterbegehung der Rupalwand im Alleingang zu versuchen. Er ist Mitglied einer japanischen Expedition. Ein wagemutiger Plan. Hasegawa ist gezwungen aufzugeben.
1984 erreichen Liliane und Maurice Barrard den Gipfel über die Diamirflanke. Liliane ist die erste Frau auf dem Nanga Parbat. Jetzt gilt die Kinshofer-Route an der Diamirflanke endgültig als Normalweg, und die ersten kommerziellen Expeditionen belagern den Berg. Der Grat über den Mazeno-Pass, etwa 15 Kilometer lang, der längste Grat an einem Achttausender, wird zur großen Herausforderung am Nanga Parbat. Zwischen 1979 und 2003 gibt es eine Reihe von Versuchen. Darunter von Doug Scott, Wojciech Kurtyka und Erhard Loretan. Immer ohne Erfolg.

Einem japanischen Team gelingt aber 1995 eine neue Route auf der Nordseite des Nanga. Über einen direkten Weg erreichen sie den Silbersattel, wo sie ein letztes Lager in 7350 Meter Höhe aufstellen. Am 23. Juli starten Yukio Yabe, Takeshi Akiyana und Hiroshi Saito. In der Nacht haben sie Sauerstoff aus der Flasche geatmet, folgen Buhls Route und erreichen den Gipfel um 17 Uhr. Nein, auch sie schaffen es nicht, vor Einbruch der Nacht die Bazhin-Scharte zu erreichen. Man biwakiert in 7700 Meter Höhe. Am 24. August erreichen sie das Lager am Silbersattel, 39 Stunden nachdem sie es verlassen haben.
1996 besteigt Krzysztof Wielicki im Alleingang den Nanga (Diamirflanke, Kinshofer-Route). Immer an den Seilen und im Zelt, das andere Expeditionen zurückgelassen haben. Am 1. September 1996 steht er am Gipfel.
Wie alle Wiederholungsversuche an der Rupalwand, sind bisher alle Versuche einer Winterbesteigung gescheitert. Zuletzt im Februar 1997. Zwei Bergsteiger aus Polen erreichten die Bhazin-Mulde an der Kinshofer-Route. Nur 250 Meter unter dem Gipfel gehen sie mit schweren Erfrierungen zurück. Rettung per Hubschrauber vom Diamir-Basislager.
Im Februar 1998 scheitert ein anderes polnisches Team. Etwa 200 Besteigungen sind bis heute am Nanga Parbat gelungen. Die allermeisten über die Kinshofer-Route, die Jahr für Jahr präpariert wird.

Kapitel XV

Fiktion

Eisbruch an der Nordflanke des Nanga Parbat

Es gibt ein Prinzip, das als eine Schranke gegen jede Information dient, als Beweis gegen jedes Argument, und das niemals fehlschlagen kann, die Menschen in immerwährender Unwissenheit zu halten. Dieses Prinzip heißt: Verurteilung vor der Untersuchung.

Herbert Spencer

Als Expeditionsteilnehmer hat man sich aber auch nach den Befehlen des Leiters und den hiesigen Behörden zu richten. *Max von Kienlin*

Reinhold Messner geht als Gefangener seiner eigenen Ideen durchs Leben. *Sabine Stehle*

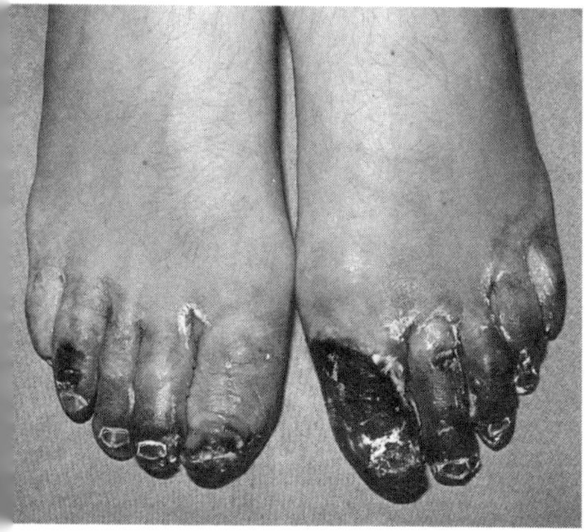

Reinhold Messners erfrorene Füße

Doch der Rang seiner Unternehmen beschränkt sich nicht nur auf den Alpinismus. Als Wagnis auf Leben und Tod, als Willensanstrengung und Energieleistung erreicht dieser Alleingang ein Maß, für das nirgendwo leicht ein Vergleich zu finden ist. David Livingstones Reisen ins unentdeckte Afrika? Amundsens Fahrt zum Südpol? Die Pioniertat unserer Tage, der Mondflug in der klimatisierten Raumkapsel, wirkt neben Messners Trip jedenfalls fast so sicher und komfortabel wie die Erste Klasse in einem Jumbo-Jet. *Wilhelm Bittorf*

Ich habe immer strikt Freundschaft und Bergkameradschaft zu trennen gewußt. Und auch, als die Freundschaft zerbrochen war, galt doch immer noch die Kameradschaft. *Max von Kienlin*

Der Mann Messner stellt sich und sein Leben zur Disposition. Respekt. Vor allem deshalb, weil hier ein Einzelgänger seinem Leben einen ebenso handfesten wie geistesgegenwärtigen Sinn gibt.

Werner Koch in der Süddeutschen Zeitung

Vorverurteilt

Im *Spiegel* Nr. 28/2002 erscheint eine Geschichte zur Expedition an der Rupalwand 1970, die in ihren Widersprüchen und Fehlern schwer zu übertreffen ist. Die Frage »Ist Reinhold Messner schuld am Tod seines Bruders?«, aufgeworfen von einem Teil der Crew vom Nanga Parbat 1970, fordert zum Nachdenken auf. Verständlicherweise. Wo bleibt aber die Recherche? Geht es bei den Vorwürfen im *Spiegel* sogar um »Brudermord«?

Holm: »Mehrfach machen in jenem Spätfrühjahr Wetterstürze die Gipfelpläne zunichte. Am 26. Juni 1970 aber sind alle optimistisch.«

Im Gegenteil. Die letzten Hoffnungen scheinen zu schwinden. Erneut drängen Wolkenbänke heran. Wir, zu fünft im Lager IV – Kuen, Scholz, Baur, mein Bruder und ich –, können aus großer Höhe beobachten, wie unser Berg eingepackt wird. Die Zeit drängt.

Holm: »Messner gilt als bester Kletterer unter den 18 deutschsprachigen Alpinisten dieser Expedition, und er ist zweifellos der ambitionierteste.«

Ja, ich bin ambitioniert. Ob ich als »bester Kletterer« im Team angesehen wurde, bezweifle ich. Vielleicht in diesem Moment vom Expeditionsleiter. Auch, weil es gilt, einen Erfolg zu melden. Deshalb auch mein Vorschlag, bei schlechter Prognose allein loszugehen.

Baur: »Messner wird die Chance nutzen, allein zum Gipfel zu steigen.«

Als ob er das falsche Wettersignal im voraus geahnt hätte. Zu dritt steigen wir am 26. Juni abends ins letzte Lager: Gerhard Baur, Günther und ich.

Gegen acht Uhr sehen wir vom Basislager eine rote Leuchtrakete aufsteigen.
Holm: »Es ist das mit dem Basislager verabredete Signal für schlechtes Wetter.«
Ja, die Expedition ist damit gescheitert.
Holm: »Der geplante Aufstieg zum Gipfel gilt damit als abgesagt – für fast alle.«
Es gibt zwar keinen Plan, jetzt aber auch keine gemeinsamen Hoffnungen mehr. Es heißt aufgeben!
Holm: »Nicht aber für Reinhold Messner. Für ihn heißt das Signal: Nun darf er es allein versuchen.«
Nein, ich darf nicht – ich will. Es ist mein Vorschlag gewesen, den einen Tag vor Einbruch des Schlechtwetters zu nutzen, um so hoch wie möglich zu kommen.
Ich will, wenn möglich, zum Gipfel und zurück. An einem Tag. Noch bevor Neuschnee die Merkl-Rinne zur Lawinenhölle macht. Deshalb keine Biwakausrüstung, kein Seil, kein Proviant.
Holm: »Bis zum Abend wolle er zurück sein, sagt er.«

Günther ist am Morgen, wie abgesprochen, mit Gerhard Baur unterwegs, um die Merkl-Rinne zu sichern.
Holm: »Dann rutscht das Seil von der Holzrolle. Es gibt Seilsalat. Günther Messner wird wütend.«
Er weiß, ich würde bald auf dem Gipfel stehen. »Los, komm mit«, sagt er zu Baur.
Baur: »Zweimal hat Günther mich bearbeitet, damit ich mit ihm hinter seinem Bruder hersteige.«
Verständlicherweise, weiß er doch, da ich nicht zurückkomme, daß die Merkl-Rinne frei kletterbar ist.
Baur: »Günther wollte mithalten mit seinem Bruder, bei dieser einmaligen Chance, berühmt zu werden.«
Wie lächerlich! Da oben denkt keiner ans Berühmtwerden. Die Motivation liegt nur noch in der Frage: Geht es oder geht es nicht. Günther wagt es. Gerhard nicht. Es ist ihm verständlicherweise zu riskant.

Als ich merke, daß mein Bruder mir folgt, sind wir am oberen Ende der Rinne, und wir könnten noch zurück. Günther und ich aber steigen weiter. Als käme nichts anderes in Frage. Zwischen uns gibt es keine Rivalität, die Hierarchie ist durch Alter und Erfahrung festgelegt. Wir klettern seit mehr als zehn Jahren zusammen, und in unserer Seilschaft hat jeder seinen Platz. Das ist die Basis für unsere erfolgreiche Strategie.

Wäre wirklich eine Überschreitung des Nanga Parbat geplant gewesen, ich hätte Günther zurückgeschickt. Eine Überschreitung des Berges aber kommt in meiner Strategie nicht vor. Bin ich doch aufgebrochen, um im letzten Moment den Ausklang eines Schönwetterfensters zu nutzen. Der Abstieg über unbekanntes Gelände bei Nebel und Neuschnee? Er wäre einem Selbstmord gleichgekommen. Wir wollen die Rupalwand durchsteigen und sofort zurück. Natürlich auch den Gipfel erreichen, unseren Erfolg. Sonst aber nichts. Deshalb steigen wir weiter. Noch hält das Wetter und noch hat uns die Höhe nicht völlig apathisch gemacht.

Holm: »Die Brüder begehen einen schweren Fehler. Sie wollen weiter, obwohl es zu spät ist, bei Tageslicht würden sie es nicht mehr zurückschaffen ins Lager V.«

Hinterher kam auch ich zu diesem Schluß. Aber dieser Fehler ist nicht der Auslöser für das Konstrukt aus Lügen, das Carsten Holm und einige Expeditionsteilnehmer glauben lassen wollen. Er steht am Anfang einer Reihe von Entscheidungen und Zwängen, die zuletzt nur noch einen möglichen Weg offen lassen: meinen Abstieg.

Holm: »Günther, zwei Jahre jünger, genauso ehrgeizig und ambitioniert, ist ihm auf eigene Faust, auf eigenes Risiko, ohne Absprache mit der Expeditionsleitung nachgestiegen.«

Ja, auch er denkt nicht daran, aufzugeben, abzusteigen, auf den Gipfelgang zu verzichten. Es sind keine 100 Höhenmeter mehr. Nichts gegen die 4400 Wandmeter unter

uns! Der Gipfel ist uns beiden ein Risiko wert. Wir reden nicht darüber, wir steigen weiter.
Wenn Carsten Holm glauben lassen will, »daß Günther Messner sterben mußte, weil sein Bruder berühmt werden wollte«, ist das nicht nur ein Widerspruch, dahinter versteckt sich der Vorwurf fahrlässiger Tötung. Oder will er Mord unterstellen? Kain tötet Abel, um den Ruhm allein zu haben! Als ob in einer solchen Notlage der Bruder den Bruder töten könnte!
Wir sind inzwischen, um ein Stück weit nach unten zu kommen, über die Diamirseite des Berges in die Merkl-Scharte abgestiegen. Günther geht es nicht gut. Irgendwie müssen wir zum Aufstiegsweg zurück.
Am nächsten Morgen bin ich verzweifelt, finde aber eine Stelle, von der ich in die Merkl-Rinne einsehen kann.
Holm: »Er weiß, daß dort irgendwann die Seilschaft Kuen und Scholz auftauchen muß.«
Wie, wenn doch »der geplante Aufstieg zum Gipfel abgesagt« ist (Holm). Wir haben kein Funkgerät, keine Sichtverbindung, keinerlei Kontaktmöglichkeit zum Rest der Expedition.
Doch ohne Seil bringe ich Günther nicht ins Lager V zurück. Deshalb rufe ich am Morgen des 28. Juni in der Merkl-Scharte um Hilfe.
Holm: »Kuen und Scholz, noch weit entfernt, glauben Hilferufe zu hören.«
Als mir klar wird, daß der direkte Aufstieg aus der Merkl-Rinne in die Merkl-Scharte für Kuen und Scholz unmöglich ist, winke ich ab. Ich darf doch nicht den Absturz der beiden provozieren! Auch ich kann ja von oben nicht zu ihnen hinklettern.
Holm: »Niemand konnte helfen, weil niemand etwas wußte von der Bergnot der beiden – Messner hatte sie schließlich den Expeditionskollegen Kuen und Scholz verschwiegen. Hätte Günther Messner mit Kuens Seil die Rupalflanke hinab abgeseilt und gerettet werden können?«

Die Frage ist berechtigt, aber sinnlos. Kuens Seil kann niemand zu uns bringen. Die 100 Meter senkrechte Wand zwischen uns macht es unmöglich. Nicht kletterbar! Kuen und Scholz haben sich davon überzeugen können. Sicher hätten alle anderen auch versucht, uns entgegenzusteigen und zu helfen, wenn sie von unserer Notlage gewußt hätten. Aber auch sie hätten nicht bis zu uns klettern können.

Das letzte Stück ist von unten mit der Ausrüstung von 1970 nicht begehbar und von oben nur durch Abseilen zu überwinden. Wir aber haben kein Seil.

Deshalb ist unsere Notlage relativ. Nicht für uns. Aber für Kuen und die anderen! Ihr Absturz hätte unsere verzweifelte Situation nur verschlechtert. Deshalb mein »Alles in Ordnung«, als ich weiß, daß es nicht möglich ist. Ich will sie doch nicht zum Unmöglichen drängen.

Aber, »kann Lebensgefahr ›relativ‹ sein?« fragt sich nicht nur Carsten Holm.

Alle, die diese Tragödie verstehen wollen, müssen zuerst nachvollziehen, daß ein Zusammenkommen unserer beiden Seilschaften unmöglich war. Wegen der klettertechnischen Schwierigkeiten, die beweisbar sind. Mit der Geographie. Die entsprechende Wandstelle ist immer noch senkrecht, die Felsen brüchig. Meist sind sie verschneit.

Von Kienlin: »Der todkranke Bruder könnte gestorben sein, Hilfe wäre dann nicht mehr nötig gewesen.«

Ja, ich hätte den Abstieg über die Diamirseite auch allein versucht, es ist mir sonst ja nichts übriggeblieben. Lieber ein riskanter Abstieg als keiner. Aber wir sind zu zweit, und wir steigen zu zweit ab. So weit wir kommen. Nur wenn wir in der Merkl-Scharte warten, ist der Tod für uns beide gewiß. Der Kompromißvorschlag, den der Expeditionsleiter Herrligkoffer später vorlegt, basiert auf der Aussage von Gerhard Baur: Ich habe von der Überschreitung des Berges gesprochen. Ein mögliches Szenario, nicht aber die Realität.

Herrligkoffer: »Reinhold Messner gibt zu, daß er den Abstieg über die Diamirflanke geplant hatte, als er auf der Diamirseite biwakierte. Erst in den Morgenstunden wurde sein Bruder schwer höhenkrank, und die beiden Messners riefen von sechs bis neun Uhr um Hilfe. Noch bevor die zweite Seilschaft Hilfe bringen konnte, starb sein Bruder Günther den Bergtod.«

Holm: »Für Messner war das unannehmbar. Er hätte eine Lüge zugeben müssen.«

Nein, umgekehrt. Ich hätte eine Lüge unterschreiben müssen. Herrligkoffers Lüge! Wenn einige Kameraden glauben, mit der Wiederholung dieser ungeheuerlichen Unterstellung die Wahrheit in ihr Gegenteil verdrehen zu können, benehmen sie sich wie jene, die Aussagen erzwingen. Durch psychische Folter.

Holm: »Ist Messner ein guter Zeuge seiner selbst?«

Wer sonst soll als Zeuge in dieser Sache glaubwürdig sein? Die, die nicht dabei waren? Kennt *Der Spiegel* einen wesentlichen Punkt der Rechtsstaatlichkeit nicht? Oder spielt er eine Rufmordkampagne mit, nur weil sie sich gut verkauft?

Unser Abstieg ist eine reine Verzweiflungstat. Nur immer wieder vorausgehend kann ich einen Weg finden.

Holm: »Er will seinem Bruder Umwege ersparen.«

Ja, und deshalb muß ich am Wandfuß, wegen der Unübersichtlichkeit des Geländes, weiter vorausgehen als im oberen Wandbereich.

Winkler: »So weit vorauszugehen, widerspricht den Grundregeln des Bergsteigens.«

Richtig, wenn ich aber nach den Regeln der Bergsteigerkunst gehandelt hätte, wären wir nicht weit gekommen.

Blick von oben in die Gletscherkessel am Wandfuß (Diamirflanke) ▷

Alle in der Mannschaft machen sich Sorgen. Günther und ich sind für sie verschwunden, und niemand kann wissen, wo genau wir sind. Vielleicht schon tot.
Als alle aus der Wand zurück sind, drängt Karl Herrligkoffer zum Rückmarsch. Über Astor geht es nach Gilgit. Die Heimreise beginnt.
Von Kienlin: »Karl wollte unbedingt weg.«
Zufällig treffe ich auf dem Weg nach Gilgit auf den Expeditionsleiter. Er tröstet mich, will aber von Details beim Abstieg über die Diamirseite nichts wissen.
Von Kienlin: »Die Geschichte vom gemeinsamen Abstieg der Brüder zum Diamirtal formulierte sich erst während der kommenden Tage. Ich war dauernd bei ihm. Wir flogen gemeinsam zurück nach München.«
Jetzt erst kann ich mich mitteilen, meinen Schmerz teilen. Und ich muß so schnell wie möglich in eine Spezialklinik. Meine erfrorenen Füße sind entzündet.
Von Kienlin: »Seltsam, daß Reinhold damals mit keinem Wort verlangt hat, einen Suchtrupp zum Lawinenkegel zu organisieren, um Günther zu suchen.«
Wie, frage ich mich, hätten die anderen den Ort der Tragödie finden sollen! Ich wußte, daß mein Bruder tot war. Auch wenn er mir beim Abstieg durchs Diamirtal in meiner Schizophrenie wiederholt als Begleiter erschienen war. Ich hatte einen halben Tag und eine Nacht lang nach ihm gesucht.
Es ist Max von Kienlin, dem ich vom Verschwinden meines Bruders ausführlich erzähle. Und er ist es, der mir erzählt, was inzwischen auf der anderen Seite des Berges geschehen ist: vom guten Wetterbericht nach der roten Rakete, von den Suchaktionen, von einem völlig verstörten Felix Kuen.
32 Jahre später glaubt Max von Kienlin diese Situation des Vertrauens zwischen uns gegen mich ausspielen zu können. Mit dem Vorwand, ich hätte die Mannschaft beleidigt, verdreht er die Tatsachen. Nur um Nuancen. Um

seinen Aussagen Glaubwürdigkeit zu verleihen, redet er von vertraulichen Absprachen.

Von Kienlin: »Messner hat schlichtweg keine Ahnung gehabt, wo sein Bruder abgeblieben war.«

Nein, ich habe den Lawinentod meines Bruders von Anfang an als Möglichkeit, nicht aber als bewiesene Tatsache erklärt. Ich war nicht dabei, als er starb. Aber nach meiner Suche kam keine andere Todesursache als die Lawine für mich in Frage. Es war dann Max, der mich bewogen hat, eindeutig bei einem Todesszenario zu bleiben: Tod Günther Messners in einer Eislawine.

Von Kienlin: »Die Eislawine paßte gut. Der Tod seines Bruders war so eine Folge höherer Gewalt, nicht seines Versagens.«

Ja, die Lawine ist die wahrscheinlichste Todesursache. Es gibt auch heute keine andere Antwort.

Max von Kienlin: »Eine für die Familie und die Öffentlichkeit taugliche Version.«

Alle Versionen wären gleich »tauglich« gewesen. Nur, allen anderen Möglichkeiten umzukommen, haben wir ausweichen können. Bis zuletzt.

Mir sind inzwischen die allermeisten Details der Tragödie klar geworden. Nicht zuletzt nach den Veröffentlichungen der Expeditionskameraden von damals. Daß das Geschehen schwer nachzuvollziehen ist, bleibt eine andere Sache.

Expeditionsleiter, die keine Bergsteiger sind, Expeditionsgäste, Journalisten ohne eigene Erfahrung in der Höhe, können weder aufklären noch Urteile fällen. Sie stiften höchstens Verwirrung. Wie Karl Maria Herrligkoffer von Anfang an.

Der einzige Zeuge

Horst Höfler, dem im Artikel von Carsten Holm im *Spiegel* Nr. 28/2002 vorgeworfen wird, er ließe sich von mir als Sprachrohr benutzen, fordert eine Stellungnahme, die allerdings nie erscheint.

Höfler: »Ihr Autor Carsten Holm behauptet, daß in meinem Buch über Karl Maria Herrligkoffer, für das Reinhold Messner die Einleitung geschrieben hat, ›der Mannschaft unterlassene Hilfeleistung vorgeworfen wird‹. Vorsicht, Herr Holm! An welcher Stelle? Nach Abschluß meiner jahrelangen gründlichen Recherchen in den Akten des Herrligkoffer-Archivs hat sich der ›Chronist‹, also ich, die Frage gestellt, auf der von Kienlin & Co. immer wieder herumreiten: Warum aus der Mannschaft nicht ein paar Leute Manns genug gewesen waren, um als Suchtrupp über den Mazenopaß auf die Diamirseite zu gehen. Warum hat man es nicht wenigstens versucht?«

Holm: »Alle, die klettern konnten, waren in der Rupalwand, als Reinhold Messner mit seinem Bruder verschwand.«

Höfler: »Kletterten alle an der Flanke? Die gesamte Mannschaft? Um nach den Messners zu schauen, hätte man nicht klettern, sondern nur gehen müssen.«

Holm: »Niemand konnte helfen, weil niemand etwas wußte von der Bergnot der beiden.«

Es gab dazu nur zwei Optionen: Für die anderen waren wir entweder in Not oder tot.

Zu unserem späten Gipfelgang sagt Holm: »Ein Wahnsinn um diese Zeit.«

Höfler: »Buhl war bei der Nanga-Erstersteigung um 19 Uhr am Gipfel. Kinshofer, Mannhardt und Löw erreichten ihn 1962 nach der Erstdurchsteigung der Diamirflanke um etwa 17.30 Uhr, Doug Scott und Dougal Haston kamen 1975, nach dem Erstaufstieg an der Eve-

rest-Südwestwand, um 18 Uhr auf dem höchsten Punkt der ›Göttinmutter der Erde‹ an.«
Höfler zum Abstieg: »Aber für Gerd Baur soll es ›ganz klar‹ gewesen sein, daß die Messners über die Diamirseite hätten absteigen wollen.«
Zur angeblich geplanten Überschreitung sagt Höfler: »Daß Reinhold Messner von einer solchen geschwärmt haben mag, kann gut sein. Spitzenbergsteiger träumen von so was. Hermann Buhl hat 1957(!) wahrscheinlich auch ›mit leuchtenden Augen‹ gegenüber Kurt Diemberger von einer Überschreitung des K2 geschwärmt.«
Im *Spiegel* habe ich nicht die Möglichkeit bekommen, zu den konkreten Vorwürfen Stellung zu nehmen, andere Magazine haben wenigstens auch ein Interview mit mir, neben der Sichtweise der anderen zur Tragödie am Nanga Parbat, ins Blatt gestellt.

Auszüge aus dem ff-Interview

Ehemalige Kameraden sind entsetzt, daß Sie ihnen unterstellen, froh gewesen zu sein über die Nicht-Rückkehr der Messner-Brüder vom Nanga Parbat.
Eine Aussage dieser Art ist in München gefallen. Weil sie stimmt! »Nicht alle waren froh, daß ich wieder da war.« So steht es in meinem Buch *Die rote Rakete*. Geschrieben 1971. Ich frage mich: Warum hat damals niemand reagiert? Jetzt habe ich diese Aussage genauer formuliert. Ein Expeditionsteilnehmer hatte ein Problem damit, daß ich wieder auftauchte.
Wer?
Felix Kuen. Die Aussage stammt übrigens von Max von Kienlin. Kuen soll unglücklich gewesen sein über mein Zurückkommen.

Sie unterstellen der Mannschaft unterlassene Hilfestellung.
Nein, das ist erfunden. Es ist der Vorwand für einen Streit, den die »Kameraden« suchen, nicht ich. Bei mir steht kein Satz über unterlassene Hilfeleistung.
Gerhard Baur sieht es anders.
Um den Vorwurf der unterlassenen Hilfeleistung zu erheben, müßte ich meine bergsteigerische Philosophie auf den Kopf stellen. Ich rede dauernd von Eigenverantwortung. Natürlich war ich mit 25 Jahren zu jung, um klar zu sehen, alle Details auszudrücken. Damals habe ich Herrligkoffer Vorwürfe gemacht. Auch weil er undemokratisch und unmenschlich war. Es war trotzdem falsch, es war ein Fehler von mir, Herrligkoffer den Prozeß zu machen. Wer soll denn für die entscheidende Situation an der Merkl-Scharte die Verantwortung tragen außer ich und mein Bruder? Wir beide sind für das, was wir getan haben, verantwortlich, und kein anderer. An der Merkl-Scharte konnte niemand mehr helfen. Wir mußten uns selbst retten!
Ist der Vorwurf unterlassener Hilfeleistung ein Mißverständnis?
Gegenüber der Mannschaft habe ich diesen Vorwurf nie erhoben. Natürlich frage auch ich mich, warum heimwärts niemand auf dem Weg ins Diamirtal war, um nach uns zu suchen, wenn alle wußten, daß wir dorthin abgestiegen waren. Aber es war Herrligkoffers Entscheidung, die Expedition nach Gilgit zu führen, und er forderte Gehorsam von der Mannschaft.
Die zentrale Frage: Was ist dort oben passiert? Hatten Sie die Überschreitung geplant, wie es Baur, Saler und von Kienlin behaupten?
Alle drei können diese Aussagen nicht treffen. Weil sie nicht mit am Gipfel waren. Die Sache ist einfach: Wir waren am Gipfel in einer kritischen Situation. Es war spät, zu spät. Als wir abstiegen und ich merkte, daß mein Bruder nicht hundertprozentig in Ordnung ist – er sagte zu

mir: ›Ich trau mich über die Rupalwand nicht mehr hinunter‹ –, habe ich mich gefragt: Was tun? Die Rupalwand absteigen hätte wahrscheinlich den Absturz bedeutet! Ohne Seil in die Nacht hineinzuklettern, noch dazu bei angekündigtem Schlechtwetter bedeutet in der Merkl-Rinne eine Katastrophe. Wir wußten ja nichts von den Seilen, mit denen die Wand versichert werden sollte. Wir erwarteten Schlechtwetter, keine Hilfe.

Baur sagt, Günther wußte, daß Scholz und Kuen nachkommen.

Nein, das hat Günther nicht gewußt. Auch Baur hat es am Morgen des 27. Juni nicht gewußt. Von wem denn? Im Lager V lag kein Funkgerät.

Haben Sie die Überschreitung des Nanga Parbat geplant?

Nein, ich hatte keine konkreten Pläne, über den Berg zu gehen. Obwohl bei dieser Expedition des öfteren über eine mögliche Nanga-Überschreitung geredet worden war, bin ich mit dem Plan gestartet: zum Gipfel und zurück!

Baur sagt, er verstehe nicht, warum Sie nicht endlich zugeben, die Überschreitung von vornherein geplant zu haben.

Baur widerspricht sich. Er selbst hat Höfler, dem Verfasser der Herrligkoffer-Biographie, gesagt, daß ich ihm aufgetragen hatte zu warten, bis ich vom Gipfel zurückkomme. Ich hatte ihn vor dem Start doch gebeten, Seile in den schwierigen Passagen zu befestigen, um meinen Abstieg zu erleichtern. Er weiß also, daß ich vorhatte, auf der Südseite wieder abzusteigen. Daß die Kameraden mir zumuten, der Zeit weit voraus gewesen zu sein, ehrt mich. Aber die Zeit für die Überschreitung des Nanga war 1970 noch nicht reif. Und niemand würde einen so großen bergsteigerischen Erfolg wie die Erstbegehung der Rupalwand zerstören, indem er etwas anhängt, was nicht überlebbar ist.

Ich habe Glück gehabt. Unseren Abstieg von 1970 überlebt nur einer von 1000. Auch ich würde so etwas nie mehr überleben. Es war großes Glück. Also Zufall, daß ich durchkam. Bei all den Unterstellungen, die man mir heute macht, frage ich mich freilich, wer mit diesem meinem Glücksfall Probleme hat. Kuen hatte ein Problem damit – aus verständlichen Gründen. Er war mit mir als Überlebendem nur zweiter. Aber alle anderen?

Mit möglichst geringem Aufwand möglichst gewaltige Grenzleistungen vollbringen paßt aber genau in die Messner-Philosophie.

Diese Messner-Philosophie kommt aber erst 1975 zum Tragen. Erst nach mehreren klassischen Expeditionen hatte ich das Können und den Mut zum Minimalstil. Ich streite nicht ab, daß die Dimension Überschreitung diskutiert worden ist – wir haben auch über das Bergsteigen auf dem Mond geredet –, aber geplant wurde sie nicht. Ich gehe doch nicht ohne Schlafsack, ohne Proviant, ohne Paß und ohne Geld weg, wenn ich weiß, daß ich mich später irgendwo im Niemandsland durchschlagen muß. Es ist doch alles im Basislager geblieben. Wir hatten weder ein Bild noch eine Karte von der Diamirseite. Und: Warum ist mir Günther nachgestiegen?

Warum dann der Abstieg über die unbekannte Diamirwand?

Weil es keine andere Überlebenschance gab. Wer behauptet, der Abstieg über die Rupalwand wäre klettertechnisch leichter gewesen, täuscht sich enorm. Und allein auf die Schwierigkeiten kam es an. Die Rupalwand ist teilweise extrem steil. Sie war für einen kranken Mann wie Günther ohne Seil nicht machbar, und sie ist lawinengefährdet. Für uns stand ja Schlechtwetter an. Es ging ums Überleben! Ich hatte ein Bild von der Rupalwand dabei, und auf diesem Bild sieht es aus, als könne man von der Merkl-Scharte wieder zurückqueren in die Merkl-Rinne. Ich wußte nicht, ob es geht. Auch nicht, ob ich dort irgendwie Hilfe herbeirufen könnte. Der Abstieg in diese

Scharte war ein zweiter Fehler gewesen, nachdem wir nach dem Zusammentreffen zum Gipfel weitergegangen sind. Alles jetzt aus dem Rückblick.

Haben Sie um Hilfe gerufen?

Und wie ich um Hilfe gerufen habe! Kuen bestätigt es. Als Kuen, den ich ja nur als Figur ausmachen konnte, die Wand heraufkam, habe ich mir gesagt: Meine Hilferufe sind gehört worden. Sonst würde ja niemand kommen. Nach unserer Information stand schlechtes Wetter bevor, und der Alleingang war damit der letzte Versuch.

Sie haben Kuen nur zu verstehen gegeben, daß Sie auf der anderen Seite absteigen.

Am Ende der Kontaktaufnahme, ja. Zuerst habe ich mit Worten und Zeichen zu verstehen gegeben, daß wir zu ihnen in die Merkl-Rinne absteigen müssen. Erst als ich merkte, daß Kuen trotz der Bitte um Hilfe nicht zu mir heraufsteigt, wußte ich, daß es unmöglich ist. Also war mir klar, daß Rettung nicht möglich ist. Wenn Baur und Saler behaupten, sie wären rasch bei mir gewesen, hätten sie also dort hinaufklettern müssen, wo Kuen nicht hinaufklettern konnte. Kuen sagt, es war unmöglich, und ich glaube es ihm. Wer sagt, es wäre möglich gewesen, unterstellt Kuen unterlassene Hilfeleistung. Kuen hätte geholfen, konnte aber nicht. Und ich wollte dann mit weiterem Drängen keinen Unfall provozieren.

Dann kam Ihr »Alles in Ordnung«.

Weil Kuen weitergeht. Jetzt erst wird mir klar, was los ist. Man kann uns nicht helfen. Nur ich weiß, wenn Kuen und Scholz zum Gipfel steigen, können sie erst 24 Stunden später direkt zu uns absteigen. So, wie wir abgestiegen sind. Wir hätten also eine weitere Nacht warten müssen. Mir ist gleichzeitig aber klar: Das überlebt Günther nicht. 24 Stunden später wären wir beide tot gewesen. Jetzt erst habe ich die Entscheidung getroffen: Wir müssen auf der anderen Seite hinunter – was Günther am Abend vorher und den ganzen Morgen schon gesagt hatte. Alle anderen Hypothesen sind nichts als böswillige Unterstellungen. Warum erzählen die »Kameraden« nicht von ihren Erfahrungen? Da oben war ich mit Günther allein.

Beim Zusammentreffen mit der Mannschaft in Gilgit fragen Sie: ›Wo ist Günther?‹

Wer darin den Beweis sieht, daß mein Bruder nicht mit mir durch die Diamirwand abgestiegen ist, denkt schäbig. Wer so etwas sagt, hat entweder mein Buch »Der Nackte Berg« nicht gelesen, oder kann nicht lesen. Dieser Satz – wo ist Günther? –, den ich leider erst in heutigen Vorwürfen lese, ist ein weiterer Beweis dafür, wie schizophren und verzweifelt ich nach dem Abstieg vom Nanga war. Ich schreibe ja in meinem ersten Nanga-Parbat-Buch, daß ich völlig verwirrt war, nicht weiß, wo mein Bruder umgekommen ist. Ein Jahr später, 1971, als ich wieder zum Nanga gehe, um Günther zu suchen, wieder Alpträume! Weil ich immer noch mit Bildern lebe, er müßte auftauchen.

Gibt es ein Stillschweigegelübde zwischen Max von Kienlin und Messner?

Nein, von Kienlin hat mich nur gedrängt, die Tragödie eindeutig als Lawinenkatastrophe zu erzählen. Was es gibt, ist offensichtlich eine Art Rütlischwur der anderen. Sie hätten mich schonen wollen. Von Kienlin sagt, die anderen hätten sich darauf geeinigt, die Sache so zu erzählen, daß sie mir nicht schade. Kann sein. »Bergkameradschaft« treibt oft seltsame Blüten. Ich habe mit niemandem eine Absprache und niemals von Kienlins Version übernommen. Was Baur, von Kienlin und Saler jetzt über die geplante Überschreitung und den Tod Günthers sagen, hat Herrligkoffer 1970 genauso behauptet. Alles steht in meinem ersten Buch, und seit ich weiß, wer die Zuträger und Informanten sind, verstehe ich die Zusammenhänge.

Kann dieser Streit gelöst werden? Es gibt zwei Fronten.

Es gibt keine zwei Fronten. Es gibt ein paar »Gutmenschen« und mich. Ich bin allein. Ich war in meinem Leben immer wieder allein. Und ich bleibe in dieser Sache weiterhin allein. Es wird auch keine Abrechnung geben: Die Aussage, mein Bruder sei unter einer Lawine gestorben, habe auch ich manchmal vereinfachend gebraucht. Ich suche weiter nach meinem Bruder. Denn an der Merkl-Scharte liegt er nicht. Es gibt zwar keine andere Antwort für mich als die Lawine, aber erst der Leichenfund ist der Beweis. In meinem Buch »Der Nackte Berg« schreibe ich, daß ich nicht sagen kann, wo genau Günther verschwunden ist. Es kann aber nur im unteren Wandteil, zwischen Gletscher und Moräne, gewesen sein. Also werde ich dort nach seinen Überresten suchen.

Macht eine Suchexpedition Sinn?

Ja, die Möglichkeit, daß Günther auftaucht, ist gegeben. Warum lassen Baur, Saler, von Kienlin nicht suchen? Und was tun die Herrschaften, wenn in den nächsten Jahren die Leiche Günthers am Wandfuß gefunden wird? Kommt dann die Entschuldigung für ihre Rufmordkampagne? Spätestens dann bekomme ich eine Bestätigung, daß meine Beschreibung der damaligen Umstände – soweit Verwirrung und Gedächtnis es zulassen – richtig ist.

Max von Kienlin sagt, er wisse Dinge, die Sie ihm vertraulich gesagt hätten.

Wie falsch, wie arm, wie verlogen! Von Kienlin kann alles behaupten. Was kann er beweisen, heißt die Frage. Ich könnte ja auch sagen, von Kienlin hat mir das oder jenes gebeichtet. Zu billig. Wir haben nie eine Geheimabsprache getroffen. Nochmals, er hat mich gedrängt, eindeutig bei der Lawinenkatastrophe zu bleiben, was ich zum Glück nicht getan habe. Sein Lügenkonstrukt ist nichts als Rache.

Was stimmt nicht?

Nichts stimmt, und nichts ist stimmig. Umgekehrt: Ob mein Bruder an der Merkl-Scharte, mitten in der Wand oder am Wandfuß verunglückt ist, spielt doch hinterher keine Rolle. Warum also sollte ich die Fakten verfälschen? Wäre Günther in der Merkl-Scharte geblieben, gäbe es heute eindeutige Beweise. Und selbst wenn er oben gestorben wäre, hätte ich die Diamirseite heruntergehen müssen. Die »Kameraden« wollen jetzt einen Fall konstruieren, der mich unglaubwürdig macht. Wir werden sehen, was bleibt. Ich habe mit dieser Geschichte kein Problem. Es bleibt immer meine Tragödie, die Tragödie des Überlebenden, die ich weiterzuleben habe. Sie aber, die diesen Streit wollen, haben sich allein mit der Behauptung geoutet, ich hätte sie angegriffen. Als Ausrede für ihr »kameradschaftliches« Verhalten.

Ein Lehrstück, wie eine Lügengeschichte entsteht

Nichts als Gerüchte haben von Kienlin, Baur und Winkler zum Gipfelgang und Abstieg am Nanga Parbat also beizusteuern. Es war ja ganz oben und beim Abstieg keiner dabei. Sicher, auch ein Gerücht ist ein Tatbestand, und je mehr Leute darüber reden, um so mehr ist es wert. Muß es deshalb wahr sein? Nein, Boulevard-Zeitungen und Klatschreporter aber leben davon, und deshalb sind Gerüchte so langlebig.
Statt den Ursachen nachzugehen, bereiten sie diese Gerüchte so lange auf, bis etwas »Wahres« übrigbleibt. Dabei sind die Fakten doch klar: Nach unserem Verschwinden tun Kameraden und Expeditionsleitung alles, was ihnen möglich erscheint. Einige, Saler und Mändl, warten im letzten Lager auf uns. Felix Kuen hat inzwischen davon berichtet, daß Günther und ich »drüben«, nach Westen hin, absteigen wollen. Gerhard Baur hat, zurück im Basislager, der Expeditionsleitung erzählt, ich hätte vage von

einer Nanga-Parbat-Überschreitung geschwärmt. Herrligkoffer erinnert sich, daß ich Fragen zur unbegangenen »Schell-Route« im linken Teil der Rupalflanke gestellt habe. Also müssen wir, wenn überhaupt, dort herunterkommen. Und dort läßt Herrligkoffer suchen, die Hänge mit dem Fernglas studieren. Aber nichts. Also müssen »die beiden umgekommen sein«.

Erst als ich allein wieder auftauche, ist dieses Naheliegendste nicht mehr das Selbstverständliche. Natürlich weiß Herrligkoffer, daß man schnell hätte ins Diamirtal kommen können. Wer aber hat schon konkret damit gerechnet, daß wir dort herunterkommen! Ohne Seil!

Herrligkoffer reagiert schnell. Aus Selbstschutz artikuliert er den Vorwurf, ich hätte aus Ehrgeiz gehandelt und meinen Bruder im Stich gelassen. Damit gibt er jede Verantwortung ab.

Die anderen, vor allem von Kienlin, Baur, Winkler, Saler, verteidigen – wenn auch nur »um mich zu schützen« – meine Version. Natürlich erinnern sie sich, daß auch sie, naheliegenderweise, nicht mehr damit gerechnet hatten, daß Günther und/oder ich zurückkämen. Ließ nicht die Überschreitungstheorie eine kleine Hoffnung offen, daß der Abstieg gelingen könnte? Man hätte sich aber Herrligkoffers Befehl widersetzen müssen, um bei der Heimreise noch schnell einen Abstecher ins Diamirtal zu machen. Nein, dies war nicht zu verlangen, auch von denen nicht, die sich wie Max von Kienlin wiederholt bei dieser Expedition regelwidrig verhalten haben. Ich weiß, Max hätte alles getan, um Günther und/oder mich zu finden. Nur, es fehlte ihm an bergsteigerischer Erfahrung. Um die richtigen Schlüsse zu ziehen und einen Suchtrupp über Bunar ins Diamirtal zu führen, sind geographische Kenntnisse Voraussetzung.

Als er 32 Jahre später sein Dossier lanciert, ist belegt, daß die Herrligkoffer-Biographie allein von Horst Höfler verfaßt wurde. Nie hätte ich in seine Arbeit eingegriffen. Max

von Kienlin aber braucht einen Vorwand, seine Aussagen von früher auf den Kopf zu stellen. Also behauptet er, ich hätte die Mannschaft beleidigt, ihre Hilfe unterschlagen. Aber im Gegenteil, ich teile ihr Verhalten, erkenne ihre Leistungen an. Dies aber, schnell recherchierbar, interessiert niemanden mehr. Auch den *Spiegel* nicht. Namen und Skandale garantieren den Erfolg. Und um diesen geht es zuletzt allen. Auch wenn er mit Lügen erkauft ist.
Von Kienlin: »Ich hätte ewig geschwiegen, aber Reinhold Messner hat uns alle, auch die Toten, verleumdet.«
Wie rasch die Tatsachen auf den Kopf gestellt sind! Aber das ist es nicht, was mich verletzt. Es ist die Falschheit, dieses Moralisieren! Diese Hinterhältigkeit »im Dienste der Wahrheit« macht mich hilflos und wütend zugleich.
Der Spiegel: »Weil ein Gerücht, für das es nicht den geringsten Anhaltspunkt gibt, eine Lüge ist.«
Dabei sind alle Unklarheiten ausräumbar. Indem man miteinander redet.
Von Kienlin: »Gott aber gebe Günther die ewige Ruhe, wo immer er auch liegen mag.«
Wenn es dem »Baron« ernst damit wäre, hätte er den Streit 32 Jahre nach Günthers Tod nicht provoziert.

Kapitel XVI

Chronik

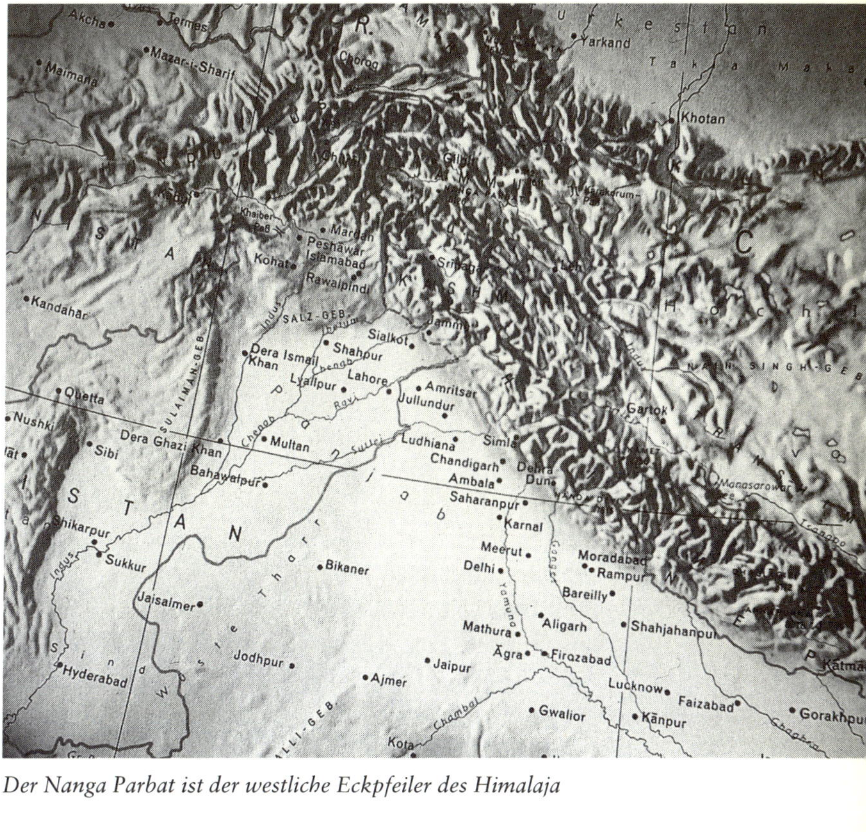

Der Nanga Parbat ist der westliche Eckpfeiler des Himalaja

Die Nanga-Parbat-Chronik (1841–2003)

Geographische Lage des Nanga Parbat:
35°14′32″ n. Br./74°35′40″ ö. L.

1841 Nach einem Bergsturz aus dem Nanga-Parbat-Massiv staut sich der Indus und bringt eine Katastrophe über das Industal südlich des Nanga Parbat.

1845 Gulab Singh erobert die bisher tibetische Provinz Balti und damit auch das Gebiet des Nanga Parbat.

1850 Gulab Singh macht sich Chilas und Gilgit (1852) untertan; fortwährende Unruhen.

1854 Auf Empfehlung von Alexander von Humboldt sollen die Brüder Schlagintweit die Gebiete des Himalaja geographisch und geologisch erforschen.

1856 Adolf Schlagintweit stößt bis an den Fuß des Nanga Parbat vor. Damit kommen erste Skizzen und Berichte nach Europa.

1857 Adolf Schlagintweit wird im August in Kaschgar enthauptet. Der Regent Wali Khan hatte in dem Asienforscher einen europäischen Spion vermutet.

1892 W. M. Conway kommt bei seiner Karakorum-Fahrt am Nanga Parbat vorbei und bezeichnet die Rakhiotseite als die beste Anstiegsmöglichkeit.

1895 Erster Versuch einer Gipfelbesteigung des Nanga Parbat – eines Achttausenders – durch den britischen Bergsteiger Albert Frederic Mummery. Seine Gefährten sind G. Hastings und J. Norman Collie, zu denen später noch für einige Zeit Ma-

Diamirseite. Bis in Bildmitte gelangt Mummery ▷

jor C. G. Bruce kommt. Mit einem Gurkha-Träger (Ragobir) erreicht Mummery nach der Erkundung der Rupalseite in der Diamirseite eine Höhe von etwa 6000 Meter (genaue Angaben fehlen). Nach meinem Dafürhalten ist Mummery im unteren Bereich rechts der nach ihm benannten Rippen über das Eis emporgestiegen. Beim Versuch, über die Diamascharte ins Rakhiottal überzuwechseln, bleibt Mummery mit seinen beiden Trägern verschollen.

1909 Luigi Amadeo, Herzog der Abruzzen, kommt auf seiner Karakorum-Expedition am Nanga Parbat vorbei.

1910 Der Verleger und Bergschriftsteller Walter Schmidkunz erwirbt die deutschen Rechte an Mummerys Buch und das Nachdruckrecht der Briefe an seine Frau. Schmidkunz studiert anhand aller greifbaren Unterlagen den Nanga Parbat und erzählt in den zwanziger Jahren Willo Welzenbach und Paul Bauer von seiner Vermutung, daß die Besteigung des Nanga Parbat von Nordosten her, aus dem Rakhiottal, möglich sein müsse.

1913 Der Engländer E. Candler umwandert den Nanga, dringt aber nicht in die Hochregionen vor.

1914 Der Himalaja-Pionier Dr. Kellas kommt nach Astor und steigt auf den Ganalokamm. Er hält die Nordseite des Nanga für besteigbar.

1930 Willo Welzenbach konkretisiert die Idee von Schmidkunz/Mummery und will zur Westseite des Nanga Parbat. Er beginnt mit der Planung.

1931 Die bevorstehende Nanga-Parbat-Expedition von Welzenbach kommt nicht zustande, weil der hervorragende Bergsteiger von der Stadt München, für die er arbeitet, keinen Urlaub bekommt.

1932 Deutsch-amerikanische Himalaja-Expedition unter Leitung von Willy Merkl.

Peter Aschenbrenner, Schlüsselfigur am Nanga Parbat 1932, 1934, 1953

Im Gegensatz zu Welzenbachs Vorstellungen hat Merkl, der von Welzenbach Idee und Planung übernahm, die Nordseite des Berges ins Auge gefaßt. Die Gruppe besteigt den Rakhiot Peak und erreicht am 30. Juli den Ostgrat. Die Expedition scheitert an mangelnder Himalaja-Erfahrung.

1934 Willy Merkl leitet sein zweites Unternehmen: die deutsche Himalaja-Expedition. Über die 1932 erkundete Route stößt eine große (zu große!) Gipfelmannschaft bis auf das Silberplateau vor (fünf Bergsteiger und elf Sherpas). Aschenbrenner und Schneider erreichen eine Höhe von zirka 7850 Meter. Eine Gruppe von Wissenschaftlern erarbeitet die Nanga-Parbat-Karte.

Bei einem Schneesturm, der über eine Woche andauert, kommen Wieland, Welzenbach, Merkl sowie sechs Sherpas ums Leben. Der Bergsteiger Drexel war am Beginn der Expedition an einem

Höhenlungenödem (Lungenentzündung?) gestorben. Der dramatische Verlauf dieses Unternehmens wird international diskutiert.

1937 Im Hochlager IV unterm Rakhiot Peak werden die gesamte Klettermannschaft und neun Hochträger durch eine Eislawine getötet. Nur die beiden Wissenschaftler überleben. Paul Bauer organisiert eine Bergungsexpedition und kann in kürzester Zeit die Unfallstelle erreichen, wo die Leichen (sechs Bergsteiger, Sherpas, Expeditionsleiter Karlo Wien) geborgen werden können.

1938 Der erfahrene Expeditionsleiter Paul Bauer (NS-konform) führt eine starke Mannschaft zur Nordseite des Nanga Parbat. Trotz Einsatz der JU52 – das Flugzeug soll die Expedition von Srinagar aus mit Ausrüstung und frischen Lebensmitteln versorgen – sind die Erfolge bescheiden. Rebitsch und Ruths erreichen am Ostgrat eine Höhe von 7300 Meter.

1939 Eine Erkundungsexpedition, die Peter Aufschnaiter leitet, kommt in der Diamirflanke an zwei Punkten bis knapp auf 6000 Meter.

1950 Eine britische Expedition führt eine erste winterliche Erkundung am Nanga durch. Der Leiter Thornley und der Bergsteiger Crace werden im Lager II eingeschneit und kommen dort um.

1953 Erste Besteigung des Nanga Parbat durch Hermann Buhl am 3. Juli. Dr. Karl Maria Herrligkoffer, der diese Expedition organisiert hat, und Peter Aschenbrenner, einer der Überlebenden von 1934, haben vorher zum Rückzug geblasen. Dr. Walter Frauenberger, Hans Ertl und Hermann Buhl nehmen die Verantwortung für den Gipfelgang auf sich. Neben Hermann Buhls Leistung, der – ohne Vergleich – 1300 Höhenmeter im Alleingang bewältigt, dreht Hans Ertl bei dieser Ex-

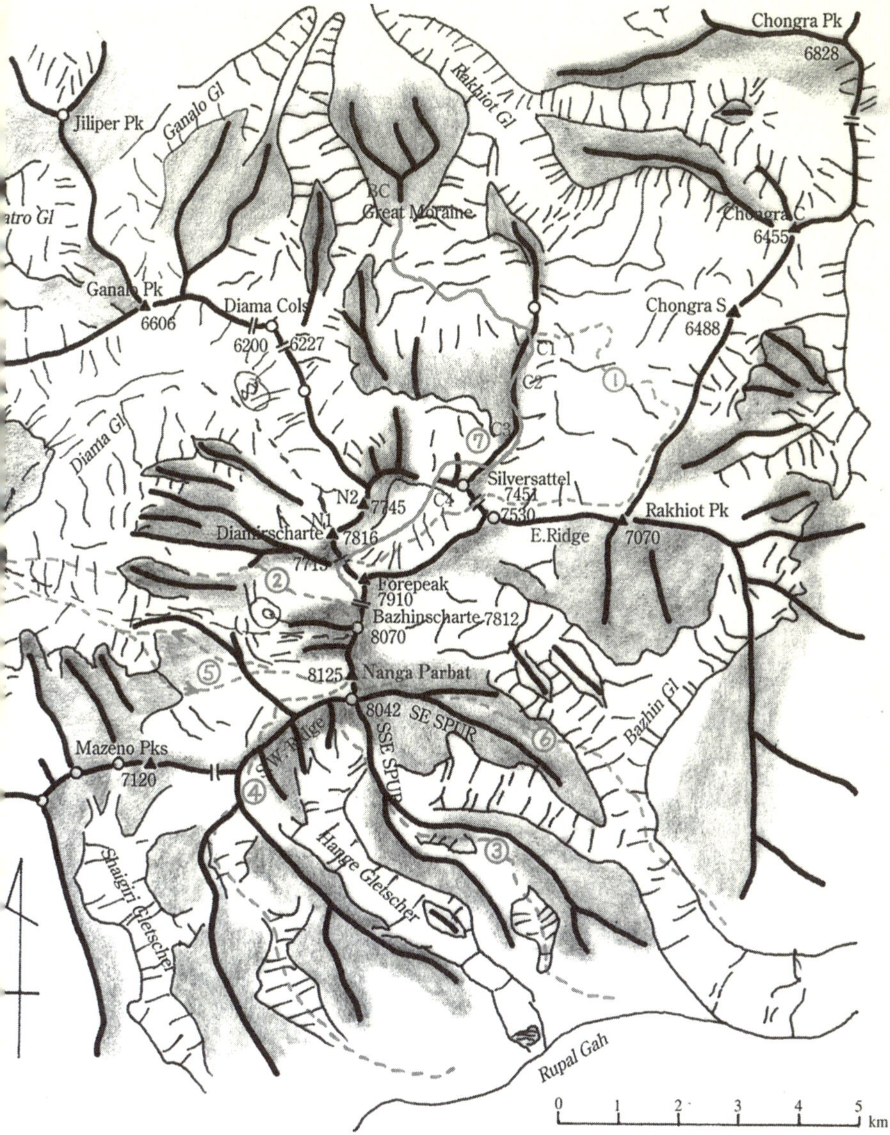

Zugangswege und spätere Routen zum Nanga-Parbat-Hauptgipfel:
① Buhl-Route, ② Kinshofer-Route, ③ Messner-Route, ④ Schell-Route,
⑤ Messner-Solo-Route, ⑥ Kukuczka-Route, ⑦ Japaner-Route

pedition einen einzigartigen Film. Die Meinungsverschiedenheiten zwischen der Leitung auf der einen sowie Ertl, Frauenberger und Buhl auf der anderen Seite sind bis heute nicht vollständig geklärt.

1961 Eine neue Herrligkoffer-Expedition erkundet die Diamirflanke am Nanga Parbat, und Toni Kinshofer findet eine zwar schwierige, aber relativ sichere Aufstiegsroute im linken Wandteil, über die eine Höhe von 7150 Meter erreicht wird.

1962 Die zweite Expedition Herrligkoffers an der Diamirseite bringt auch die zweite Besteigung des Nanga Parbat. Über die 1961 erkundete Route im rechten Teil des Massivs des Nordgipfels (eine Folge von Rinnen, Schluchten und Eisfeldern) gelingt Toni Kinshofer, Anderl Mannhardt und Siegi Löw der Gipfelvorstoß. Die neue Route ist zwar kein direkter Anstieg, aber teilweise extrem schwierig. Sie ist die erste Zweitroute an einem Achttausender. Beim Abstieg stürzt Siegi Löw, der sich mit Pervitin aufgeputscht hat, tödlich ab.

1963 Eine Erkundungsexpedition unter der Leitung Herrligkoffers macht mehrere Aufstiegsmöglichkeiten an der Südflanke (Rupalwand) des Nanga Parbat aus: eine »Direttissima« im zentralen Wandteil, die Kinshofer für unbegehbar hält; einen Aufstieg im linken Teil der Flanke und weiter über den Südostgrat.

1964 Ein Versuch an der Rupal-Direttissima (Herrligkoffer) scheitert im unteren Wandbereich. Anschließend versucht eine bayerische Gruppe unter der Leitung des Industriellen Rosenthal den Mazeno Peak, westlich des Nanga Parbat.

1968 Eine überaus schlagkräftige Mannschaft – wieder ist Herrligkoffer der Leiter – setzt zum Großangriff auf die Rupalwand an. Peter Scholz und Wilhelm Schloz dringen ein Stück weit über das Merkl-Eisfeld vor.

1969 Eine tschechoslowakische Expedition unter der Leitung von I. Gálfy versucht eine Nanga-Parbat-Besteigung über die Buhl-Route.

1970 Erste und zweite Begehung der Rupalwand durch Günther und Reinhold Messner (27. Juni) sowie Felix Kuen und Peter Scholz (28. Juni). Die Brüder Messner sehen sich gezwungen, über die Westseite (Mummery-Rippe) abzusteigen; so gelingt ungeplant und unvorbereitet die erste und bisher einzige Überschreitung des Nanga Parbat. Günther Messner wird am Wandfuß vermutlich von einer Lawine erschlagen. Wie schon 1953 gibt es nach der Expedition Meinungsverschiedenheiten zwischen der Expeditionsleitung und einem Teil der Mannschaft.

1971 Einer starken tschechoslowakischen Expedition, erneut unter der Leitung von I. Gálfy, gelingt die fünfte Besteigung des Nanga Parbat, die zweite Begehung der Nordostseite. Eine japanische Gruppe operiert an der Ostseite des Berges und besteigt den Chongra Peak.

1975 Eine erneute Herrligkoffer-Expedition teilt sich am Fuße der Rupalwand in drei Gruppen. Eine versucht den Aufstieg über den Rakhiot Peak, eine über den Südostpfeiler und eine den von Toni Kinshofer ausgekundschafteten Weg zum Südwestgrat. Die Erfolge bleiben bei allen Vorstößen bescheiden.

1976 Ohne viel Aufhebens und mit bescheidensten Mitteln organisiert und leitet der Grazer Hanns Schell eine kleine Expedition (vier Bergsteiger und ein Arzt) zu der von Toni Kinshofer ausgekundschafteten Aufstiegsmöglichkeit im linken Teil der Rupalflanke. Alle vier Bergsteiger errei-

Rakhiotseite:
Buhl-Route ——————— ①
Japaner-Route - - - - - - - - - - - ⑦

Summit 8126
eau
Mazeno Peaks
W Face
Diama Col
Ganalo Peak

Diamirseite:
② Kinshofer-Route, ⓪ Mummery-Rippe, ⑤ Messner-Solo-Route, ⑧ Slowaken-Route, ④ Schell-Route (Variante ⑩)

Summit 8126
Merklscharte
SW Ridge
⑩
⑤
⑤
⓪

Rupalwand: ④ Schell-Route, ③ Messner-Route, ⑥ Kukuczka-Route

chen den Gipfel. Die neue Route (Schell-Route) ist – Gefahren, Länge und Schwierigkeit mit einkalkuliert – der ideale Weg zum Nanga-Parbat-Gipfel. Trotzdem scheitert wenige Wochen später eine österreichisch-deutsch-polnische Gemeinschaftsexpedition am selben Weg. Zur gleichen Zeit muß auch eine japanische Expedition an der Diamirseite aufgeben.

1977 Eine amerikanische Expedition des »Explorer Club« will die Kinshofer-Route an der Diamirseite wiederholen. Eine Steinlawine trifft ein besetztes, kopflos aufgestelltes Lager in der ersten Eisrinne und tötet zwei Bergsteiger. An der Rupalseite scheitert in diesem Sommer eine österreichisch-polnische Expedition.

1978 Die pakistanische Regierung gibt drei Genehmigungen für den Nanga Parbat und einer tschechoslowakischen Gruppe die Erlaubnis für die erste Besteigung des Nordgipfels. Dieser gelingt über eine der Rippen in der Westflanke der Aufstieg.

Die schwäbische Expedition an der Schell-Route scheitert im unteren Bereich.

Reinhold Messner führt über die Diamirwand die erste Alleinbesteigung des Nanga Parbat und damit gleichzeitig eines Achttausenders durch (neue Route auch im Abstieg).

Eine oberösterreichische Kleinexpedition wiederholt in dem von Hanns Schell am Hidden Peak und zwei Jahre vorher am Nanga Parbat praktizierten Stil die Kinshofer-Route (2. Begehung). Fünf der sechs Teilnehmer erreichen den Gipfel, wobei von der Bazhinmulde aus ein teilweise neuer, leichterer Aufstieg als 1962 genommen wird.

1979 Versuch der Franzosen, dem Grat über die Mazeno-Peaks zum Gipfel des Nanga Parbat zu folgen. Abbruch nach 30 Tagen Schlechtwetter.

1981 Ein italienisches Team begeht eine Variante der Kinshofer-Route (an der Diamirflanke).

Einer niederländischen Kleinexpedition gelingt eine Variante der Schell-Route. Die vier niederländischen Bergsteiger Ger Friele, Bas Gresnigt, Roland Naar und Gerhard van Strang, erreichen den Südwestgrat (Mazeno-Grat), queren die Diamirflanke und biwakieren auf dem Grat (7516 Meter).

Am nächsten Tag steigt Gresnigt ab, die anderen biwakieren auf 7550 Meter. Friele ist zu krank, um weiterzumachen. Die beiden anderen kommen bis auf 7800 Meter, wo van Strang gezwungen ist abzubrechen. Naar geht allein zum Gipfel.

1982 Herrligkoffer kehrt zu »seinem Berg« zurück. Er beabsichtigt den Südostpfeiler zu »erobern«, rechts der Rupalwand-Route.

Fixseile und Leitern an der Kinshofer-Route

Im Mai 1982 hat es ein starkes Team unter Yannick Seigneur versucht und aufgegeben (in 7100 Meter). Ein Träger ist in den Tod gerutscht, und Seigneur wurde von einer Lawine überrollt. Glück gehabt. Herrligkoffers Team kommt im Juli. Mitte August steht Lager V (7500 Meter). K. M. Herrligkoffer führt eine zwölfköpfige Expedition zum Nanga Parbat. Dem Schweizer U. Bühler glückt zuletzt die erste Begehung des Südostpfeilers. Bis zum Südgipfel. Das letzte Stück bewältigt er im Alleingang. Nicht in der Lage bis zum Hauptgipfel weiterzugehen, steigt er zum Lager V ab.

1985 Vollendet! Ein überwiegend polnisches Team schafft die Route am Südostpfeiler. Der Hauptgipfel wird von Jerzy Kukuczka, Carlos Carsolio, Zygmunt Heinrich und Slavomir Lobodzinski erreicht.

1984 Tsuneo Hasegawa, Mitglied einer japanischen Expedition, die im Sommer an der Schell-Route gescheitert ist, will den ersten Winteraufstieg im Alleingang versuchen. In der Rupalwand ein wagemutiger Plan. Hasegawa scheitert.
Liliane und Maurice Barrard, Teil eines vierköpfigen Teams, gelingt an der Diamirwand ohne Träger die erste Frauen- und Ehepaarbegehung.

1992 Die Briten Mark Miller und Jon Tinker führen ein Team an, das eine neue Route am Rakhiot Peak sucht. Von Osten her. Sie wollen rasch der Buhl-Route zum Gipfel folgen. Der Versuch wird verworfen.
Später im Jahr scheitert das französische Paar Eric Moier und Monique Loos beim Versuch die Schell-Route im Winter zu meistern. Erneuter Versuch am Mazeno-Grat (Doug Scott). Der längste Grat an einem Achttausender: Vom Mazenopaß zum Gipfel 15 Kilometer. Scotts Team legt über die Schell-Route Depots an. Ohne Erfolg.

1993 Doug Scott, Wojciech Kurtyka, und Richard Cowper versuchen den Mazeno-Grat. Scott gerät unter eine Lawine, der Aufstieg wird abgebrochen.

1995 Ein japanisches Team eröffnet eine Route auf der Nordseite des Berges. Direkt zum Silbersattel. Am 23. Juli, nachdem Yukio Yabe, Takeshi Akiyana und Hiroshi Saito in der Nacht Sauerstoff aus der Flasche geatmet haben, starten sie um drei Uhr und folgen Buhls Route zum Gipfel. Sie erreichen ihn um 17 Uhr. Auch sie schaffen es nicht, vor Einbruch der Nacht die Bazhin-Scharte zu erreichen. Biwak in 7700 Meter Höhe. Am 24. August kommen sie zum Lager auf dem Silbersattel zurück. 39 Stunden nachdem sie es verlassen haben. Eine Demonstration der phänomenalen Leistung von Hermann Buhl.

Silberplateau und Gipfel: Buhl- und Japaner-Route

1995
C.I.T. JAPAN
Silber Plateau
C4
7350 m

⑩ Nordflanke, ⑧ Slowaken-Route, ② Kinshofer-Route, ⓪ Mummery-Rippe, ⑤ Messner-Solo-Route und Abstiegsroute 1978, ④ Schell-Route

1995 schaffen Scott, Kurtyka, Rick Allen und Andrew Lock zwei Drittel des Grates.

1996 Krzysztof Wielicki besteigt, nach einer erfolgreichen Besteigung des K2, die Diamirflanke (Kinshofer-Route) allein. Das Team, dem er sich anschließen will, ist schon weg. Er schläft in von früheren Expeditionen zurückgelassenen Zelten. Er leidet an Halluzinationen. Am 1. September ist er am Gipfel.

1997 Kurtyka und Erhard Loretan wagen es erneut und scheitern nach etwa einem Drittel der Strecke.

Eine Wintererstbesteigung Ende 1996 Anfang 1997 schlägt fehl. Im Februar 1997 stehen zwei Bergsteiger aus Polen 250 Meter unter dem Gipfel. Wegen Erfrierungen geben sie auf. Erste Hubschrauberrettung vom Diamir-Basislager.

1998 Ein anderes polnisches Team ist entschlossen, den ersten Winteraufstieg am Nanga Parbat zu vollenden. Wind und ein Unfall zwingen zum Rückzug.

1999 Der Ungar Eröss Zsolt schafft über die Rinne rechts der Mummery-Rippe einen Alleingang zum Gipfel. 15.7.–18.7. (Gipfel).

2000 Reinhold Messner führt eine Mini-Expedition über den Diamagletscher und die Nordflanke bis zum Grat, über den die Tschechenroute (1978) zum Nordgipfel führt. Hans Peter Eisendle, Wolfgang Thomasett und Reinhold Messner geben dort wegen Neuschneemassen auf.

2000 Korean Millenium Nanga Parbat Expedition. Kwon Oh Soo, Lee Hwa Hyeung und Lee Hong Kil erreichen den Gipfel.

2001 Die German Amical Alpine Nanga Parbat Expedition unter Führung von Ralf Dujmovits erreicht den Gipfel. Kurze Zeit später eine italienische Ex-

pedition (Italian Focus International Nanga Parbat Expedition) unter Christian Kuntner.
Ca. 180 Aufstiege zum Nanga Parbat sind gelungen, ca. 60 Tote zu beklagen.
Neun verschiedene Routen zum Hauptgipfel wurden begangen. Es bleiben noch einige Möglichkeiten für die Zukunft: der Südpfeiler unmittelbar rechts der Direttissima (»Messner-Route« von 1970); ein Aufstieg über den Rakhiot Peak von Süden her; die Nordwestseite vom Diamagletscher aus zum Nordgipfel und weiter zum Gipfel (über diese Route ist der Nanga Parbat bis zum Gipfel mit Skiern begehbar); wenig reizvoll, aber möglich wäre auch ein Aufstieg von Norden in die Diamascharte und weiter über den Nordgrat zum Gipfel; ein Durchstieg durch die 3000 Meter hohe Nordostwand ist zwar gefährlich, aber für eine schnelle Seilschaft möglich.

2003 Anfang Juni findet auf der Märchenwiese eine Feier zum 50. Jubiläum der Erstbesteigung statt. Mehrere Nanga-Parbat-Veteranen sind anwesend. Reinhold Messner weiht im Diamirtal die »Günther-Messner-Schule« ein.

Nanga-Parbat-Besteiger von A bis Z

Wenn nicht anders vermerkt, über die Kinshofer-Route in der Diamirflanke.

M. Abrego (Spanien) 1992; J. R. Agraz (Spanien) 1994; Akbu (Tibet) 1997; T. Akiyama (Japan) NO-Grat des NO-Gipfels zum Silbersattel, dann Buhl-Route 1995; Rozi Ali (Pakistan) 1998; F. Alvarez (Spanien) 1987; P. S. Andres (Italien) 2001; Ang Dawa Tamang (Nepal) 1999; A. Appelániz (Spanien) 1992; Atta-ul-Haq (Pakistan) 1989; Aziz Baig (Pakistan) 1997

L. Barrard (w) (Frankreich) 1984; M. Barrard (Frankreich) 1984; P. Barrenetxea (Spanien) 1993; W. Bauer (Österreich) 1978; R. Beret (Italien) 1998; Bianba Zaxi (Tibet) 1997; A. Blanc (Italien) 2001; H. Buhl (Österreich) vom Rakhiot-Gletscher über N-Wand des Rakhiot Peak, dann O-Grat zum Sibersattel, über das Silber-Plateau und entlang des SO-Grates 1953; J. Bretcha (Spanien)1997; C. Buhler (USA) 1997

O. Cadiach (Spanien) Schell-Route 1984; G. Calcagno (Italien) 1987; C. Carsolio (Mexiko) SO-Pfeiler der Rupalwand 1985; J. Castillón (Spanien) 1994; Tsering Dorje (Tibet) 1997; B. Chamoux (Frankreich) 1987; A. Christensen (Dänemark) 1999; J. L. Clavel (Spanien) 1993; N. Cofmann (USA) 1999; J. Colet (Spanien) 1997; T. Comerma (Spanien) 1997; A. Czerwinska (w) (Polen) 1985

M. Dacher (Deutschland) 1985; F. De Stefani (Italien) 1985; S. Dorotei (Italien) 1987; R. Dujmovits (Deutschland) 2001; I. Dusharin (Rußland) 1997

H. Endo (Japan) 1988; Y. Endo (w) (Japan) 1988; H. Engl (Deutschland) 1982; R. Estiú (Spanien) 1993; P. Expósito (Spanien) 1987

S. Fassi (Italien) 1981; I. Fiala (Tschechoslowakei) Buhl-Route 1971; L. de la Ferrière (w) (Frankreich) 1985; L. Fraga (Spanien) 1998; M. Frantar (w) (Slowenien) Schell-Route 1990; A. Fredborg (Norwegen) 1990; Dr. M. Funfack (Deutschland) 2001

O. Gassler (Österreich) 1988; M. Garcia (Spanien) 1985; S. Gimpel (Österreich) Schell-Route: SSW-Grat am linken (westlichen) Rand der Rupalwand 11. 8. 76; M. Gioroianu (Rumänien) 1997; M. Gómez (Spanien) 15. 7. 85; J. I. Gordito (Spanien) 1998; J. Gozdzik (Polen) 1992; M. Granlien (Dänemark) 1999; K.-D. Grohs (Deutschland) 2001; P. Guggemos (Deutschland) 1999; E. Gundelach (Deutschland) 1989

P. Habeler (Österreich) 1985; H. Hanada (Japan) 1985; Asad Hassan (Pakistan) 1999; C. Häuter (Schweiz) 1992; Park Hee-Taek (Südkorea) 1991; Z. Heinrich (Polen) SO-Pfeiler der Rupalwand 1985; D. Hernández (Spanien) 1987; A. Hinkes (Großbritannien) 1998; Lee Hong Kil (Südkorea) 2000, S. Hupfauer (Deutschland) 1988, Lee Hwa Hyeung (Südkorea) 2000

T. Ikeda (Japan) 1999; A. Imitzer (Österreich) 1978; A. Indrich (Österreich) 1978; A. Iñurrategi (Spanien) 1999; F. Iñurrategi (Spanien) 1999

Song Jea-Deuk (Südkorea) 1991; Jiabu (Tibet) 1997;

N. Joos (Schweiz) Schell-Route 1982; R. Joswig (Deutschland) Schell-Route 1990; Kim Ju-Hyun (Südkorea) 1991

M. Kajiura und sein Team 1997; H. Kammerlander (Italien) 1990; Sher Khan (Pakistan) 1989; M. Kikuchi (Japan) 1985; T. Kinshofer (Deutschland)1962; T. Kitamura (Japan) 1998; E. Koblmüller (Österreich) Schell Route 1983; T. Koch(w) (Deutschland) 2001; V. Kolisnichenko (Russland) 1997; K. Kondo (Japan) 1999; M. Konewka (Polen) 1993; D. Kramer (Deutschland) 2001; F. Kuen (Österreich) Zentralrippe der Rupalwand 1970; J. Kukuczka (Polen) SO-Pfeiler der Rupalwand 1985; C. Kuntner (Italien) 2001; H. Kurahashi (Japan) 1999; Ra Kwang-Ju (Südkorea) 1998; ein Team unter Yoon Kye-Joong (einschließlich Park Jun-Hun) (Südkorea) 1997, Kwon Oh Soo (Südkorea) 2000

H. Lanters (Holland) 1986; S. Lobodzinski (USA) SO-Pfeiler der Rupalwand 1985; A. Lock (Australien) 1998; S. Löw (Deutschland) 1962; E. Loretan (Schweiz) Schell-Route 1982; Luoze (Tibet) 1997

J. Magrinyá (Spanien)) Schell-Route 1984; A. Mannhardt (Deutschland) 1962; J. Martinez (Spanien) 1987; S. Martini (Italien) 1985; K. Matsui (Japan) 1987; S. Mayr (Deutschland) 2001, R. Mear (Großbritannien) 1991; N. Meroi (Italien) 1998; G. Messner (Italien) Zentralrippe der Rupalwand 1970; R. Messner (Italien) Zentralrippe der Rupalwand 1970; (2.) rechter (westlicher) Rand der Diamirflanke 1978; P. Mezger (Deutschland) Schell-Route 1990; Y. Mochizuki (Japan) 1993; S. Mori (Japan) 1999; T. Mügge (Deutschland) 1988; B. Muller (Frankreich) 1985

R. Naar (Holland) Variante der Schell Route 1981;

N. Nakanishi (Japan) 1983; H. Netzer (Deutschland) 2001; J. Nezerka (Tschechoslowakei) 1992; P. Nicolàs (Spanien) 1990

J. Oiarzabal (Spanien) 1992; R. Okabayashi (Japan) 1987; M. Orolin (Tschechoslowakei) Buhl-Route 1971; L. Ortiz (Spanien) 1994

E. de Pablo (Spanien) 1983; K. Palmowska (w) (Polen) 1985; I. Pauls (Lettland) 2001; R. Pawlowski (Polen) 1993; J. Permanyé (Spanien) 1993; D. Porsche (Deutschland) 1999; R. Portilla (Spanien) 1990; P. Pustelnik (Polen) 1992

J. Rakoncaj (Tschechoslowakei) 1992; Rena (Tibet) 1997; L. Rota (Italien) 1981; J. Rozman (Slowenien) Schell-Route 1990; M. Ruedi (Schweiz) 1984; M. Ruiz de Apodaka (Spanien) 1992; W. Rutkiewicz (w) (Polen) 1985

H. Saito (Japan) NO-Grat des NO-Gipfels zum Silbersattel, dann Buhl-Route 1995; E. Sallent (Spanien) 1997; M. Sato (Japan) 1990; drei Japaner eines Teams unter M. Sawada 1997; M. Sawada (Japan) 1997; B. Scanabessi (Italien) 1981; R. Schauer (Österreich) Schell-Route: SSW-Grat am linken (westlichen) Rand der Rupalwand 1976; H. Schell (Österreich) Schell-Route: SSW-Grat am linken (westlichen) Rand der Rupalwand 1976; R. Schleypen (Deutschland) 1993; P. Scholz (Österreich) Zentralrippe der Rupalwand 1970; Rajab Shah (Pakistan) 1989; Y. Seino (Japan) 1997; Kang Seong-Gyu (Südkorea) 1998; C. Soria (Spanien) 1990; B. Stefko (Polen) 1993; R. Streif (Österreich) 1978; H. Sturm (Österreich) Schell-Route: SSW-Grat am linken (westlichen) Rand der Rupalwand 1976

H. Takeuchi (Japan) 2001; J. C. Tamayo (Spanien) 1999; Y. Tanahashi (Japan) 1998; M. Taniguchi (Japan) 1983; M. Todaka (Japan) Schell-Route 1990; T. Tonchev (Bulgarien) 1993; A. Tremoulière (Frankreich) 1999

Mohammad Ullah (Pakistan) 1989; (2.) 1997; Um Hong-Gil (Südkorea) 1999

J. Van Hees (Belgien) 1986; R. Vidaurre (Spanien) 1985; T. Vidoni (Italien) 1987; M. Vincent (Frankreich) 1999; L. Vivijs (w) (Belgien) 1986; A. Volkov (Russland) 1997

D. Walsh (Großbritannien) 1991; K. Wielicki (Polen) 1996; R. Wurzer (Österreich) 1978

Y. Yabe (Japan) NO-Grat des NO-Gipfels zum Silbersattel, dann Buhl-Route 1995

Park Young-Seok (Südkorea) 1998; Wuang Young-Han (Südkorea) 1998

E. Zarzuelo (w) (Spanien) 2001; E. Zsolt (Ungarn) 1999; J. L. Zuloaga (Spanien) 1983

Literaturhinweise

Bauer, Paul: *Das Ringen um den Nanga Parbat 1856–1953*. Süddeutscher Verlag, München 1955.

Bechthold, Fritz: *Deutsche am Nanga Parbat. Der Angriff 1934*. Verlag F. Bruckmann, München 1935.

Bonington, Chris: *Annapurna-Südwand*. Verlag Huber, Frauenfeld/Stuttgart 1971.

Buhl, Hermann: *8000 drüber und drunter*. Nymphenburger Verlagsbuchhandlung, München 1954.

Deutsche Himalaja-Stiftung München (Hrsg.): *Nanga Parbat. Berg der Kameraden. Bericht der Deutschen Himalaja-Expedition* 1938, Union Deutsche Verlagsgesellschaft Berlin Roth & Co., Berlin 1943.

Dyhrenfurth G. O.: *Das Buch vom Nanga Parbat. Die Geschichte seiner Besteigung*. Nymphenburger Verlagsbuchhandlung, München 1954.

Dyhrenfurth, G. O.: *Der dritte Pol*. Nymphenburger Verlagsbuchhandlung, München 1954.

Graßler, Franz: *Der Kampf um die Achttausende*r. Bergverlag Rother, München.

Herrligkoffer, Karl M.: *Kampf und Sieg am Nanga Parbat. Die Bezwingung der höchsten Steilwand der* Erde. Spectrum Verlag, Stuttgart-Salzburg-Zürich 1971.

Herrligkoffer, Karl M., *Nanga Parbat*. Berge der Welt. Band 9. Nymphenburger Verlagsbuchhandlung, München 1954.

Herrligkoffer, Karl M.: *Nanga Parbat. Sieben Jahrzehnte Gipfelkampf in Sonnenglut und Eis*. Ullstein Verlag, Frankfurt/Main-Berlin 1967.

Herrligkoffer, Karl M.: *Nanga Parbat 1953*. J. F. Lehmanns Verlag, München 1954.

Herrligkoffer, Karl M.: *Der letzte Schritt zum Gipfel. Kampf und Sieg im Himalaja*. Robert Bardtenschlager Verlag, Reutlingen 1958.

Herrligkoffer, Karl Maria (Hrsg.): *Im Banne des Nanga Parbat*. J. F. Lehmanns Verlag, München 1953.

Höfler, Horst: *Karl Maria Herrligkoffer. Besessen, sieghaft, umstritten*. AS Verlag & Buchkonzept AG, Zürich, 2001.

Höfler, Horst: *Nanga Parbat. Expeditionen zum »Schicksalsberg der Deutschen« 1934–1962*. AS Verlag & Buchkonzept AG, Zürich, 2002.

Link, Ulrich: *Nanga Parbat*. Bergverlag Rother, München 1953.
Märtin, Ralf-Peter: *Nanga Parbat. Wahrheit und Wahn des Alpinismus.* Berlin Verlag, Berlin 2002.
Merkl, Willy: *Ein Weg zum Nanga Parbat*. Bergverlag Rudolf Rother, München 1936.
Messner, Reinhold: *Alleingang Nanga Parbat*. BLV Verlagsgesellschaft, München 1979.
Messner, Reinhold: *Die großen Wände*. BLV Verlagsgesellschaft, München 1977.
Messner, Reinhold: *Der Nackte Berg. Bruder, Tod und Einsamkeit.* Malik, 2002.
Messner, Reinhold: *Die rote Rakete am Nanga Parbat. Drehbuch zu einem Film, der nie gezeigt werden kann.* Nymphenburger Verlagsbuchhandlung, München 1971.
Messner Reinhold: *Überlebt: Alle 14 Achttausender*. BLV Verlagsgesellschaft mbH, München 1999.
Ruef, Karl und Felix Kuen (Hrsg.): *Auf den Gipfeln der Welt*. Leopold Stocker Verlag, Graz und Stuttgart 1972.
Sale, Richard und John Cleare (Hrsg.): *On Top of the World. Die 14 Achttausender: Von den Erstbesteigungen bis heute*. BLV Verlagsgesellschaft mbH, München 2001.
Schaefer, Hermann: *Die weiße Kathedrale. Abenteuer Nanga Parbat.* Nymphenburger Verlagsbuchhandlung, München 1987.

Zeitschrift *Der Bergsteiger*. Bruckmann Verlag, München Jahresbände 1958–1978.
Zeitschrift *Alpinismus*. Heering-Verlag, München Jahrgänge seit 1964.
Nachrichten der Sektion Graz, Heft 7–9 / 1976, 28. Jahrgang.

Das Interview mit Reinhold Messner in Kapitel 15 »Meine Tragödie als Überlebender« ist im ff-Südtiroler Wochenmagazin 30/02 erschienen.

Zusätzlich wurden zahlreiche ungenannte Veröffentlichungen benutzt, sowie Briefe und persönliche Notizen.

MALIK

Reinhold Messner

Der nackte Berg

Nanga Parbat – Bruder, Tod und Einsamkeit. 319 Seiten mit zahlreichen Farb- und s/w-Abbildungen. Gebunden

Der Nanga Parbat, der »nackte Berg«, ist seit vielen Jahrzehnten der Gral der besten Bergsteiger. In den 30er Jahren versucht sich der berühmte Willy Merkl als einer der ersten an diesem Schicksalsberg und kommt dabei um; seinem Halbbruder Karl Herrligkoffer wird es zur Obsession, den Berg für den Bruder zu bezwingen. 1970 plant er mit den Brüdern Messner die schier unmögliche Besteigung über die 4500 Meter hohe Rupalflanke, die höchste Eis- und Felswand der Erde. Und auf beklemmende Weise wiederholt sich die Geschichte: Beim ungeplanten Abstieg über die Westseite, zu dem sie das Wetter zwingt, wird Günther Messner unter einer Lawine begraben. Die tragische Erinnerung an die Ereignisse läßt Reinhold Messner bis heute nicht los: »Als wäre ich durch mehrere Stufen meines Bewußtseins gegangen, bleibt das Überleben am Nanga Parbat in mir lebendig wie ein intimes Wechselspiel von Dabei-Sein und Weit-weg-Sein. Und als Wechselspiel von reiner Wahrnehmung und erlebter Geschichte will ich sie weitererzählen: eine Tragödie, die am Anfang meiner Identität als Grenzgänger steht.«

02/1024/01/L